大眾傳播理論

—— 社會 · 媒介 · 人 ——

李 金 銓 著

學歷：國立政治大學新聞系畢業
　　　美國密西根大學大眾傳播學博士
經歷：任教香港中文大學
現職：美國明尼蘇達大學新聞及大眾傳播學院副教授

三 民 書 局 印 行

© 大衆傳播理論

作　者　李金銓
發行人　劉振強
出版者　三民書局股份有限公司
印刷所　三民書局股份有限公司
地址／臺北市重慶南路一段六十一號
郵撥／〇〇〇九九九八—五號

初版　中華民國七十年三月
修訂六版　中華民國七十九年三月
編　號　S 89020①

基本定價　壹元捌角玖分

行政院新聞局登記證局版臺業字第〇二〇〇號
著作權執照臺內著字第　六三　號

出　版　前　言

　　我國新聞教育，自民國七年北京大學開設新聞學，民國九年上海聖約翰大學首創報學系，迄今已有六十多年的歷史，但其效果，仍未達到成熟豐收的階段。

　　對這個問題，曾予檢討，本人認為，我國新聞科系缺少專任師資與研究出版，是形成上種現象的主要因素。因為沒有專任師資就沒有研究，沒有研究就沒有出版。而研究是一切進步的動力，出版又是研究、智慧、與經驗的結晶；沒有研究出版，新聞教育就始終停留在草創時期。

　　政大新聞研究所，為補救這項缺失，首要工作，在延聘專任師資，隨後即籌劃研究出版事宜。自民國五十六年，除定期出版新聞學研究（半年刊，已出至二十八集）外，在新聞學叢書出版方面，計有曾虛白先生之中國新聞史（民國五十五年），本人之世界新聞史（民國五十五年）、程之行先生之新聞原論（民國五十七年）、美國哥倫比亞大學新聞研究院貝克（Richard T. Baker）院長之美國報業面臨的社會問題（民國五十八年），以及本人之各國報業自律比較研究（民國五十九年）、比較新聞學（民國六十一年）、與比較電視制度（民國六十二年）等。以上叢書，均獲好評。

　　學術出版工作，在經費與稿件來源方面，均極困難，故自六十二年後，叢書出版即告中輟。去年夏，本人奉命主持新聞所，除積極延聘專任教授，開設新的課程，加強語文訓練，增加碩士班招生名額，碩士班教學分組，充實「新聞學研究」半年刊之內容，與籌設博士班及新聞人

員在職訓練外，即恢復新聞學叢書之出版工作。

此次出版之叢書，初步決定，計有徐院長佳士之「廣告原理與實務」，賴主任光臨之「新聞寫作研究」，李金銓博士之「大衆傳播理論」，汪琪博士之「文化間傳播」，祝基瀅博士之「政治傳播」，陳世敏博士之「傳播與社會變遷」，鄭瑞城博士之「組織傳播」，徐木蘭博士之「行為科學」，曠湘霞博士之「電腦與傳播研究」，潘家慶教授之「傳播與國家發展」，張勤先生之「電視新聞」，彭家發先生之「傳播語意學」，以及本人之「國際傳播」與「三民主義之傳播政策」等。

這套叢書，雖然沒有固定經費，但對品質，仍予嚴格控制。我們深信，讀者將會瞭解諸位作者付出的心血！他們的貢獻，不僅可提高我國新聞教育與傳播研究的水準，而且對我國傳播政策的制訂與執行，定有助益。在此，本人特向作者，致最誠摯的謝意！

叢書出版，由本所講師李茂政先生負責，備極辛勞；校對工作，由新聞研究所王良芬、羅燦煐、顧茜茜、蕭昭君、陳運璞、邱秀貴、陳慧聰、張曉琴、馮建三、胡毌意、劉梅君、鄭眞等同學協助，併此誌謝！

李　　瞻

中華民國七十一年二月一日於

國立政治大學新聞研究所

再 版 序

這本書的際遇眞不錯，今年三月才由政大新聞研究所出版，三民書局緊跟着提議把它列入該社的新聞叢書，並慨允重新排印。

自慚學力未逮，本書於深刻處每每發揮不夠，或竟發揮不出。趁三民書局重排的光，不禁興大幅增訂的念頭。奈何修訂的工作比想像中費時費事，顯然不是我目前極緊張的時間所允許，此其一。我用來切磋的書羣中至少有兩本最近出現新版本 (De Fleur and Ball-Rokeach, 1982; Schramm and Porter, 1982)，雖瀏覽過，却未細品，此其二。但最關鍵的還是擔心學力無法在短時間裏頭有大步跨躍，與其把一些初步的想法造次地寫出來，不如讓它們醞釀、發酵、沉潛，以寄望將來能漸臻圓熟，此其三。所以最後決定就現在的規模進行損益潤飾，釐清脈絡，唯若干章節則已澈底改寫。

業師徐佳士敎授說，他沒有遵循習慣，爲本書寫一篇很客氣的讚揚文章。這是他一貫的謙詞，請勿上當。他的序是全書最精彩的部分，雖然有些好話着實令我臉紅。他提出的商榷意見尤其中肯精闢。但在三民再版中，我只能酌探他的高見。在這裏姑且饒舌幾句，豈敢言辯，但向徐老師和讀者公開作個交代而已：

（一）把「社會文化模式」的研究角度，歸於媒介勸服效果研究範圍，也許是不適當的。「社會文化模式」是我從狄弗勒那兒搬過來，放在略爲不同的架構上。本書在這部分的發揮太拘謹。將來或許可以借現象學、「象徵性互動」學派和文化人類學的光照，找到一條更深寬的出路。

（二）我對探究基本態度結構的斐斯庭吉和羅吉奇等學者的確過分省略，但並非事出無因。本書以「媒介」為中心，這兩位學者比起賀夫蘭，似乎與媒介較無直接的關係，此其一。本書的主旨不在於文獻的堆積，而在利用老材料提出一些新圖案，賀夫蘭的耶魯研究似已足夠擔任這個代表性角色，此其二。幸虧坊間各書對費羅兩氏的理論有精湛詳盡的介紹，本書可以冒個險，此其三。質之高明，以為然否？

我所遺略的，何止這些？本書出版後，好心的師友學生們紛以書評或口頭表示，希望我能處理這個或那個問題。這些指教都是盛情極可感的，而且頗多攻錯之處。這自然牽涉到材料取捨的判斷，譬如我原打算在這次再版中增添新章，檢討「媒介使用與慾求滿足」(uses and gra-tification) 的研究取徑，惜因目前時間太緊張，唯有俟諸異日。但更重要的因素是：我本無意對整個領域作地氈式巨細無遺的掃瞄。本書的原題叫做『社會‧媒介‧人』，企圖從文獻的理解、批判與綜合的過程中，浮透出一幅圖案，以聯繫傳播研究的過去與未來。換句話說，本書可視為代表我的一孔之見的一篇長文——正如我在開頭所自承的，這是野心大成就小，將來得多多加油才是。但因為配合整套叢書的設計，本書徇主編之命改為今名——『大衆傳播理論』，遂邀求「全」之責。今特此說明，請讀者們鑒宥是幸。

（三）我始終覺得宣偉伯對「社會」只是當作背景，是已知數，而沒有真正將媒介放在社會的架構中透視。這絕不是說本書有什麼業績；相反的，這也是本書的痛點之一。

（四）第十一章的「議題設定」和「知溝」，已經改題，當作傳播的社會效果來處理，以增強全書結構的一貫性和視野的延續性。

（五）臺灣的實證證據沒有被消化進去，可憾。去國多年，對於臺灣的實證成果所知不多，只能翻閱一下手頭由東西中心出版（朱謙教授

主編)的臺港傳播論文摘要。當時覺得它們對我整體想表達的觀點，似乎不必大加修正或補充。但知我者罪我，尚祈方家不吝匡正。

第十一章曾經重寫，分別在臺北聯合月刊（一九八一年十月）和新聞學研究第二十八期（一九八一年十二月）刊登。

寫原序和再版序之間，居明女兒降世，爲全家人帶來無限的欣悅。我的工作環境也有較大的變動，面臨爲學過程中另一階段的新挑戰。本書出版後承海內外友人鼓勵，謹此致謝。相信我這些年在香港結下的中文寫作因緣，不因工作環境的更換而了結。更希望自己學問日有進境，可以不斷就教於廣大的中文讀者羣。最後，凡對本書的褒貶意見，只要提醒我的注意，擔保會以最負責的態度虛心考慮，在第三版中答覆或修正。

一九八二年十二月十四日
居明週歲校於雙子城明尼蘇達大學

徐佳士先生序

　　在中文書籍的庫藏裏，由於李金銓博士這本書的出現，開始有了一部完整的、從每一個可能的角度探討大衆傳播的著作。大學裏新聞與傳播科系的師生一定會感到興奮，心理學與社會學的學者們也應該歡迎它。大衆媒介界和關心公共政策的人士如果要從單獨一册書中，窺探關於社會傳播問題的足夠寬濶的景象的話，請不要錯過這一本著作。

　　李博士說：他要在離開香港赴美任教之前，爲孕育過他的社會留下一點足以報答恩惠的東西，所以寫了這本書。這的確是一件珍貴的贈品。這禮物不只是給接受的人帶來了立即的喜悅，還將在未來的長遠的日子裏孳生利益。他不是送了一束花，而是在我們的後院裏植了一棵樹苗。

　　這本書原來的名稱是：『社會・媒介・人』，暗示用廣角鏡或「新藝拉瑪」攝影術的方式做爲起點來探視大衆傳播的景象。一看書名就會令人想起九年前宣偉伯所寫的『人・信息・媒介』（Men, Messages, and Media）——一套以個人爲出發點，強調個人主動性的理論探究。李博士用「社會」來點題，並且放在首端，似乎要告訴讀者，這並不是「又來了一本傳播教科書」。他把「人」降格，並採用「受衆」爲 audience 的漢譯，對傳統的傳播理論的挑戰精神，躍然於紙上。

　　社會旣然受到強調，本書似乎深受社會學家——主要是狄弗勒（Melvin L. DeFleur）——的影響。李博士打算回答的問題中，包括了狄氏所提出的三個：一、社會對大衆媒介有什麼影響，二、大衆傳播是怎樣進行的，和三、大衆媒介對社會與人有什麼影響。但是他也沒有忽

略拉斯威爾 (Harold D. Lasswell) 為傳播過程所擬出的解剖學式的公式，在許多地方回答拉斯威爾的「W」。尤其對第一個「誰」（守門人）的回答可能還遠遠多過拉氏的期望。

彌足珍貴的是，這本書不只是導引讀者把眼光移開傳播效果的孤島般的景態，而作全面的觀測，並且比狄弗勒與保珞琪姬 (Sandra Ball-Rokeach) 共著頗受歡迎的『大眾傳播理論』中展示的景物更加豐盛，並給人一個層次很清楚的透視。——對傳播研究歷史和理論演進（直到一九八一年）有完整的敘述，對各階段的「理論」內容有簡明的介紹。一個初學者展讀之後，幾乎沒有必要再去詳閱較早出現在坊間的中文或英文的大眾傳播理論教科書了。

當然，讀者應該特別重視作者所強調而他又認為別人所忽略了的「社會文化模式」。一般學者受以社會心理學為基礎的傳播理論影響太深，極有必要把門開大一些，放進更多陽光。這些陽光撒遍在很多章節，讀者應該一一小心捕捉。譬如在檢討媒介「效果」研究的歷史時，本書逐一列舉互相不同的結果，再把各時期社會結構丕變與研究者的不同結論排比，就得到了很有意義的解釋。當然在第十章「傳播的社會效果」中，剖析了更多「社會文化模式」觀念下的研究成果。

不管是否可以歸類為「社會文化模式」，作者以「媒介本身」的社會學角度在第二、第三和第四章中就各家對大眾傳播過程中，傳播者（人與機構）的研究所作的綜合和分析，似乎比他的「社會控制」部分更加精闢。這類醫學內科診斷式的察視，極少出現在目前同類的其他中西文著作中，細密動人，讀來令人掩卷後回味無窮。

像任何其他著作一樣，本書也不免有一些可以商榷的地方。儘管這只是仁智之見，或者小得不足為道。作為誠實的讀者，我還是把它們提出來請教吧：

——把「社會文化模式」的研究角度,歸於媒介勸服效果研究範圍,也許是不適當的。一般來說,「勸服」是指改變人的態度,是一種立卽或短程的效果,書中所暗示或明示的「社會文化模式」的影響研究,是指長期和間接的效果,而且很可能經過「改變認知」(非態度)而產生的影響,不只是「勸服」而已。這種影響的發生,可能是由於媒介爲現實作了某種「釋義」,構成「第二手的現實」而促成(所謂 meaning 理論);也可能是由於媒介上的人物角色與行爲的 stereotype 廣受「受衆」模仿而造成(所謂 modeling 理論)。

——在檢討勸服效果研究時,作者給了賀夫蘭 (Carl I. Hovland) 和拉查斯斐 (Paul Lazarsfeld) 等人很公平的待遇,但對探究基本態度結構的斐斯廷吉 (Leon Festinger) 和羅吉奇 (Milton Rokeach) 等學者似乎過分省略。對斐斯廷吉的理論不作詳述,作者的理由是: 斐斯廷吉理論在其他著作中已夠多了。賀夫蘭和他的耶魯同事們的觀念也不是廣爲他人所援引嗎? 本書仍詳加介紹。

——對『人・信息・媒介』的批評,頗有獨到之處,不過宣偉伯這本書似非狹窄到像作者所說,完全忽視了「社會」。儘管書名上沒有「社會」這個字,宣偉伯爲大衆傳播結構描繪的圖解(頁 144—145)足以令人想起狄弗勒。拉查斯斐與墨頓 (Robert K. Merton) 氏的媒介與社會控制的觀點,也爲宣偉伯充分採用(頁 236—240)。他對媒介內容如何影響「受衆」的知識,也有簡明的敍述(頁 254—262),所以他對於效果的看法似乎也不純淨是「短期的、微觀的、態度性或行動性的」。

——第十一章的「議題設定」和「知溝」,似乎只是因爲它們是比較新的研究主題,才在本書中單獨成章。這樣一本較有恒久性的著作,似乎不必強調「新近」的事情。這兩個主題如果歸入到第十章「社會效果」中的相關部分去,全書結構上的一貫性也許會更強。

　　──臺灣地區一些傳播研究的發現（如關於「意見領袖」與「議題設定」等）足以顯示文化特性者，沒有被提到，或許值得在這兒提一下。

　　這些小觀點是因為作者要求我嚴格批評，而花了一些吹毛功夫而找出來的，用來與本書的整個成就相較，實不足為道。對於在國內介紹現代社會科學知識的學者們，這本書不採「堆積」文獻的方式，而在整個過程中保持批判的態度，並且把一個自己經過吸取、融會、消化而滋生的觀點，貫澈到底，是值得借鏡的。這項價值和其他優點並不會因任何小疵而受到損傷。

　　　　　　　　　中華民國七十一年於木柵國立政治大學

自　　序

　　七十年代初，英國社會學家坦斯多（Tunstall, 1970）曾經很嚴厲地指出，多數傳播研究比一般早期社會科學的劣品還遜色。另一方面，他又宣稱，傳播媒介是現代社會的一大支柱，貫穿了各學科所輻湊的許多中心問題，絕對不容忽視。

　　他這兩點觀察都是我能夠同意的。只是七十年代以來傳播研究復甦，似乎進入「柳暗花明又一村」，不管質或量都出現了新面貌。

　　這本『大衆傳播理論』採取傳播社會學的觀點，來探討社會、媒介與人三個環節的交互關係。基本上，我認爲媒介是站在社會與人之間作媒的實體，幫助人建構社會的現實。這固然不是什麼新鮮的見解，以往的文獻却很少認真地從這個角度處理過問題；傳播研究一向著眼於媒介對人產生的心理影響。社會層次與心理層次固然不互相排斥，也無孰對孰錯的糾纏，但它們觀察的角度略有所偏，所攝獵的鏡頭也有粗細大小之分，若能拼湊起來交互滲透增補，當可看得一幅比較完整的圖象。本書的副題是從宣偉伯獲得靈感的——他寫的『人‧信息‧媒介』（Schramm, 1973）是傳播心理學之作，「社會」的地位只被撇在一旁，視爲當然而未析明；而本書的副題叫做『社會‧媒介‧人』，却意欲從傳播社會學探討媒介怎麼聯繫社會與人。

　　寫這本書的原始動機在於方便教學，一九七八年應聘香港中文大學新聞傳播系，擔任研究院和大學部傳播理論的課務，我於是趁機寫下授課的大綱。我的目的不止是單純的迻譯或介紹，還要對文獻作一番排比、

選擇與批判。近年來，我的興趣從實證主義拓張到「研究領域的初步建構」(Mills, 1959 之語)，即在分析與綜合的辯證關係中往返。本書企圖將零星的材料安頓在一個比較大的架構裏，以燭照部分與全體之間的聯繫，並提供一個研究的路向，這勉強算是綜合方面的小努力。我常覺得，學社會科學最興奮的時刻，在於豁然發現一些從未想過的見解與看法，而不在於發現某個假設已被孤立地證實或推翻，這對像傳播研究這麼年輕的學科尤然。因此，我才敢不揣鄙陋，對原始文獻提出一些批判或不同的解釋，以示服膺「盡信書不如無書」的古訓。但是為了教學的方便，在結構或章節的安排上面，我仍盡量承襲舊例。

本書的材料主要是以美國為基底，以英國為輔助的。這是有其必要和苦衷的。美國是傳播研究的策源地和大本營，學問蔚然自成一個系統，具有累積性的貢獻。而英國近十年也異軍突起，各方學者逐漸不恥選擇媒介作為研究對象，他們對美國的成績不但有補充甚至有挑戰。當然，如果可能的話，最好從中國文化社會提鍊出具有相當普遍性的概念，至少也應該用中國文化社會的實證資料，反證在西方發展出來的概念。可惜目前連以中文耕耘的園地根本就十分荒蕪，怎可期望以中國文化社會為主的傳播理論或實證研究能夠成蔭？這條路遲早要走，但現在還沒有起步。我衷心祝望本書（雖然明知寫得不好）能為「知彼」貢獻微力，但千萬別讓它延誤「知己」的努力。

本書講稿曾經在香港中文大學前後教過三年，各班一些好學深思的同學，總逼得我不能含糊其事。如果本書尚有一得之愚，他們的熱忱是重要的元素。特別要感謝陳文、蘇鑰機、吳正中、李月蓮、陳慧兒諸同學和鍾奇源先生撥冗校對文稿。

我的啟蒙老師徐佳士教授，原本答應為這套叢書寫傳播理論專書，但他謙沖為懷，不止半推薦半命令我承擔這分差事，並費神審閱本書全

部文稿，提出了寶貴的意見。叢書主編李瞻敎授絲毫不以我遲遲未能交稿爲忤，反而頻頻隔海書勉。香港中文大學新亞書院院長金耀基博士是一面知識之鏡，讓我見賢思齊。書院裏一些各系的同事至友滋潤了我的求知之心。

　　本書第五章曾以「麥魯漢傳播理論的探討」爲題，刊登於香港當代月刊第六期（一九八一年二月）；第十三章曾以「傳播帝國主義」爲題，刊登於香港當代月刊第一期（一九八〇年九月）及第二期（一九八〇年十月）；第十四章曾以「第三世界如何因應傳播帝國主義」爲題，刊登於香港中報月刊第九期（一九八〇年十月）。

　　平日敎學與研究忙碌，想不到這本不足道的小書竟斷斷續續寫了三年。這三年間，嘉琪在中大敎育學院敎書和持家的空隙，常讓我開小差去讀書、思考與寫作。居安初抵港才八週大，今天居然歡度三歲生日了。林雲敎授的指點和鼓勵永遠令我們全家人銘感。最後，能夠把書稿交出去（雖然心頭上總覺得不滿意），我個人算喘了一口氣，因爲我應聘赴美國明尼蘇達大學任敎在卽，這本書至少是我在香港敎書的一個小紀念。我希望把它獻給我的父母。

　　　　　　　　　　　　　　一九八一年六月十八日於香港中文大學

大衆傳播理論　目次

出版前言

再版序

徐　序

自　序

第一章　導　論

第二章　傳播媒介㈠：「守門人」的職業角色與生涯

第三章　傳播媒介㈡：「守門人」的專業意理

第四章　傳播媒介㈢：組織

第五章　傳播科技革命

第六章　媒介・受衆・效果

第七章　傳播媒介的勸服效果㈠：兩級傳播及創新傳佈的研究

第八章 傳播媒介的勸服效果㈡：耶魯研究‧廣告‧效果階層

第九章 傳播媒介的勸服效果㈢：小結

第十章 傳播的社會效果㈠：選舉‧危機‧暴力

第十一章　傳播研究的社會效果㈡：「議題設定」 ・「知溝」

第十二章　傳播媒介與國家發展：一個學術典範之消逝

第十三章　傳播帝國主義㈠：理論

第十四章　傳播帝國主義㈡：政策

附錄一　國際資訊新秩序

附錄二　傳播媒介的職業、意理及組織之文獻

參考書目

第一章　導　論

一、開　場　白

這本書要講的便是——社會・媒介・人。

傳播媒介是現代科技進展的產物，更是孕育於社會背景之中，聯繫了人與人、人與社會、以及社會與社會之間的關係。

在我提筆寫這本書期間，世界上發生了許多事，有的從來引不起我的注意，有的當時注意了但瞬即淡忘，有的却完全溶化到我的記憶存庫裏。我看報，聽廣播，看電視。我吸收、選擇、淘汰、整理、解釋「資訊」。我從而知道社會裏的團體與個人的關係，並獲得文化上的意義。

其實，在我這麼做的同時，何止成千上萬的人也進行着相同的活動。唯有這樣人與人才能彼此「心有靈犀一點通」，唯有這樣才能畫清羣己的界限，唯有這樣社會才能成其為社會。

有一羣人（組織化的個人）的職業，便是搜集和處理「資訊」，他們必須從客觀的現實裏選出、濃縮出「新聞」，儘量把「眞理」的圖象

畫出來，然後拜現代科技之賜，透過組織（報館、電視臺）把「新聞」傳遞出去。這活動本身可能是一種「交易行爲」：一方面使組織獲取商業或政治利益，另一方面使羣衆獲得豐富的（儘管已被壓榨又壓榨的）資訊。

現代科技的面貌不斷地在翻新，功能無止境地在擴大；人類的生活和社會的安排固然支配了科技進展的脚步與型模，科技也變化了人與社會的距離與關係。科技不止是文化的傳遞者，也是它的鑄造者。

社會是人的組織，但也是人的「決定者」。沒有人，固然沒有社會；但在今天，沒有社會也不能有「人」，人與社會是互爲因果的，而媒介便是居間作媒，聯繫人與社會的傳播科技體。換言之，媒介幫助人建構社會現實。

不但人與人組成社會，國與國也組成國際社會。若沒有組成分子，國際社會是空的；一旦國際社會建立了秩序，各國却幾乎再沒有餘地選擇要不要參與做「成員」。傳播媒介在國際社會也扮演舉足輕重的角色。它是和平的使者，也是紛亂的起源。

這些是本書想談的一些鱗爪。更具體些，在寫這本書的過程中，發生了下面幾件事：

（一）伊朗鬧革命，宗敎領袖科曼尼推翻了巴勒維國王。巴勒維擁有第三世界最精密的傳播科技；科曼尼的「福音」却只靠着錄音帶和傳單來秘密散佈。（傳播科技好像不是萬能的。）科曼尼上臺之後，爲了拯救伊斯蘭敎的傳統道德，命令女人蓋上面紗，更禁止電臺播出任何西方流行熱門歌曲，因爲他覺得那對靑年人的道德有強大的腐蝕作用。（這樣說來，傳播科技的某些信息似乎又被假設爲有很大的力量。）

（二）中國大陸從十年「文化大革命」的浩规鑽出來，「臭老九」知識分子紛紛放出牛棚。「人民日報」氣急敗壞地控訴，以前它在「四

人幫」的控制下，專門泡製「假話、空話、大話」，對被平反的知識分子作過不實的誣蔑。（新聞媒介是政治路線的應聲蟲，還是眞理的報導者？）

（三）聯合國敎育科學文化組織每一開會，就有第三世界國家組成的陣線，指着美國的鼻子罵「傳播帝國主義者」，因爲西方（特別是美國）的通訊社壟斷了世界新聞的探集與發佈。第三世界國家雖和蘇聯同唱一調，動機却迥然不同。相反的，國際新聞學會每一開會便不斷力呼爭取新聞自由，國際人權特赦組織更每年列出被逮捕入獄的各國記者名單，呼籲全世界愛好自由與眞理的人士聲援他們。共產國家和第三世界的離心分子常得靠西方通訊社報導他們的心聲，更要靠西方新聞媒介探知世界「眞相」。（公說公有理，婆說婆有理，孰是孰非？）

傳播媒介的內容是怎麼製造、遞送與消費的？

傳播媒介與社會有什麼依存關係？

傳播媒介怎麼影響國際、國內的政治與社會，支配人們的世界觀，改變他們的態度與行爲？

傳播科技怎麼鑄造人類的文化與識覺？

這些問題涉及傳播媒介的組織與功能，也就是本書所要探討的題旨。

二、傳播的定義：共同性·交通·媒介

開宗明義communication 至少包含三種意義：

①最廣義的說，是把資訊 (information)、意見、經驗、態度，從一個人傳給另一個人。communication 的拉丁字源 communi，意思是建立「共同性」(commonness)。它的延伸意義，不止是從一個人傳給另一個人，也可以包含從一個地方傳到另一個地方。

②所以，第二種意義便相當於交通（transport），指車、舟、飛機等等工業革命以後出現的科技發明。

③第三種意思，相當於大眾媒介（mass media），即我們當今所熟知的報紙、雜誌、廣播、電視、通訊社、衞星等，都是現代科技的發明或改良。

這三種定義一脈相通：第二種定義是第一種的延伸，第三種定義則是第二種的延伸。交通工具的發明使較大的人羣可以建立「共同性」，大大地擴展了經驗的交流；所謂「百聞不如一見」，在現代交通工具出現以前，以個人感官經驗直接接觸所能聞、所能見的範圍的確十分狹窄。但即令現代物質交通工具如此便捷迅速，它畢竟還有嚴重的客觀限制，特別是現代社會複雜萬端，光靠交通工具建立共同性是不夠的。於是，科技的發明使「心靈上的交通工具」（第三種定義）得以應運而生，資訊的傳遞與交換更多更快，即使不能親歷其境的人也可以獲得資訊——從這個意義來說，現代傳播工具（媒介）是實際物質交通工具的替代品。

用傳播媒介來替代交通工具也許在某個意義上原是不得已的，但演變的結果，却常比被替代的交通工具更重要，更優越：不得已，是因為傳播媒介只能提供「第二手的現實」，我們不能夠目視或親自參與事件；更優越，是因為傳播媒介處理資訊、守望環境的能力更大，特別是當今社會組織愈來愈龐雜繁複，傳播科技日新月異，早就有「資訊爆炸」的警號發出，絕非狹窄的人際直接接觸足以應付。譬如烏干達政變、蘇聯入侵阿富汗、美國總統選舉，如果沒有現代傳播組織（記者、編輯、電訊）的報導，這些資訊很不可能與我們的認知經驗交流，我們不但無法到處去實地探查狀況，就算去了，所接觸的範圍仍然極窄。

上面這三個定義，都有兩個共同的要素：一是「人」，二是「資

訊」。換句話說，都關乎人際間透過現代科技的資訊交流。我們關心的是人與人的傳播，不是人與物或物與物的「傳播」。有一位美國同事，嘗望着窗外，見枝葉搖動不止，喟然長嘆道：「宇宙間之物不傳播 (incommunicate) 者，未之有也。」以這個標準，幾乎世界上的現象無一不可網羅在「傳播」的名目下，在某個程度上却是名詞的濫用。這位先生所瞭解的「傳播」，跟本書所關心的「傳播」是大異其趣的。

　　更具體的說，假定社會是由一組組的關係組成的——個人與個人之間的關係，個人與團體的關係，團體與團體的關係，個人與社會的關係，團體與社會的關係——那麼，資訊的交流應該是它的中心要素。這是我們關心的對象。然而，即使在這個同意基礎上面，不同的根據往往會有不同的偏重，有人以符號、資訊的傳達交換爲主，有人偏重於符號或資訊的影響力（效果），更有人視資訊爲人類關係的基石。

　　嚴格來說，communication 一詞譯爲「傳播」並不恰當。徐佳士（一九六六：六——八）指出，「傳播」只意味由給方到受方，而無互惠回報之意。其實，「交通」和「通訊」至少都說出了「通」的含義，比「傳播」好得多了。但「交通」因爲使用多年，似乎指一件實體自一個地方送到另一個地方，提到這個名詞，只聯想到車、船、飛機等 transport（即上面的第二種意思）。至於「通訊」似乎又指電話、電報等電訊事業，意義被「凍結」，不足以代表所有的含義。此外，「傳訊」則似乎指法律上打官司再選上法庭，或是把通緝犯歸案。

　　所以，徐氏建議，旣然其他名詞都不是十全十美，便不必輕易拋棄通用的「傳播」舊名詞，不如賦予「傳播」以新的意義，讓它代表來往互通的過程。他要大家遇見或使用這個名詞時，千萬不要被它的字面意義所愚惑，而應「想到」它所代表的新意義——想到一個很普通的英文字 communication。

三、大眾傳播的特徵

谷騰堡革命

人類互通思想情愫，須靠語言文字為媒介。語言如何產生，我們的老祖宗如何創造語言，恐怕是在史前時代的事，已無史乘可稽。語言後來逐漸發展演變成為一個系統，有詞彙與文法構造。孩童從哇哇落地，到三四歲間，在短暫幾年內學會說話，可說是天大的奇蹟，也許是一生中最了不起的學習。

語言只能處理簡單的、有限的資訊，比較複雜的就要靠文字。商殷時代用龜殼上刻甲骨文，東漢蔡倫發明紙，宋（一〇四五年）發明膠泥活字版（比西方早五百年），都是人類在傳播技術上的重大突破。十五世紀中葉，德國人谷騰堡利用當時已有的材料和方法，例如中國的製紙、油墨技術，添上西歐的酒榨，配合自中國傳入的活字版，發明了金屬活字版，大量複製聖經，第一次把人類資訊交通的能力無窮的延伸，故有「谷騰堡革命」之稱。所以，儘管人類傳播方式歷史上代有發明，但大眾傳播媒介卻是西歐工業革命以後的產物，基本上實也承襲長久以來一連串發明突破之餘緒。

科技是必要而非充分條件

本書所處理的主題——「大眾傳播」(mass communication)，只是傳播當中的一種，意義較為狹窄，現象則較為明確。大眾傳播固然是現代科技的產物，但技術條件只是個必要，而不是充分的條件。

已故社會學家德意志曼 (Deutschmann, 1967) 把傳播作以下的分

類：

$$
私人的
\begin{cases}
有媒介的（打電話聊天）\\
面對面（吃飯聊天）
\end{cases}
$$

$$
公共的
\begin{cases}
有媒介的
\begin{cases}
非集合的（在家看電視）\\
集合的（電影院）
\end{cases}\\
面對面（公共集會）
\end{cases}
$$

大衆傳播所研究的，應該屬於「公共的、有媒介的傳播」，包括了集合性（如電影）和非集合性的（如報紙、雜誌、廣播、電視）。其他形式的傳播都屬於人際的範圍❶。

說到這裏，甚麼是大衆傳播已逐漸豁顯了。除了現代科技之外，它還牽涉到資訊交流活動是否公開，和有沒有傳播組織處理資訊。茲參酌社會學家萊特（Wright, 1975: 4-6）的定義，說明「大衆傳播」的其體特徵：

（一）接受資訊的對象（報紙的讀者、廣播的聽衆、電視的觀衆）人數衆多，背景分歧，但彼此隱名埋姓，互不相識。因爲人數太多，當今的傳播媒介動不動以萬、十萬、百萬爲計算的單位，當然無法進行面對面的接觸。而且，這一羣人有極參差不同的背景、年齡、興趣、籍貫，彼此互不來往，也不認得。聚在電影院看戲的人多半是烏合之衆，劇終則散，除了少數親戚朋友以外，誰也不認得誰。守在螢光幕之前的家庭何止萬千，他們之間也互不來往。當然，這並不是說他們遺世而獨立，

❶　Schramm（1973: 114-5）指出，把大衆傳播與人際傳播分開來是勉強的，「我們講人際通道，指的是從個人到個人，沒有（機器或傳播組織）在中間作媒的通道。但是，這個區分變得含糊：例如，電話應劃到那一邊？」其實，德氏的分類法仍站得住脚，因爲將受象的性質、傳播方式的公開性與傳播組織等特徵（後詳）合併觀察，電話都不符合大衆傳播媒介的原則。

他們有自己的原團體（如家庭）和次團體（如學校），它們會修正傳播
媒介的信息對受衆的影響。但不管怎麼說，傳播者是根本沒法子去認識
成千成萬的受衆的。

（二）大衆傳播的資訊活動是公開的、快速的、也是短暫的。它的
訊息是對人人開放的（例如只要有經濟能力、識字的人都可以閱報），
速度是非常快的，但壽命極短（報紙一天，廣播電視甚至短到幾秒，雖
然現在又有新的科技加以存錄），目的在於即時消費而不是保存爲永久
記錄。因爲它公開，故成爲政府、社會的檢查與控制對象，總希望透過
立法、輿論或行政命令，使它減少對公衆的不良影響（例如暴力、色情）。
因爲它迅速，潛在的社會力量極大。更因爲它壽命短暫，故強調時宜性，
強調「新」，內容膚淺，常以聳動爲主。

（三）傳播者（傳播來源）通常是一個傳播組織或經過組織化的個
人。傳播組織指報社、電臺、出版社、電影公司、電視公司；組織化的
個人則指編輯、記者這種人物，他們透過組織的力量控制訊息的進出與
流通。因此，大衆傳播訊息送出量特別大，經常製作費用也特別貴（美
國電視網一小時節目製作費達美金三十萬元），絕不是個人可以辦得到
的。

透過這種傳播組織來發言，在一般人心目中似乎代表着權威。我們
常聽人說，因爲是「報紙登的」、「電視說的」，所以不加懷疑，一逕探
信。怪不得名人（影星、外交官）老是想利用記者（傳播組織化的個人）
來吹捧自己，製造所謂的「知名度」，但反過來說又最怕記者在傳播媒
介上揭瘡疤。要是換上了「個人」，沒有傳播組織做後盾，所發出的信
息當然便無此威力了。

讓我們用圖 1-1，再次說明「大衆傳播」的意義。

首先，傳播組織裏（如報館）有許多人在工作（都是組織化的個人），

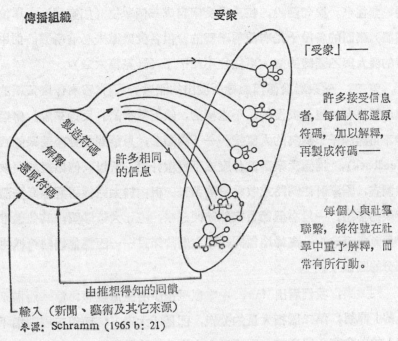

傳播組織　　　　　　　　　　　受眾

「受眾」——

許多接受信息
者，每個人都還原
符碼，加以解釋，
再製成符碼——

每個人與社羣
聯繫，將符號在社
羣中重予解釋，而
常有所行動。

製造符碼
解釋
還原符碼

許多相同
的信息

由推想得知的囘饋
輸入（新聞、藝術及其它來源）
本源：Schramm (1965 b: 21)

圖 1-1　大衆傳播媒介機構

製造大量相同的訊息，這些訊息都是公開的、立卽的。這羣人把資訊加
以選擇、整理、淘汰、處理，經過層層「加工」的手續之後，最後留下
的充其量只佔世界各地傳來的消息的百分之二。當然，忙着在世界各地
採集消息的人（如通訊社記者）也是經過同樣的層層加工手續，才滙集
到報館裏去，等待再加工。這一連串資訊加工的過程我們稱爲「守門過
程」，以加工爲職業者則是「守門人」(gatekeeper)，他們在加工時所
憑藉的準則是專業意理(professional ideology)，他們時時受到組織的約
束。（這幾方面將在下面三章詳述。）

　　其次，這些訊息旣是公開的、立卽的、大量的，自然便在發出後抵
達大量的「受衆」。他們的人數太多，彼此背景不同，興趣不同，不認

得，無往來。換句話說，每一羣受衆自成一個單位（如家庭），單位（團體）裏面的各份子是有種種聯繫的，但各受衆羣未必有聯繫，而甲團體的個人與乙團體的個人更往往不相干了（詳見第六章）。

第三，受衆對於傳播組織所發出的訊息，通常沒有什麼積極的反應；即使有，也是很慢的，不直接的，缺乏效率的。反過來說，傳播組織不可能和千千萬萬的人直接一一「對話」，只能間接推想受衆的回饋 (feedback)，推想受衆喜歡什麼或不喜歡什麼。所以，傳播組織要做受衆調查，緊緊盯住銷路或收視率的消長。但由於太難獲得好線索去測知受衆的喜惡，一旦有個節目突然熱門起來，賺了大筆鈔票，其他競爭對手便急起直追，一窩蜂地做同一類主題的節目——因爲他們總算抓住一部分的回饋了。

到這裏，我們看出 mass 一字似乎至少有三層意思：第一層指「大量的」訊息；第二層指大量的公衆，即是「大衆」；而第三層則指「大衆」的社會和心理意義——「烏合之衆」，也就是受衆之間隱名埋姓，比鄰若天涯，老死不往來。（關於第三種意義，我們在第六章還要詳細討論。）

四、傳播研究的簡史

宣偉伯 (Schramm, 1963) 勾勒出美國傳播研究簡史的形象，他特地追溯了四位先驅學者，認爲他們是傳播理論的開山祖師。這四個人當中，有三位都是與維也納學派淵源頗深的猶太裔學者，在第二次世界大戰前夕，移居美國，以便逃避納粹的瘋狂迫害，結果都在新大陸建立了崇高的學術地位。

這四位先驅學者爲傳播理論篳路藍縷地開疆闢界，實在是一個歷史

的盛事，却也是一個歷史的偶然：

　　　　假定其中三位不移居美國避難，假定他們不曾在「傳播的交叉口」路過，相信整個傳播研究的面貌會大有不同，歷史也必須重寫。

　　——在他們，傳播理論能夠成形，未始不是「無心插柳柳成蔭」。他們在「傳播的交叉口」逗留不久，然後紛紛返回原來的崗位。

　　他們所以過訪這個交叉口，一方面是因爲「傳播是一個根本的社會過程」（宣偉伯語），目的還是在回答他們本行的一些問題，不在建立今天我們所知道的傳播理論。另一方面，在第二次世界大戰期間，同仇敵愾，全國總動員，這些學者也不後人，憑着他們的學術訓練，參加政府部門從事戰時宣傳的研究。

拉查斯斐・魯溫

　　第一位先驅人物是拉查斯斐 (Paul F. Lazarsfeld)，出身於維也納學派，原是數學家，一九三二年赴美國講學以後，才改行做社會學家。

　　拉氏到了美國，立刻就被當時迅速發展的傳播新媒介——無線電廣播——所吸引。他利用聽衆調查的方法，研究無線電廣播的聽衆及它所產生的效果。到底聽衆喜歡那一種節目？爲什麼？對選舉投票、購買東西有什麼影響？傳播媒介與人際親身影響孰輕孰重，孰優孰劣？

　　拉氏創辦了哥倫比亞大學應用社會研究局。他是研究方法學的巨擘，與墨頓 (Robert K. Merton) 理論家共事數十年，相得益彰，造就一羣極優秀的學生。在傳播研究方面，如凱茲 (Elihu Katz) 和柯拉伯 (Joseph Klapper)，都有深遠的貢獻。拉氏爲傳播研究開闢了一條嶄新的道路，支配了此後傳播效果的探討❷。

　　第二位「始祖」是魯溫 (Kurt Lewin)，出身維也納，格氏心理學

---

❷　見本書第七章。

家，一九三〇年代移居美國。他採取的研究方法是實驗，他所探討的中心問題是團體壓力、團體規範、及團體角色對團體份子行為與態度的影響。他生前任教於愛俄華大學，逝世後學生們在麻省理工學院創辦「團體動力研究中心」，後來遷移到密西根大學。他的著名學生包括費廷吉 (Leon Festinger) 和卡萊特 (Dorwin Cartwright)，美國的團體動力 (group dynamics) 研究，幾乎一直在魯溫的影子下發展。

拉斯維爾・賀夫蘭

第三位「始祖」是政治學家拉斯維爾 (Harold Lasswell)，也是歐洲移民，畢業於芝加哥大學，後來在耶魯大學任教，直到退休，他的研究方法不是問卷調查，也不是實驗法，而是分析法。他是研究宣傳的先驅，一九二七年寫的博士論文——『第一次世界大戰的宣傳技術』 (Lasswell, 1927)，不僅為宣傳研究開啓先河，這本書至今仍是重要的經典之作。他發明了科學的內容分析法，對傳播研究有很大的貢獻。一九四八年寫的一篇文章——「傳播在社會的結構與功能」 (Lasswell, 1948)，構成傳播研究的基本典範 (paradigm)，一會兒就會討論到。

第四位「始祖」是耶魯大學心理學家賀夫蘭 (Carl Hovland)，道地的美國人，採用的是嚴謹的實驗法。一九四二年應召參與美國陸軍部的研究計畫，開始對傳播與態度變遷感到濃厚的興趣。戰後成立耶魯「傳播與態度變遷研究計畫」，出版一系列叢書，研究主題包括傳播與說服、態度的組織與改變、人格與說服、信息表達的次序對說服的影響（見本書第八章）。賀氏英年早逝，一九六一年死時才四十八歲，學界痛失良才。

這四位始祖已紛紛作古。在他們生前，雖在傳播研究的交叉口路過，也早已都回去原來的學科。傳播研究是其他老資格學科的「副產品」，

是配角，而不是主角。一九五○年代，這批先驅遠離傳播的陣地，去追求他們心目中更重要的問題時，貝勒遜（Berelson, 1959）宣稱：傳播研究即已壽終正寢！

當然，傳播研究沒有死。

宣偉伯集大成

傳播研究不但沒有死，似乎還更茁壯。宣偉伯的功勞是不可磨滅的❸。

他的貢獻可分三方面來看。第一方面，他是學術行政的巨擘，一生中建築了四大傳播研究的據點（愛俄華、伊利諾、史丹福、東西中心），當今美國第二代、第三代傳播研究的牛耳，不是他的門生，便是他的門生的門生。

第二方面，他早年是出色的短篇小說家，後來改而致力於傳播理論的綜合。他的妙筆把艱澀蕪雜的學術論文「翻譯」成有系統、動人的散文，使徘徊門外的年輕人紛紛「自投羅網」，所以傳播研究的香火不絕。

第三，他是個不疲倦的知識前哨探險家。他做了許多研究，不管是新聞自由與社會責任的關係，電視對兒童的影響，傳播媒介在國家發展的角色與功能，在在都開闢了遼遠的戰線，引導了美國傳播研究的方向。

總之，沒有宣偉伯，傳播學沒有今天；沒有他，傳播學不可能「無」中生「有」。喜歡或不喜歡，反正宣偉伯是與傳播學難分難解的了。這一點，連他的敵人也得承認。

宣氏撰著的一本書——『人・信息・媒介』（Schramm, 1973），是本書的重要藍本之一。就如同宣氏的其他著作，近年來每每遭受嚴厲的

---

❸ 有關宣氏生平和他所研究過的問題，請參閱 Lerner and Nelson (1978)，是門生故舊獻給他的紀念文集。

批評，但他處之泰然，認爲已向知識之峯邁前一步，於願已足。我自己對「人・信息・媒介」的許多見解或解釋是與宣氏有出入的。這或許是「站在巨人雙肩」之意。

一九六〇年代在表面上看來，傳播理論殊無建樹，缺乏重大的突破，整個研究活動似乎也相當沉寂。但從另一角度來觀察，這一段時期未始不是傳播研究的「冬眠」期，有許多人從事理論的整合，把零星的發現整理出枝葉。隨着傳播研究機構的多元化，過去十年傳播研究似乎已經向更高的層次爬了一大步❹。本書希望能夠捕捉一些精神，批判性分析以往的貢獻，並指出未來研究的線索。

五、傳播研究是一門獨立學問嗎？

只路過・不逗留

現代社會不能沒有傳播媒介。傳播媒介已經與都市、工業社會密不可分，成爲人們日常生活不可或缺的一部分。但是，這是否表示我們必須要有一套獨特的傳播理論，或傳播研究必須發展成爲一門獨立的學問呢？這個問題一直見仁見智，難有定論。

初期的傳播研究是從旁的社會科學領域「接枝」的。一九六三年，宣偉伯 (Schramm, 1963:1) 說，傳播研究「還沒有」成爲一門學科，但它却是研究人類行爲最繁忙的交叉口之一，因爲「傳播是一個——也

---

❹ 一九六〇年代以前的研究，可以 Pool and Schramm (1973) 爲代表。一九七〇年代之後的研究請參閱 Kline and Tichenor (1972)，Clarke (1973)，Blumler and Katz (1974)，Chaffee (1975)，Davison and Yu (1974)，Wilhoit (1980, 1981)，Whitney and Wartella (1982)。

許是唯一的——根本社會過程」。換句話說，各個資格較老的學科（如社會學、心理學、政治學）的專家學者，在追求本科學問的過程中，一定要接觸到傳播的問題，因為傳播是人類行為的根本。但他們的終極目標，仍是在解答他們本科的問題，而不在建立傳播理論。宣偉伯說，傳播這個學術交叉口，「有許多人路過，但很少人逗留」。

宣氏視傳播為人類社會過程的根本，狄弗勒則宣稱「傳播對人類來說，就像生物過程一樣重要」——後者使人成為「生物」，但前者使人成為「有理智的生物」(DeFleur and Ball-Rokeach, 1975: x)。一九六三年，宣偉伯認為傳播「還沒有」成為一門學科，「還沒有」並不是「不可能」或「不需要」，只是時機尚未成熟而已。一九七五年，狄弗勒根本就宣稱，傳播已經蔚然成為一門全面而獨立的學科，其正統地位不假外求，就像早些的經濟學、社會學、心理學、人類學，羽毛豐富後便要自立門戶，拋棄武斷的、哲學的全稱命題。

狄氏認為，傳播研究的種種發現已逐漸燦然可觀，又有豐富的書籍期刊源源出版，許多著名學府更成立了博士班，培養新一代的傳播學者。所以儘管到目前尚無精湛的理論，可以統攝全局，但有些歷久彌新的問題却幾乎是人人都得感興趣的。

「傳播媒介決定論」

假定傳播研究「必須」成為一門獨立的學問，我們當然得發展一套獨立的傳播理論系統。持廣義「傳播」定義者希望建構的傳播理論，是能夠居高臨下來統攝、貫穿其他人類行為學科。但持較狹義「大眾傳播」定義者却覺得應該以傳播媒介為鎖鑰，瞭解社會組織與它的變化。例如普爾 (Pool, 1965) 宣稱，傳播媒介是當今社會生活的中心，所以要瞭解整個社會必須從傳播媒介下手。六十年代許多學者在研究第三世界現代

化的過程時也抱着類似的看法（第十二章）。這其實過分高佔了媒介的力量和重要性，多少是一種「傳播媒介決定論」的表徵。只是若一味誇張媒介的角色，而缺乏實證的支持，必將矇蔽我們對整個社會結構與過程的看法，以致眼光偏頗失去平衡。

傳播研究是不是「已經」成爲一門獨立的學科，這是一回事。它是不是「必須」成爲一門獨立的學科，這又是另一回事。前者只關心時間問題，後者牽涉到一個非常根本的研究路向。英國學者高丁與墨多克 (Golding and Murdock, 1978) 斷然認爲沒有必要建立一套獨有的傳播理論，要緊的是有一套更完善的社會理論來指導傳播媒介的研究。他們似乎覺得傳播媒介沒有多大的自主性，只要對社會的理論瞭解愈透澈，傳播問題也自然迎双而解。他們認爲，現代社會裏裏外外都是不平等的關係，國內國際都是這樣，這個不平等的制度且將持續不止；職此之故，最中心的問題在於傳播制度控制權的不均衡與社會經濟分層的不平等，即要研究特權階層怎麼運用傳播制度桎梏社會分子於現有的制度裏。

有趣的是他們一方面鞭笞「傳播媒介決定論」，一方面却似乎信守「經濟決定論」。他們在另外一篇文章裏 (Murdock and Golding, 1977)，沿襲了傳統馬克思主義的論點，堅持經濟基礎「主要及最終」決定包括社會、文化、傳播的上層建築。他們大聲疾呼要建立更完善的社會理論，以指導傳播媒介的研究，但這套完善的社會理論却似乎以經濟爲基礎、爲根源，歸根結底倒有「經濟決定論」之跡象。

任何形式的「決定論」都不免顧此失彼，顛倒因果關係的輕重比例。「傳播媒介決定論」在六十年代甚囂塵上，經過庸俗化之後更走了極端，一逕把媒介看做第三世界現代化的重心，事實上根本不是如此（見第十二章）。而「經濟決定論」若過分機械化，便會忽略上層建築與下層建築之間的動態關係與交互滲透（見第十三章）

其實，傳播媒介是社會經濟文化系統之下的次系統 (subsystem)，相對而言，應該有它的自立性，有它的規律，建立傳播理論不但可能，而且必須。但傳播媒介必須同更高社經文化系統保持動態的互動(inter-action)，所以它一方面不可能成為高於一切學科的駕馭準則，另一方面却必須彰顯社經文化的過程，這樣才是一個合理而切實的研究取向。以前，傳播研究盡是從其他老資格學科「接枝」過來；現在，我們仍得借用它們的概念和方法，雖然我們已發展出一部分自己的「語言」，這種借用是絕不可免的，而且只要汰棄糟粕存其精華，對傳播研究是有益無害的。我們希望將來傳播研究發展出一些概念，能對其他社會科學的領域有反哺之報，彼此互通聲氣，這才是健康的道路。

六、傳播媒介的組織與功能

拉斯威爾 (Lasswell, 1948) 三十多年前寫的一篇短文，題目是「傳播在社會的結構與功能」，初步替傳播研究畫了一幅藍圖，影響後來的學者很大。

他從功能論出發，把傳播比喻成生物現象。大凡生物現象都必須求取「平衡」(equilibrium)：小如人的體溫會自動調節，大如生態環境（整個大自然）的萬物也是相生相剋。例如最近中共當局曾嚴令禁止華南農民捕捉青蛙，因為青蛙被捕殆盡，賣到香港賺外滙，結果農田裏的害蟲猖獗。那麼，傳播也是一樣的，它的功能就在調節社會的「體溫」，讓社會保持在適當的平衡狀態，以消弭各種紛爭、暴戾，並達成和諧的境界。

拉氏認為，傳播有三大社會功能：

第一是守望環境，偵察環境當中有什麼威脅或機會，足以影響整個

制度和它的組成部分。外交官、外國通訊員所做的事，便是守望環境；新聞媒介更搜集、分發有關環境之中的種種消息。例如一九七八年美國傳播界公佈了蘇聯派在家門口的古巴駐軍，終至引起嚴重的外交交涉，要求蘇軍撤退，便是守望環境的功能。

第二是聯繫社會的組成部分，以適應環境。新聞媒介（如報紙社論）便負責解釋環境之中的消息，並提出各種因應的方案或解決的策略。

第三，傳播把文化世世代代傳下去，主要在於傳遞知識、價值和社會規範。學校和家庭在這方面負起最重的責任。

拉氏以生物現象爲喻，提出傳播在社會的組織與功能，可惜只是蜻蜓點水，語焉不詳，未有具體的解釋。譬如，這些社會功能似乎是人類社會有史以來一直綿延不絕的，傳播媒介到底增加什麼層面，特徵爲何，他都沒有討論到。

在同一篇經典作裏，拉氏又開門見山地爲傳播下了一個口號般的定義，即：

Who （誰）

Says what （説什麼）

In which channel （用什麼途徑）

To whom （對誰説）

With what effect （有什麼效果）

其中，「誰」代表「傳播者」(communicator) 的研究，「説什麼」指資訊 (information) 及媒介內容的分析，「用什麼途徑」是各種媒介、或媒介與人際接觸的比較，「對誰説」指受衆 (audience) 的研究，「效果」則略指「功能」的探討。

這個由五W組成的公式，原如提綱挈領的「標題」，不是嚴格的學術

定義，但由於它簡明易曉，傳頌久遠，竟指引過去數十年的傳播研究，諒是拉氏始料所不及。正因為這個定義發生支配性的影響，對它作深入的檢查，未嘗不能反映傳播研究的焦點與取徑之一斑。質言之，拉氏的五W公式忽略三大問題：

第一，它全然不顧社會制度如何鑄造、影響媒介。媒介的存在被視為當然。

第二，這五W裏頭獨漏 why，或 with what intention，或 for what。傳播行為的動機又可細分為兩個層次：一是受衆的心理動機，即他們為什麼使用傳播媒介，企圖滿足什麼需慾；二是傳播組織的社會文化動機，即發明、創造、把持先進傳播科技的社會團體（如政黨、財團）究竟想用它作何用途。

第三，　拉氏的定義也不包含回饋（feedback）或「誰回話」（Who talks back?）的問題，傳播成為單方向而非雙方向的行為。儘管以後有學者將「回饋」安插、還原到公式裏，似乎也只聊備一格，缺乏認真的研究。嚴格地說，「誰能回話」比「誰回話」更能擊中問題的要害。社會上各團體的權力與利益本不應該等質齊觀，強勢的團體比弱勢的團體更能動員並運用傳播媒介，以資「回話」，爭取公衆的視聽，進而鞏固團體的地位。

萊特的修正與補充

鑒於拉氏的定義粗疏空洞，社會學家萊特（Wright, 1975）乃作進一步的疏解。歸納起來，萊特的貢獻有三點：

第一，拉氏列舉三種傳播的社會功能——守望、聯繫、傳遞文化，萊特則增加「娛樂」的作用，這在商業掛帥的資本主義社會尤其重要。抑有進者，心理學家史蒂文生（Stephenson, 1967）曾經試圖用「遊戲

說」(play theory) 解釋傳播行爲，全面抹煞傳播的功利目的（例如守望環境），而宣稱傳播是純粹爲求內在的精神解脫而已。當然，「遊戲說」想用單因來庸俗化傳播的複雜面貌，固然不足爲訓，但拉氏純以功利觀點着眼而忽視傳播的娛樂功能，也有片面性。萊特適當地矯正此弊。

第二，拉氏完全着眼於傳播對社會的正面貢獻，而無視於其負面的影響。其實，傳播可以爲善，也可以爲惡；可以促進傳統文化，也可以摧殘固有美德；可以提倡節儉，也可以刺激消費；可以主持正義，也可以敗壞風氣。它之爲善爲惡，實視社會體制的制約而定。不但如此，傳播的效果與原定的目的可能發生分歧，良善的用意有時意外地導致惡劣的影響。這一點，拉查斯斐和墨頓 (Lazarsfeld and Merton, 1948) 早就有深刻的觀察，但在傳播研究的歷史上却有如空谷足音。萊特重予釐清，發人深省。

第三，傳播的功能不能孤立地存在，而實有觀點與角度的分別。傳播媒介對小至個人、團體，大至社會、文化，功能各異，甚至矛盾叢生。例如由多種族、多語言組成的許多新興國家，擬訂政策時常感無法擺平，假定讓國內人口最衆的種族掌握傳播媒介，推行「國語」，鼓吹「國家」觀念，這也許對整體的社會安定和國家整合是有正面的功能，但對少數民族的利益却有損害。（是以在擬訂政策時，必須把總目標與次目標、主要對象與次要對象排列出順序，按輕重緩急，達成任務。）

萊特的這三點疏解彌足珍貴。他站在拉斯威爾的基礎，合併墨頓的「功能論」，而發展出一套傳播理論的架構：

對 (一) 社　會

　　(二) 個　人

　　(三) 團　體

（四）文化系統而

什麼是大衆傳播媒介在

（五）守望環境（新聞）

（六）聯繫社會（言論）

（七）傳遞文化

（八）娛　樂

各方面的

（九）明顯的，與

（十）潛在的

（十一）功能，與

（十二）負功能？

　　這十二個單元透過聯繫與排組，滋生很多新義。萊特的疏解使拉斯威爾的提法獲得修正與補充，所提供的景象亦更全面而豐富。萊特的架構有助於歸納綜合媒介效果的實證發現，並可省察傳播研究的軌跡。大體上，萊特承傳了拉斯威爾的基本假設，故上面對拉氏的三點批評仍入木三分。尤其是萊特對媒介的效果提示蒸詳中肯，但對媒介本身（傳播者）或媒介以外（如社會制度）的因素却頗乏深刻的反省。這是美中不足的。

七、本書的結構

　　行筆至此，我們必須直截了當地問：大衆傳播探討那些問題？
　　拉斯威爾的公式及萊特的疏解已如上述，他們提出媒介「效果」的架構大致可取，但必須補充其所不足——卽社會與媒介的關係，以及媒

介組織（傳播者）的分析。這裏，似乎與狄弗勒 (DeFleur and Ball-Rokeach, 1975：12–13) 的架構相契相通。

質言之，狄弗勒認爲，欲了解傳播革命的意義，首先必須探討三個基本問題：

> （一）各種社會對傳播媒介發生什麼影響？傳播媒介之所以有今天的形式，究竟是由什麼政治、經濟、文化因素和情況促成的？
>
> （二）大衆傳播如何發生？和其他傳播種類有何不同？是原則上之異，抑或細節上不同於較直接的人際傳播？
>
> （三）傳播媒介對社會有何影響？它對人們的心理、行爲或文化有何影響？

本書即採此一架構組織材料，大要如下：

第五章「傳播科技革命」，將嘗試說明社會與媒介的關係，卽社會如何孕育媒介，把傳播科技制度化，而傳播媒介又對社會有何意義。必須指出的，是把社會與媒介的關係作如此簡略的處理，視野旣偏又窄，分析亦嫌未能充分具體落實，只希望將來能撰專書回答這個問題，讀者幸勿以此罪我。

第二問題——傳播媒介內容的製作過程，將在第二、三、四章處理，檢查職業規範、專業意理、組織過程如何介入內容的製作。這領域可稱爲媒介本身的社會學，在以往的傳播研究文獻備受冷遇，但最近十年卻有相當可觀的收穫。

狄弗勒的第三個問題屬於媒介的效果，基本上涵蓋了拉斯威爾和萊特的「模式」。由於歷史因素使然，這是以往傳播研究的主流。本書撥出第六章到第十一章集中討論，介紹以往研究的成果，批評其得失，並

希望指出一些未來研究的線索或方向。本書所佔篇幅顯然仍以效果方面最多。

　　最後三章（第十二——十四章）保留來討論國際傳播研究的兩大核心問題：其一是傳播媒介能不能促進國家發展，六十年代的樂觀希望，到七十年代似成泡影；其二是「國際資訊新秩序」的理論與政策，這是七十年代中期激起的大辯論，目前方興未艾，預計將是八十年代最受矚目的研究題旨。

第 二 章

傳播媒介㈠：
「守門人」的職業角色與生涯

一、傳播者的研究──「誰」

拉斯威爾 (Lasswell, 1948) 爲傳播界定的公式，共有五W的元素：
「誰說」(Who says)「什麼」(What)「給誰」(To whom)，「透過什
麼途徑」(In which channel)，「有什麼效果」(With what effect)。這
一直是支配以往三十年傳播研究的基本典範 (paradigm)，即使今天也只
有很少研究能夠超越他所界定的範圍。

但是這個典範中的第一個W──「誰」，却一向頗受忽視。「誰」
代表傳播媒介（組織）及爲它工作的人（組織化的個人）。以往，一般
學者視之爲「已知數」，不必多研究；至少也當它做不太重要的「未知
數」，可以遲點研究。對他們來說，傳播的「效果」（即最後一個W）
最重要。

當然，這跟傳播研究的歷史息息相關，一開始便接受商業機構的資
助，兩者關係密切，不可分割。同時，傳播媒介勢力龐大，組織嚴密，

外人不易滲透進去。怪不得學者的觀點常是從商業機構的指揮塔向外張望的——他們在找尋媒介推銷商品和政客的「效果」有多大。（詳見 Gitlin, 1978）。

這個研究的取向當然是十分偏頗的，不易窺知傳播過程的全貌。更有人直率地指出，這樣做唯有更加深社會上商業機構的既得利益。

沒有形成氣候

我們將在第二、三、四章對這一羣傳播者作初步的探討。第二章將從職業角色與生涯的角度，來觀察傳播者。遠溯至一九五〇年代，事實上便有若干「守門人」的研究，引起很多人的興趣，活躍一時，終因其觀點過分機械化，不久便失去活力，始終未形成氣候。近幾年，受到芝加哥職業社會學及現象學的影響，加以英國學者的努力推動，這一方面的研究興趣復甦，開始重視傳播者的「行規」。

第三章將探討傳播者（特別是新聞記者）的專業意理。第四章則將討論傳播組織本身對資訊的影響或限制，以及傳播組織之間的關係。假定本書是在十年前寫的話，大概是乏善可陳的，除了少數幾篇零星的論文以外，便無甚可視。過去十年，這方面研究增加得很快，盡管迄今尚未燦然大備，但成果豐碩，不可小視（參閱附錄二）。

社會學家何許（Hirsch, 1977）把傳播者的研究，歸納成三個分析層次（或觀點）：一是職業角色、生涯，以及傳播媒介與組織化個人之間的關係；其次是把整個傳播媒介組織本身視爲一個分析的對象，從而探討記者與編輯採訪工作的協調等等；三是傳播媒介之間的關係（如報團合併壟斷），以及傳播媒介與社會經濟環境的關係。這三個分析層次由小至大，從個人心理到整個大制度的探討。三者是爲分析方便而分的，未必互相排斥，其實應該相輔相成，不可偏廢才對。

　　我們基本上是採取何許的分析層次，在本章處理職業的觀點（卽何許的第一個分析層次），在第四章處理組織的觀察（卽他的第二、三個分析層次）。但我們在第三章把「專業意理」獨立出來，因爲它雖與組織的過程息息相關，却總是有其相當大的自主性，不妨另闢專章討論。

二、守　門　人

　　傳統上，傳播者的研究都偏重於個人的心理特徵及職業角色。但現在已逐漸發現這個視野太窄，不足以綜觀「守門」過程的全貌，所以必須配合社會學的解釋，觀察組織與組織之間的活動與關係，以及傳播者的專業意理。

　　從職業的角度來看，主要關心的是個別團體分子的角色與生涯，例如編輯、記者、劇作家、導演，他們通常是比較位卑言輕之人，而決策人物（如經理）却往往接觸不到。我們先在本章看一看這一羣從事傳播職業的人。我們最關心的傳播者是新聞記者與編輯，其他種類的傳播者只供比較參考。

從基輔到基隆

　　首先，我們先看一段徐佳士（一九六六：四二——四四）的生動描寫❶：

　　　　假定一則新聞發生在俄國基輔，最後傳到臺灣的基隆。第一個

---

　　❶　徐佳士所描寫的「守門」過程，可能已有若干改變。特別是傳播科技進行大規模的革命，許多事件可以直接透過人造衞星轉播，少掉幾層轉來轉去的手續；當然，由於價格太高，人造衞星偶一用之則可，但目前還沒普及成爲日常新聞搜集傳佈的主要工具。傳播科技對於整個資訊製作的影響與守門的過程，或對於新聞組織資源的分配與權力的調整，都是「未開發」的研究領域。

守門人就是親自看見這新聞發生的那個人，他是看不見事情的全部的，他只能看見一部份，所以只能報導事件的一部份。第二個守門人是向這位「消息來源」採訪的記者，他必須決定把那些部份寫進他的新聞中，什麼地方該輕描淡寫，什麼地方該特別強調。他把稿子交給報社編輯（在這之前可能還要經過採訪主任），他要「編」這稿子，可能刪掉一些，可能改變一些，也可能加入一些。假使幸運的話，這條新聞得以刊載在基輔一家報紙上（不過拼版時遇見了一個技術上的「守門人」，因為拼不下去而可能切去最後面一段），引起美聯社駐在那裏的記者的注意，他決定把它寫成電訊，又得刪一點，或是加一點解釋，而且譯成英文，拍到美聯社駐莫斯科的分社，分社的編稿人如果決定採用，可能要把它縮短一點，或者顧慮到俄國的對外新聞檢查標準，而必須改寫。老天保佑，通過了俄的檢查員，這則電訊到達了美聯社紐約的總社，但是只有當總社編輯感到興趣時，才會把它編入對國內或對國外發佈的電訊中，免不了有所刪改。過這關後，這條電訊在臺北中央社電務部一大排電動報打字機中的一部中出現，也許由於第一句寫得引人入勝，國外部主任用紅筆劃了一個圈兒，請一位編譯譯成中文，但是批了個「可節譯」，編譯人員不只是省略了「他認為」不重要的部份，而且由於電報原稿因電訊上的故障，有些錯字，弄得整段意義不明，他不敢亂猜，就乾脆不譯這一段。稿子送到編輯桌上，又要通過一、兩個守門人，然後被譯成電碼，從摩斯廣播中傳到基隆一家報館，最後決定這件發生在基輔的新聞是否應該讓基隆的讀者知道的，是這家報社的國際新聞編輯，如果他認為基輔和基隆風馬牛不相及的話，這條消息的最

後歸宿當然是廢紙簍（編輯先生的廢紙簍是很大而且經常很滿
的）。假使他覺得這消息「還不錯」，但版面實在有限（報紙
的版面無時無刻不是有限的），他會刪掉後面兩三段，寫個標
題送到排字房，如果他堅持這條消息不能「丟」，拼版的時候
可能會被拼進去。第二天早晨報紙送到讀者手中時，這條新聞
才終於到達最後的目的地。

　　這並不是一個特殊的例子。大衆媒介中的大部份音訊從來源到目的
地，都是歷盡滄桑，而失去了本來面目的。任何一個大衆傳播組織，都
沒有辦法避免守門人的干擾；所以沒有一家大衆傳播媒介，不管報導網
如何普遍，設備如何完美，態度如何眞誠，有辦法把世界的本來面目，
十分眞確地表現出來。

守門人操生殺大權？

　　「守門人」一詞是格氏心理學家魯溫 (Kurt Lewin) 所鑄造的。懷
特 (White, 1950) 第一個把它用來研究新聞組織，揭開傳播者研究的序
幕。新聞的「旅行」必須穿越層層關卡，表面上看來，「守門人」（個
人或團體）似乎大權在握，可以任意處置新聞稿的命運。果其然？

　　懷特從報館電訊編輯入手，以探窺「守門」的過程與因素。——編
輯們必須「沙裏淘金」，在林林總總、包羅萬象的通訊電稿中，選擇一
小部份予以刊載，其取捨究竟訴諸外在的客觀標準，抑或編輯的主觀意
識？

　　懷特要求美國中西部某報電訊編輯把報館接收的通訊社（美聯社、
合衆社、國際社）稿件保存一星期，然後加以搜集分類（見表 2-1），
以比較通訊社稿件各種類的分配比例，並檢查各類稿件被報館選用的比
例。他發現：

——只有十分之一的電訊稿被報館採納。

——電訊稿內容的比例失衡，國際社政治新聞、全國性政治新聞、和人情趣味性新聞等之類的總和高達三分之二。

表 2-1 守門人取捨通訊社稿件的分類比例（一週）

分　　　類	收 進 電 訊 稿 (%)	採 用 比 率 (%)
犯　　　罪	4.4	3.2
災　　　難	3.4	3.4
政　　　治	19.2	22.6
（州）	(4.7)	(6.8)
（全　　國）	(14.5)	(15.8)
人 情 趣 味	35.0	23.2
國　際　性	22.5	23.7
（政　　治）	(15.1)	(13.6)
（經　　濟）	(3.4)	(4.5)
（戰　　爭）	(4.0)	(5.6)
勞　　　工	5.5	5.5
全　國　性	9.9	18.5
（農　　業）	(2.5)	(6.0)
（經　　濟）	(2.5)	(3.3)
（教　　育）	(3.2)	(4.3)
（科　　學）	(1.7)	(4.9)
總　　　計	99.9%	100.1%
（則　　數）	11,910	1,297

來源：White (1950)

——逐一對照收進來和登出去稿件的類目，在比例上大致上很接近。

既然只有十分之一的電訊稿有機會在報上「面世」，懷特乃要求值班編輯解釋他們放棄其餘十分之九稿件的原因。根據他們的透露（表2-2），不外有兩大理由：不值得登（佔被棄稿的百分之四十），或已選登同一事件的另一則稿件（佔百分之六十）。如果把「不值得登」的理由匆匆瀏覽一遍，一些「頗爲主觀」的理由（例如：沒趣味、枯燥、不好、狗屎、宣傳）顯得非常突出。這似乎暗示：編輯心理上直覺不該登，就不登。懷特說，「守門人」在選擇新聞時，是以他本人（或他所代表的文化）所認爲的「眞僞」爲準。這種解釋深深符合「個人心理學」的原則：凡是不合乎自己以爲會發生的事，都會被摒棄。

但是，個人的預存立場與職業角色未必能充分解釋新聞「守門」的過程。何許（Hirsch, 1977）以龐複組織的觀點出發，認爲懷特誇大了編輯所能運用的權限。編輯的「守門」過程並非隨心所欲，爲所欲爲，而須受組織的約束與影響，原因有二：

第一，如前所言（表 2-1），報館登載的稿件與電訊稿兩相對照，發現在各類目的分配比例頗爲相似。這個發現看似無奇，卻蘊含着深意：與其說報館和通訊社編輯的「心」靈犀相通，不如說是個別報館編輯在取捨稿件之際，有意識或無意識地接受通訊社的「分類」。換言之，通訊社觀察「世界」的角度已滲透各報電訊編輯，支配他們處理稿件的標準。通訊社替報館的電訊編輯們「界定了局勢」。反過來說，編輯們「主觀」的預存立場，未始不是職業化的規範被內化爲自己的信念。

所以，通訊社設定一套「標準的」分類法，報館編輯只需從既定的類別裏挑稿，分配安插到每一個「種類」去（如犯罪、人情趣味、政治），而不必踰越分際去修改既定的「種類」。通訊社的分類法初無其必然性，只因約定俗成，習焉不察，使報館編輯一下子似乎看不出有別

表 2-2 守門人拋棄稿件的理由

理　　　　　　　由	次　　　數
不值得登:	
沒趣味	104
寫得枯燥、含糊	80
不好、狗屎	67
登太多了，常出現	62
瑣碎，浪費篇幅	55
不用這稿	23
宣　傳	18
不喜歡自殺消息；太挑逗；趣味低俗	14
	423 (40%)
已選登其他稿件:	
篇幅不夠；如夠，必登	640
等進一步發展	172
太遠，不在本地區	40
太地區性	36
用另一家通訊稿的稿（短、有趣）	20
昨天已登橫貫全頁大標題	1
漏掉了	1
	910 (60%)

來源: White (1950)

的分類法。其實美國報紙原來把婦女消息歸附於其他種類（如地方版），但婦女解放運動蓬勃以後，報館便不得不新闢「家庭婦女版」以適應潮流。由此可見通訊社現行的新聞「分類」也無理由非如此不可。但通訊社的「分類」一旦定型，則可以制約報館編輯的觀念，殆無疑義。

觀乎此，傳統的解釋對編輯個人意志、立場、信仰予以絕對化，是帶有片面性的。然而從另一個極端一昧抹煞個人的主觀看法亦不可取，因為個別編輯的取捨畢竟有所不同。只是在分析的層次來看，個人的主觀看法只能在較低層次發生作用，而無法跳出較高的組織格局。

第二，仔細按察報館編輯拋棄其餘十分之九電訊稿的緣由(表2-2)，發現其中四成是因為編輯主觀上認為「不值得登」，但另外六成則因為篇幅的客觀限制。質言之，九一〇件是因「已選登其他稿件」只得割愛，其中六四〇件只要篇幅夠必會登。足見編輯個人的預存立場固然影響到「守門」的過程，但專業的規範與組織的要求毋寧更重要。所以，職業角色和組織的觀點可以互相配合，以對「守門」過程獲得較為完整的瞭解。

抽象的受衆

新聞記者「守門人」在寫稿子的時候，不但受到自己預存立場所左右，而且也受到環境周遭的人物所影響。新聞組織內部的老闆、上司（編輯或採訪主任）、同事衆目睽睽，自不待言；新聞來源當然希望記者的報導於己有利❷；同時，記者又得顧慮新聞消費者（讀者、聽衆、觀衆，或統稱為「受衆」）的需求。但記者應付各方壓力，孰輕孰重？

---

❷　許多傑出記者（如華德・李普曼或張季鸞）都演過雙重角色：一方面既是達官顯宦的心腹或智囊，一方面又執輿論界的牛耳。這兩個角色常是不相容的。記者們常恨不得和發消息的人打好關係，以爭取獨家消息，又怕走得太密，了人家道地的傳聲筒。如何把這兩個角色求取平衡，眞是一門大藝術。

在早期的研究中，普爾和舒曼 (Pool and Shulman, 1959) 到報館實地觀察，記者一寫完稿，就被當場盤問，寫稿時腦際湧現出什麼人。結果發現傳播者寫稿所選擇和強調的重點，有一部份（五百一十個映像中佔百分之十七）是取決於心目中想像的「受衆」。

他們的結論是：

（一）寫到好的消息，常想到支持者的映像；寫到壞的消息，常想到反對者的映像。

（二）所想到受衆的映像，若與所寫消息的性質相符合，那麼報導會較爲正確。

（三）好的消息比壞的消息報導更正確。

換句話說，愈不尋常的題材，或報館組織愈不嚴密、愈不專業化，記者寫作方式愈自由，對受衆的想像也愈重要。記者的想像和報導的題材相互影響。但是，新聞組織的結構及制度上的種種因素是否會影響到記者的「想像」過程，却一直沒人研究過 (Donohue et al., 1972)。

坦白說，受衆的重要性不宜加以誇大。研究顯示 (Tunstall, 1971; Schlesinger, 1978; Gans, 1979; Tuchman, 1978)：對傳播者來說，受衆是抽象的、籠統的、模糊的，傳播者並不知道受衆的具體需要，何況一般受衆都是被動的，不太表示意見，所以傳播者充其量只能照顧到少數比較肯出頭爭取權益的團體或人士。傳播者最關心同事、上司，其次是新聞來源，受衆相形下反而較不重要。

蓋伯 (Gieber, 1964) 便曾宣稱，個人的價值判斷或新聞本身的價值都不是頂重要的因素，最重要的還是新聞組織（科層組織）的種種壓力。以電訊稿的編輯來說，他們多半是被動的，他們必須把報紙編出來，因此常常最關心生產業務；而科層組織裏的事、新聞室的人際關係，以及新聞本身的社會效果或意義，反而是其次的了。雖然傳播者把受衆的

需要掛在口邊，但他們對受衆的概念却是十分模糊的（也許管發行或廣告部門業務的人要比新聞業務的人好些。）說穿了，媒介組織的內在邏輯與旣定規矩往往比個人主觀立場更重要。這一套行規是要慢慢學習的。

三、新聞室的社會控制

許多初出茅蘆的年輕小伙子，進入傳播媒介界時，常常一身是膽，滿腦子理想，抱着改造世界的念頭。但不必多久，便逐漸發現理想與實際之間大有距離。

他們剛開始上班的時候，通常不會有人具體地叮嚀他們報館（電臺）政策爲何，但他們逐漸地被「社會化」，察言觀色，揣摩氣氛，學習一系列新聞室的規範，界定個人的地位及權利義務，個人也就被新聞室的規矩漸漸同化了。

布里德（Breed, 1955）是第一個提出這方面論文的人。他訪問了美國東北部中型報紙一百二十位記者，發現這種「社會化」的過程是相當微妙的：沒有一家報紙甘冒天下之大韙，去登載假消息，其立場的表達主要還是用「倚輕倚重」的手法，把某一些消息渲染、忽略或降低其重要性，記者們於是必須從種種途徑知道報館的政策，例如從報紙上看到本報的特色，從編輯的垂青或批刪，聽同事之間的閒言閒語，參加職員會議，讀社內刊物，注意老闆或上司的言行意見，拐彎抹角地獲得一些線索，以趨吉避凶，討上司和同事的喜歡。

很少人做叛徒

何以一般記者願意遵守新聞室的規矩呢？布里德提出了六大理由：

（一）組織的權威與制裁：如果純粹在商言商，發行人是有權利要

求屬下無條件服從的，但報紙畢竟有為公衆服務的傳統（理想），不純粹是牟利機構，所以發行人不敢明目張膽地濫權，更遑論為所欲為。報館裏很少人曾被革職，工會又有保障會員的條例，新聞組織的制裁並沒有乍看之下那麼嚴厲，但一些日常工作上的懲罰（例如被打入冷宮，採訪無關宏旨的消息）已經是夠瞧的，記者們寧可順從規矩，按組織的牌理出牌。

（二）通常，一般記者都感謝報館雇用他們，同時又有老記者挺身而出，替他們說話，做他們的榜樣，在在使他們順從規矩。

（三）想向上爬（升級、上頭版）的念頭人皆有之，使他們不敢或不願跟報館的政策牴觸。

（四）報業公會未曾干預報館內部政策，記者大可效忠報館，而不必有心理矛盾。

（五）報館記者未被老闆視為伙計，而被視為同事，工作性質大致上甚為愉快，儘管待遇偏低，却可接觸許多新鮮刺激的事物，又接近權力圈子，這不是純粹金錢報酬可以滿足的。這是記者不願違反報館政策的另一理由❸。

（六）新聞本身變成一種價值、一個目的，即使當天沒有大事也得「製造」新聞出來，把一定的篇幅填滿。追新聞乃成了最重要的事，新聞本身千變萬化，激烈的競爭更令人不得不加以窮追。故一旦遇上了政策衝突，則寧可擱置客觀性，以追求新聞為第一優先。結果，報館上上下下都因為對搶新聞有興趣，感情便更為凝固了。

布里德還指出，在五種情況下記者可以踰越政策的分寸：（一）政

---

❸　這一點與其他研究（Tunstall, 1971；Elliot, 1977）的發現有牴觸，它們發現記者對自己的職務是愛惡交加，對地位、前途頗感不安全。可參閱本章第四節。

策的規範不明顯時，記者的自由度較大； （二）主管未必瞭解某事的細節時，記者可運用知識去廻避政策的規定； （三）記者可以技巧地「佈局」，例如請其他報館的記者寫一稿，然後藉機向自己的編輯游說； （四）記者對主動發掘的新聞享有最高主動權，例行採訪路線的新聞次之，被派出訪的新聞又次之，而警局或某醫院落成之類的新聞最低； （五）「明星」記者比較有權出軌，超越政策的規定。

布里德這篇文章得出的結論，顯然與上面懷特、普爾和舒曼迥然不同。由於新聞室的社會化過程具有潛移默化的作用，使記者最在乎被他的同事、上司所欣賞，而較不在乎一般抽象受衆的想法（頂多只能顧及少數較不沉默的受衆）。對記者而言，與其遵守社會上或專業上的一些抽象理想，不如把自己的價值擺在更實際的層面上——即新聞室的同事或上司。這樣，不僅自己有地位，又被大家接受。

姜太公釣魚

記者們和新聞組織公開翻臉的情形並不多見。這是因為有一連串「組織上的過程」，可以避免發生衝突，即使有衝突也減至最低程度。這些過程始自最初挑選人員，貫穿到錄用人員以後對他們的「社會化」，以及日常工作的種種安排 (Sigelman, 1973)。

徵選新人本來就是件兩廂情願的事。一方面，候選人總是選擇與自己觀點相近的報館，立場保守的人通常不會去替「前進」的報館做事。例如英國社會學家坦斯多 (Tunstall, 1971: 121-122) 在他所研究的專門性記者（如駐外特派員、勞工、教育）中，發現有百分之八十一的人認為自己的立場與新聞組織相符合。另一方面，當然各新聞組織也盡量挑選與既定編輯政策一致的人；即使有些報館偶而聘立場不同的人，以便平衡新聞的觀點（如紐約時報請了保守派的專欄作家沙非爾），總是

不多見。可以說，一開始，記者和新聞組織便是一拍即合的。

接着，進入報館以後，大多數記者起初都是做一般性的探訪，然後逐漸跟資深記者在私底下接觸，加上布里德 (Breed, 1955) 所說的「新聞室的社會控制」，耳濡目染，使報館的政策成爲他們想法的一部份，原來已經接近的觀點乃更獲加強。

不但如此，在日常工作的過程中，編輯也有權決定探訪什麼題材，派誰去，探回來的稿子又可以改寫，逼得記者最後非馴服不可，以免被打入冷宮。可見新聞組織有許多安排可使記者就範，記者吸收組織的規範，雙方的衝突消弭於無形。

四、職業生涯的興奮與挫折

記者平素由於職業上的需要與方便，常需周旋於高官名流之間，加上有「見官大三級」的話頭在壯膽，心理上便容易膨脹，儼然躋身於權力圈裏，和政府官員、大亨、專家平分秋色，於是產生地位高尚的幻覺。他們以美好的自我形象，求取暫時的滿足，以補償經濟上或其他方面的卑劣感。其實，他們平日的工作可能只是稀鬆平常，甚至枯燥無味，而且新聞室的氣氛並不頂民主，上司往往頤指氣使，不顧記者的尊嚴，幻覺與現實之間是非常不調合的。

記者通常要接受相當長期的培養。與資格相當的其他職業比較，記者的待遇往往偏低。職業的理想又常與工作的現實不吻合，許多記者身在商業競爭的環境中，心懷文化的目標，挫折感是很深的。英國記者常覺得地位前途不穩，因爲新聞組織多半缺乏明確的人事政策，職業既無明文的保障（例如敎書有「長俸制」），升遷的方向和速度又都很含糊，所以益增心理的不安。尤有進者，有的記者不安於位，便利用新聞組

織所賦予的職業方便做橋樑，開拓人事關係，跳槽求去（主要做公共關係人員）(Tunstall, 1971)。

記者像軍官

美國社會學家詹諾威玆 (Janowitz, 1960: 223-224) 研究的美國軍官，也和專業記者有共通之處。他說：

> 追求軍事光榮常是一半出於靱性，一半出於情緒作用。………
> 這與專業記者相比最恰當不過。兩種職業所吸引的人，都憎厭平凡的例行機械式生活，而且具有他們所自認是理想的強烈動機。兩個行業逼着把個人的理想主義，淹沒於現實主義的巨流中。但促成這種理想主義的情緒，却仍然持續不斷。

坦斯多（上引書，頁 72—73）說，軍官的「英雄傳統」頗類似於記者的發掘驚天動地大消息。兩個職業都討厭「朝九晚五」的機械式生活，也都憎惡商業市儈的價值觀。兩個職業都嫌上司太被動，動機太低，却又對上司非常效忠。軍官和記者都得遵守嚴厲的時間壓力。他們都自認比市儈高尚，却又不滿自己待遇菲薄及工作性質無保障。他們有時候會尊敬一些有威望的政治領袖，却又常覺得大多數的政客都是騙徒。在部隊裏，眞正打仗的人很少，英雄式的領袖人物曇花一現，實際作用遠不如所謂「軍事經理」來得大，而這批「軍事經理」多半靠人事關係和政治手腕（而不是靠作戰）冒出頭的。同樣的，在新聞界，發掘驚天動地大新聞的人畢竟鳳毛麟角，到頭來還是「新聞經理」當家掌權。

伊利諾大學社會學家江士棟等人(Johnstone et al., 1976: 149-155)，以全美國的記者爲對象，抽樣調查，發現新聞界流動率很高。很多人跳槽到別的新聞機構，甚或以新聞職業爲跳板，完全離開新聞界；每四、

五個人有經驗的年輕編探人員之中，便有一個懷疑是否投錯行；才華愈高，資格愈硬的愈不安於業。

江士棟等人發現，新聞工作的滿足感固然與物質報酬的高低攸關（故年輕有本事的記者常不安於位，想追求更高的薪酬），但最重要的還是決定於理想與現實之間的差距。更具體地說，對四十歲以下的記者，最重要的是他們認為自己服務的機構的確是克盡厥責，極出色地報導新聞；而對四十歲以上的記者，最重要的是他們的上司是否值得尊敬。新聞機構的專業素質影響記者敬業精神最大。

除了新聞機構的專業素質，記者們又認為新聞工作的自由很重要，希望在編探新聞堅持自己的自主獨立性，不受上司橫加干擾或限制。他們要求在選材、報導、評論上都保持相當的尊嚴。這一點與新聞工作的士氣也是密切相關的。

還是一塊處女地

平時所見一些暢銷書，描寫英雄記者或老闆的個性與癖好，儘管可以供我們參考，但研究的重點更應該放在一般資訊製作者的種種職業角色上面（社會背景、訓練、聘僱過程等等）。例如在某些社會，職業一向是世襲的，而且階級分明，他們所製作的資訊當然對整個社會和文化有很大的影響。而在有些社會裏，記者是給一般中下階層家庭向上爬的階梯；他們爬到社會的上層以後，製作的資訊對其所來自的背景有何意義，也值得研究❹。這還是一塊處女地，可以開闢的園地很多。

在美國，除了早年的「守門人」研究，中間隔了二十年，傳播職業的角色與生涯一直備受忽視。直到一九六〇年代末期，由於社會動盪，

---

❹ 在這一方面，Epstein (1973) 第七章對美國電視網的行業作了初步的研究。

特別是黑人的暴動，使學術界不得重新正視這個課題。一九六八年，美國報紙的編輯行列之中黑人佔不到百分之五，主編和高級職員更佔不到百分之一。各報所派去探訪黑人暴動區的白人記者，紛紛吃了悶棍。黑人非常不信任（甚至敵視）白人辦的報紙，認為白人不了解黑人的困境，報紙不過是白人壓迫黑人的工具而已。所以，此後各報（尤其是大都市的報紙）無不盡量網羅黑人做記者。研究傳播職業的角色與生涯，不止有學術意義，也有政策上的價值。

第 三 章

傳播媒介㈡：
「守門人」的專業意理

一、專業意理的自主性

　　新聞傳播是一個職業。「守門人」特具的職業角色，顯然不能夠孤立起來觀察，而必須把它放在組織的架構裏去透視，這一點已在上一章約略提示過了，下一章將有更詳細的討論。本章旨在探討「守門人」的專業意理 (professional ideology)，我們仍將以新聞記者爲重心，並以其他種類的「守門人」爲參考。

　　新聞記者的專業意理雖然偶爾和組織的功能互相牴觸，但大抵上兩者是相輔相成的；專業意理具有相當大的自主性，有它自己的規律。這種專業意理是經過長時期培養出來的價值系統，內化成爲記者日常新聞製作的一種指引。這是本章要特地突出專業意理加以單獨討論的原因。

　　正如社會學家塔克曼 (Tuchman, 1978a) 指出的，專業意理往往突破傳播組織的限制。例如記者們由於遵守專業意理，有形無形之中，常反對報館刊登一些爲私人自我宣傳的文稿；即使報館老闆把報紙當做私

産，也不敢明目張膽地登出一些吹捧自己的東西，因爲這是不見容於普遍接受的專業意理的。

又如廣泛開拓消息來源原本是記者的第一要務，這不但有助於採訪任務的完成，也和自身的專業地位大有關係；因此消息來源的建立與聯繫往往被視爲記者的私有財產，不公諸於社內、社外的同仁。就組織的立場來說，記者應該只幫助社內同仁，不應該幫助其他競爭組織的對手；但實際上，除了採訪獨家消息以外，各報記者都是彼此幫忙照顧的。幾家不同報館的記者若採訪相同的路線或機構，便會經常交換一般性（但不是獨有的）的線索和資料。

這箇中道理十分簡單，爲的是大家互相搔背，免得誰不幸漏了新聞——漏新聞可能發生在任何人身上，而一般性的線索或資料又都很容易要到，根本沒有必要保密，因此不如做個順水人情，將來有求於人時不至於吃閉門羹。至於幫助社內同仁，更是天經地義的事了。但是，對社內社外同仁的幫忙是有限度的，不是絕對的。有時候，新聞組織也許希望記者公開他的消息來源，但記者基於專業意理的要求，通常可以堅決地加以拒絕。在美國總統尼克森捲入「水門」醜案時，「華盛頓郵報」的兩名記者報導一連串具有爆炸性的獨家消息，不管所受的壓力有多大，他們始終不肯透露消息來源。可見組織的要求通常與專業意理並行不悖，相輔相成；一旦兩者衝突，專業意理却未必百分之百的屈服，有時更是發揮它的自主性，抵禦組織的壓力。

底下，我們首先將比較兩種新聞的專業意理，接着則檢討「客觀性」專業意理的一些得失，最後並探討「專業化」的是非。

二、兩種新聞的專業意理：「中立者」與「鼓吹者」

柯恩 (Cohen, 1963) 在研究各國駐守華盛頓採訪外交的記者與美國外交政策的關係時，發現記者羣中存在了兩種專業意理。第一種意理是純粹的「反映現實」，報導事實；第二種意理則是做公衆的闡釋者，替讀者解釋各種消息的意義。他們對自己的職責與分際有截然不同的看法。

擴大來說，這兩種專業意理之中，第一種可稱做中立性的「守門人」意理 (neutral gatekeeper)，第二種則是參與性的「鼓吹者」意理 (participant-advocate)。第一種意理在西方民主社會的新聞制度裏一直居主流的地位，雖然第二種意理在不同時代或階段也常暗潮汹湧。經過了一九六〇年代美國社會的動亂，有些記者對中立性的角色有所懷疑，於是第二種意理又重新抬頭 (Janowitz, 1975)。

大致上，中立性的「守門人」意理重視專業技術（如寫稿的速度與正確性）和責任，強調報導的客觀，力求將事實與意見分開，並將正反兩面並陳。記者們利用科學實證主義的方法，提高新聞的客觀程度，總希望由不同的人，觀察相同的現象，採取相同的步驟，以獲得相同的結論；但新聞的壽命短暫，除了重大消息之外，不可能對每事每物長期加以求證，日常只能要求做到雙方並陳，不偏不倚，技術上力求提高效率而已。

這種中立者的意理，可以說是傳統自由主義的表徵。記者的職分在於「反映現實」，做一個冷眼旁觀的人。這基本假設是：自由暢通的資訊是民主社會的基石，記者只要提供充分和全面的資訊，公衆自可憑理智去判斷，做出最有利的決定。這種信念的目標十分明確，但眞正落實起來並不是沒有困難，特別是社會動盪時，更清楚地看出它的問題。

　　第二種意理則希望記者能夠積極參與實際政治的程序，鼓吹一種理想或目的，以便負起對社會的責任，而不以純粹做個旁觀者爲已足。中國人認爲記者的行業「爲民喉舌，爲民耳目」，精神上與這種意理頗爲接近。在專制時代，新聞記者希望站在老百姓這邊，反抗帝制的剝削與侵凌。我國在文人辦報時期，有些知識份子在反抗軍閥胡作非爲，其風骨爲後世寫下了光輝的史頁。

　　在西方，積極的「鼓吹者」意理一直是股暗流，在各種不同歷史階段顯豁出來，向第一種被動式的中立意理提出挑戰。最近一次的挑戰發生於六十年代期間，因爲美國捲入越戰的泥淖無以自拔，國內黑白種族糾紛、女權及學生運動洶湧澎湃，許多激烈分子對記者的中立形像完全喪失信心，覺得記者們以「守門人」爲藉口，逃避責任，不敢挺身奮勇做下層社會的代言人，爲之爭取權益；中立意理只知粉飾太平，根本放棄守望社會環境的職守。換句話說，記者不但要單純地報導或反映「現實」，更必須代表社會上各種不同團體的觀點與利益，尤其是那些被遺忘的團體。新聞記者應該獻身成爲社會的批評者與闡釋者。如果說中立性「守門人」代表科學的意理，參與性的「鼓吹者」則與律師、政客的理想有類似之處。

　　這兩種意理互相衝擊，對「客觀」兩個字有相當不同的看法。中立性的「守門人」當然把客觀視爲崇高的理想及新聞專業化的具體表現，希望能夠把外在世界忠實地反映出來。但對積極參與的「鼓吹者」而言，這不啻是逃避個人與政治的責任，因爲客觀是不可能實現的神話，而且常常被人利用爲有權有勢階層保護旣得利益的工具；這批人甚至否認外在世界的客觀存在，認爲新聞是相對性「社會現實的建構」(construction of social reality)。

　　不但如此，兩種專業意理對消息來源的守密方面也有分野之處。在

第二次世界大戰以前，消息來源的守密很少成為問題。現在一方面因為國家機密事件本身常成為爭辯的題材，一方面因為「鼓吹者」新聞專業意理的抬頭，於是對於消息來源的保密乃受矚目。

質言之，「鼓吹者」認為，只要是有利於公眾的利益，尤其是有利於他們所代表的被壓迫之團體，他們是不惜向所謂的國家機密挑戰，在必要時保護消息來源，即使以身試法亦所不惜。

社會學家詹諾威茲 (Janowitz, 1975) 說，「鼓吹者」對這問題有三個前提：

第一，他們覺得，在某種情況底下，絕對要保守消息來源的秘密。如果所涉及的消息與被壓迫的團體有關，更應該保密。

第二，他們的專業角色，在某些情況下，甚至凌駕公民的角色。縱使獲得的消息牽涉刑訟，他們也覺得必須保護消息來源，而沒有義務協助法律程序的進行。因此，在美國，有記者把所謂「國家機密」的文件（例如國會的調查報告）公諸於世，寧可入獄，也拒絕向法官吐露提供文件者的姓名。

第三，由於他們要做社會的良心或政治的改革者，故往往跟政府打對臺。政府既然大權在握，常常可以把一些資料武斷地畫為機密，以便操縱民意，於是「鼓吹者」認為，記者有義務把這些所謂的「機密」資料挖掘出來。

溫和者佔多數

究竟這兩種專業意理的影響力量孰輕孰重？中國記者中從來沒有這一方面的研究，難於遽作論斷。在美國，江士棟 (Johnstone et al., 1976) 隨機抽樣訪問了一千三百一十三位記者，用最廣泛的定義來說，有百分之三十五是屬於「鼓吹者」（他們贊成「媒介裏太少革新者」的

說法），用最狹窄的定義來說，則只有百分之十一屬於這一類（他們表
示可以無條件地支持「地下報紙」的活動）。更具體的說，他們的專業
意理分佈如下：

（積極）參與性的「鼓吹者」	8.5%
（溫和）參與性的「鼓吹者」	21.4%
平衡者	35.4%
（溫和）中立者	25.1%
（積極）中立者	9.7%
	100.1%

大部分的記者都是採取溫和的態度，只有極少數人走極端，自認是熱衷
於「鼓吹者」意理或「中立者」意理。

　有趣的是，同一項研究又發現，主張參與性「鼓吹者」意理的人，
不見得是社會經濟地位低或出身寒微，甚至並不代表少數團體對社會的
抗議；他們多是出身著名大學的年輕人，常聽老師批評當代社會，又親
身接觸學生運動。反而擁護中立性意理的人年紀比較大，通常都唸過新
聞系。

　必須澄清的：這裏所說的「鼓吹者」，是和一些受政治利益控制或
資助的傳播媒介截然不同的。某些政黨控制的報紙只能為極權者的旨意
或特定的政治（階級）立場服務，報導和言論不惜一面倒，甚至顛倒是
非，公然蔑視或敵視新聞的客觀性。這裏所說的參與性「鼓吹者」意理，
却和「中立者」一樣要堅持自由民主的大原則，反對極權控制，只是
「鼓吹者」多半站在社會上不幸的一羣那邊，以為之伸張正義自任。

　坦白說，「鼓吹者」意理常留在「立場」的階段，沒有化為實際行
動。許多記者視之為一個崇高的社會理想，但它却和新聞機構的現實扞
格不入，因為一般新聞機構（尤其是大規模和有地位的組織）願意遵守

「中立者」的意理，這樣做至少可以滿足比較廣泛讀者的需要。「鼓吹者」意理主要表現在兩方面：一是所謂的「地下報紙」，其實是適應特殊需要的雜誌，例如專給黑人、婦女或學生看的一些反主流文化的刊物；二是所謂新式「新聞學」(new journalism)，卽是把小說的技巧溶入新聞寫作，不猶豫地刻畫新聞主角的個性、感情與思想，這是和傳統單純事件報導的寫作方式大相逕庭的 (Smith, 1980)。總的來說，「鼓吹者」意理的正面意義，主要是在於它對中立性意理的挑戰，但它本身對於新聞媒介的作業從未真正落實爲主流。

說到這裏，我們得囘答一個問題：美國新聞界動輒以「扒糞者」自居，且以此爲榮，爲什麼在六十年代反叛時期，許多人對新聞界有非常嚴厲的批評，攻擊它誤導美國民意，沒有盡到守望環境的責任？

首先，美國新聞界的「扒糞」事件只是一種理想和例外事件。唯其是少見的，例外的，所以一旦成功地「扒了糞」，報館裏裏外外便大事宣揚一番。這是因爲新聞工作追求「時宜性」的專業意理，必須求「新」爭快，通常無暇做太多背景研究，「扒糞」只能偶而爲之。何況「扒糞」本身必須謹愼將事，如果沒有百分之百的把握，稍有差池，極可能連累到新聞媒介的利益，不說旁的，光被控損害名譽案成立便須付可觀的賠償費，甚至可能逼得新聞媒介破產。當然，現在各政府機構或大商行，都僱用了訓練有素的公關人員應付記者，使得「扒糞」的任務更難完成。

再進一步而言，所「扒」的對象通常也只是政府人員的僞善或貪汚，很少對政府權力結構的基本假設提出質疑 (Schudson, 1978: 180)。直到一九六〇年代，美國社會動盪及越戰節節失利，導致一般人（特別是年輕人）不但對政府喪失信心，對新聞專業（連同律師、醫生等等）的功能亦多貶疑。所謂參與性鼓吹者的新聞專業意理，便是在這種背景下醞釀出來的。

三、民主的多元主義與新聞意理

「中立客觀」一向被西方民主的新聞媒介懸爲鵠的，例如英國廣播公司便是時刻在追求這個目標。史勒辛吉 (Schlesinger, 1978: 163-178) 指出，該公司提倡不偏不倚的原則，彷彿是假定英國廣播公司可以站在一個更高、更超脫的視野，可以擺脫英國社會的種種衝突，所以可以做到獨立超然的地步；而新聞的過程毋寧就是遵循一套技術的常規，使製作人不能扭曲「眞實」的面貌，因此新聞人員便是一羣不黨不私的中立性操作員罷了。

這種立場與原始的「價值中立」之說頗爲吻合，近年來逐漸被人攻擊了。事實上，客觀、超然、中立，都不是絕對的，也不是沒有限度的。它們是以民主爲最高價值和最後標準的，它們的極限是社會的同意基礎。說穿了，這便是中產階級的自由主義，也是民主的多元主義。儘管新聞界對各種政治意見可以分歧，可以有不同的看法，但終極來說，這些不同意見都得服膺民主，維護民主，因爲民主自由是最後的同意基礎。

史勒辛吉指出，在這個民主的多元主義之下，社會上應該讓多方面的利益互相競賽，不應該讓某一團體或勢力壟斷。同時，這種競賽必須受到國家的允許和保護，這樣權力才可以分散並且平衡。總之，只有國家才是超乎政治的，它的職責在兼容並蓄各種意見和壓力，尋取公平的結果。

一旦國家的權力基礎受到動搖，社會的同意基礎被威脅，新聞的中立性意理也接受考驗。六十年代英美社會動盪，新聞界便暫時放棄「中立性」的意理，把維護民主和法治懸爲第一要務。例如，英國獨立電視公司負責人說：「對批評我們現有民主制度，不是想改善它，只想把它

連根拔起的人，我們應該挖掘這些人的誠實性」（史氏上書，頁167）。至少在六十年代初期，參加反越戰示威遊行、民權運動的人，都被媒介看作「分離份子」。素以公正平衡號召的英國廣播公司，在北愛爾蘭事件的報導中，明顯偏袒英國方面，因爲北愛爾蘭是「敵人」。

　　總之，新聞的公平、中立、客觀意理，是必須以旣有秩序的同意基礎爲主的。但是，話說回來，如果有人對現有秩序提出質疑時，是不是應該打擊報復，却完全是另一回事。六十年代的一些社會運動，當時看來似乎隨時可以把西方社會的同意基礎撕毀，旣有秩序岌岌可危；但今天憑着事後之明，大多數人都會同意，這些運動增進了西方社會的長期健康。再如美國新聞界早期支持詹森政府的越戰政策，對美國陷入越戰也要負一部分責任，今天新聞界爲此懊悔不已。所以，民主應該是中庸之道，過猶不及的[⑪]。

沒有政治主見之人

　　新聞組織要求「中立」，這套理念必須內化成爲從業人員的行爲規範，並構成「專業化」的一部分。新聞組織有種種方法來維繫這個理念。例如美國三家電視網徵求記者時，總要詳細調查應徵者過去的政治記錄，如果發現他們曾公開鼓吹某種主義或思想，即使他們的條件（言語、談

[⑪]　自由派大師帕波爾 (Karl Popper) 在『開放社會及其敵人』指出了幾個民主社會的弔詭 (paradoxes)：一是「民主」，倘若機械式地迷信多數決，像萬民擁護希特勒，又作何解？二是「容忍」，無條件地容忍「不容忍」，暴民之氣冲天，容忍也無以自存。三是「自由」，無節制的自由可能導致弱肉強食的吃人世界。他這一套說法與我國先賢的中庸之道心通理通，總希望允執厥中，在理想與實際之間謀求一條最好的出路。新聞報導的客觀性以民主爲最高價值，但過猶不及，如果以維護民主爲幌子，打擊新聞報導的客觀性，後果也同樣可怕。

吐、儀容）再好也不會錄用 (Epstein, 1973)。英國廣播公司師法英國的文官制度；文官是執行政策的中立者，英國廣播公司非但不鼓勵屬員參與實際政治，更嚴禁職員未經許可擅自公開發表私人政治意見，違者往往遭受極嚴厲的處罰，或調職，或降級，不一而足 (Schlesinger, 1978)。

這種「中立理念」的專業意識對新聞工作至少有三種影響：

第一，新聞記者常刻意壓抑個人的政治意見，不輕易顯露自己的政治立場；久而久之，成了一種習慣，不僅對政治不感興趣，甚至非常藐視政客們的言行。記者成了一羣沒有政治意見的人，一碰到棘手的政治問題時，就自然而然地把正反雙方意見並陳。

第二，新聞機構要爭取和鼓勵這種無政治主見之人，才能以「中立」自居，排除社會上各種團體的壓力。

第三，「中立」的專業意理抹煞了個人的意見與價值；早期的研究指出記者的價值觀念對新聞製作影響甚大，但新近的研究却發現，在專業意理和組織控制的力量之下，個人的價值乃是微不足道的。

記者圈與新聞感

早期的研究又指出，記者心目中的讀者或觀衆會影響到新聞的製作。但新近的研究發現，一般記者對「心目中的受衆」只有極模糊的印象，根本不曉得他們要些什麼。這個「受衆」充其量是抽象的，不是具體的。一般新聞組織很少做讀者或觀衆調查，即使有也只是偶一爲之，目的則在擊敗競爭對手的銷路或收視率，而不在眞的關心讀者和觀衆要的內容。其他的回饋途徑（例如退報、打電話抱怨）都是不規則，沒有制度化，很難加以捉摸。

記者的稿子毋寧是寫給三種人看的：（一）組織裏的同事、上司、老闆；（二）新聞來源；（三）特別有興趣的受衆。專業意理填補了新

聞生產者與消費者之間的空隙。

記者們生活在「新聞世界」裏頭。他們全副精神都化在看新聞，讀新聞，想新聞，因此自以為有特殊技能，知道什麼是新聞，如何把它報導出來。其實，記者們通常不能給「新聞」下個明確的定義；他們所給的定義，如趣味性、衝突性等等，不外乎是習慣 (conventions) 而已，而沒有外在的客觀標準。那麼，他們怎麼選擇新聞呢？他們用報紙的標準為標準，用其他同事的標準為標準，怪不得每早起來最先要讀報，看有些什麼「新聞」，有什麼「新聞」值得追索下去；換言之，他們得不斷看報，從中吸收「新聞」的定義，這樣才會有「新聞鼻」，在作業上不致跟這個「標準」定義離譜太遠 (Cohen, 1963: 58-59)。這種「專業化」一方面增加新聞職業的地位，一方面可以防止其他社會勢力對它的攻擊。

記者多半生活在自己的圈子裏。他們雖然要爭取獨家，以出類拔萃，但那畢竟可遇不可求，平時最重要的還是不漏新聞。為此，他們必須求證「新聞感」，保證其他同事對「新聞」作出相同的判斷，因此非和同事保持密切聯繫不可 (Cohen, 上書，頁 81—82)。例如，英國的專門性記者被要求列舉三位最要好的朋友，百分之七十一說至少有一位是記者，百分之四十二說三位都是記者 (Tunstall, 1971: 258—261)。記者交的朋友是記者。他們絕大多數是中產階級，覺得工作繁重，社交生活與一般人隔離。記者圈影響到他們的新聞感和專業意理。

說到這裏，似乎有點矛盾：既然傳播媒介必須靠受眾的支持才能生存（領政治津貼者除外），為什麼記者寫稿時，不必太理會「心目中的受眾」呢？

其實，並無矛盾。我的解釋是：

第一，每個龐複的科層組織常有數個單位互相競爭或制衡，這是不

足爲奇的。新聞組織裏有些部門（發行、廣告）負責爭取受衆，但記者個人直接向「新聞」負責，他們只要秉持客觀中立的專業意理，便不需直接顧及受衆的要求。

第二，組織上層打的是生意算盤，一方面牟利，一方面角逐聲名。他們爭取甚至遷就受衆，馴致發展出一套價值系統，無形中成爲組織裏面的一種「文化」，而下層角色（記者們）在接受組織「社會化」（Breed, 1955）的過程中，接受了這套「文化」。所以，他們在寫稿時雖不必心中念及顧客，實際上通過「新聞室社會化」的過程，在某個程度上已照顧到他們的需要。記者知道什麼可以寫，什麼不可以寫；例如小城的社區報紙記者以和諧爲重，不可把地方上的家醜掀出來，否則必吃苦頭，被全城人所不齒❷。

四、專業化的爭議

這一套已經習以爲常的專業意理——客觀報導、中立性、時宜性——是有其歷史根源的。美國早年殖民地時代的報紙由政黨控制，黨同伐異，後來因爲資本主義商業的擴張，乃發展出「客觀報導」和「時宜性」原則，以適應市場情況，讓各種意理的人都可以接納新聞稿。特別是通訊社的稿件，更得擺脫政治偏見，保持中立，才能被各種立場互異的報紙接受。於是，新聞記者的意理和角色乃跟着改變❸。

質言之，這個改變可從四方面看出（Carey, 1967）：

第一，以前在政黨控制的日子裏，報紙主筆是獨立解釋事件的人，

---

❷ 這個例子取自 Tichenor et al. (1980)，詳見本書第十一章。

❸ 客觀意理形成的歷史，見 Schudson (1978) 及 D. Schiller (1980)，兩人的解釋互有出入。

現在則只是事件的客觀報導者，是介乎政治機構與一般百姓之間的消息
經紀人。客觀報導的興起及其制度化，使記者變爲專業的傳播者，而傳
統的鼓吹及批評的角色乃成爲第二性❹。

第二，客觀報導有一個副作用，即是它發展出一套規範和程序，規
定在那種情況下可以使用消息來源（如記者會、背景訪問、政府公關人
員），這使得掌握新聞來源的人權力擴大，馴致操縱、控制新聞的發佈，
例如故意洩漏不成熟的消息探風聲或發預寫的新聞稿。

第三，記者的獨立性相對降低。受衆很少給記者什麼反應，但記者
却每天要與新聞來源週旋，而且得依賴這些人獲得新聞，日子久了，記
者乃作爲消息的經紀人，在結構上與消息來源互通聲氣，站在一起。

新聞與歷史脫節

第四，這種分工代表社會上離心的傾向，社會組織的道德中心相對
而淡化。現代傳播媒介不能結合社會，提供穩定的力量，結果社會上缺
乏有力的知識或文化引導。客觀報導基本上是功利的，資本主義的，科
學的取向，以人物爲中心，對事件的解釋反而不夠重視。以越戰爲例，
記者恪守客觀兩面報導的原則，這場戰爭原本是變幻的、非直線的，但
經過客觀報導的程序之後，却變成了直接的、平衡的，不但報導戰爭，
而且賦予它秩序和邏輯（山嶺、順、師、傷亡），故有人批評客觀報導
矇蔽了現實的面目。

由於記者追求「時宜性」，一味求快，只有「今天的」發展才是新
聞，「舊」的事件不是新聞。於是，「新聞」往往脫離歷史，對歷史背
景的變與動，人物的動機與目的，科技的衝擊力，人口的變遷，事件本

❹ 此說似乎太誇張。「客觀報導」未興起之前，報紙黨同伐異，言論掣肘
於政黨，主筆不見得代表獨立的心靈。

身千絲萬縷的前後關聯與「意義」，以及影響當代社會的一些「客觀」（非人的）力量，一概不予重視。柯恩 (Cohen, 1963) 便指出，新聞以「立即的現在」爲主，所以對外交政策未來的發展多半忽視掉了，使得新聞報導支離破碎，很難作爲擬訂政策的參考。

在西方民主社會裏，「專業化」誠是各行各業孜孜追求的一大目標，「專業化」的意識也爲它們提供種種自主、獨立的保障，以減低不相干的牽制。但近年來，有許多學者對於「專業化」的抨擊極爲猛烈，認爲它是專家們在維護既存社會秩序的一個藉口。

維護既有的社會秩序

塔克曼 (Tuchman, 1978a, 1978b) 指出，專業化有六大缺點：

（一）時空的安排（記者派駐的地方）通常側重於探訪「合法的」機構，對所謂異見分子所發起的社會運動却很少報導。新聞採訪像撒網一樣（而不是一面地毯），「新聞網」有洞，必須捕大魚才划算，所以便盯住「合法的」大機構進行探訪了。

（二）新聞專業化用科學方法鑑別、求證事實。記者往往只報導「合法的」機構裏的正反意見，或以「合法的」機構爲主角，以所謂異見分子爲配角，從來不願意對異見分子的運動賦予「合法的」地位。例如婦女解放運動在未成氣候之前，其意見頗難受編輯的重視。

（三）往往太強調「合法的」機構官員或領袖處理社會經濟問題，從而增強了他們的權威。

（四）通常假定消息來源是可靠的，所以非常重視「合法」機構的種種「事實」，而不重分析，以致限制了異見分子對媒介的使用。此外，假設有多方面消息來源可以互相參證時，愈能接觸事實的人愈瞭解眞相，所以多用合法機構的頂尖人物爲主要消息來源，無形中提高了他們的地

位。

（五）常用不偏不倚、正反並陳的手法處理新聞，以為這麼「平衡」，事件便成了「事實」。這使得一般受眾不易察覺新聞在鞏固合法機構，打擊「非法」的機構。其實，一些不合時流的意見可能確具真知灼見，若只以正反平衡的一貫手法去處理，便會減低它的分量，變得微不足道。

（六）新聞專業化養成了「訓練有素的無能」(trained incapacity)，從業人員鑽牛角尖，眼光支離破碎，無法綜觀全局。

總之，經歷六十年代美國社會動盪之後，許多批評意識強烈的社會學家對於新聞的客觀意理，已逐漸無法全盤接受，甚至可以說他們對專業化持有懷疑或敵意。他們往往成為新聞機構的批判者，他們要站在「鼓吹者」的立場為生民立命，不願被動地、無條件地接受客觀意理。

這麼說，到底是否應該把客觀意理完全拋棄不顧呢？不然，凱玆(Katz, 1978) 指出：我們應該將新聞機構的目標與實際作法區分；一般而言，新聞機構以服務大眾為目標，且引此以為榮，但實際上則與理想有若干距離。他認為未來的研究應該探討理想與實際之間的差異，而不應率爾責備傳播媒介是服務既得利益的工具。

五、假事件：公共關係人員應運而生

史學家卜斯丁 (Boorstin, 1961) 寫了一本極有見地的書——『幻象』，指出我們接觸的新聞愈來愈多是「假事件」(psuedo-events)。

在過去一百年當中，尤其是本世紀以來，美國人對報紙的態度改變了，對「新聞」也有不同的期待。他們期待報紙充滿了「新聞」，記者必須找新聞，製造新聞，或把已知的事實混合起來預測會有驚人之事發

生。這使得公關人員應運而生，大耍噱頭，以爭取記者的注意力，製造「假事件」。例如，一家旅館慶祝開張週年，原是極平常之事，但它若拉一羣知名人士組織委員會，大事舖張，爲該旅館的週年紀念剪綵、照相、招待記者，便會使旅館的週年紀念這囘事變得彷彿與衆不同，進而成爲「新聞」。這些公關人員製造事件，使「新聞」發生。

「假事件」大致上有四大特徵：

（一）它不是自發性的，而是有計畫的，預先佈置的，煽發的。

（二）它是爲立即發表而佈署的，是預發稿，寫好了待機而發，但問有無新聞價值，不問有無眞實性。

（三）它所關心的主要是「有趣」，但「有趣」與否未必與眞實情況符合。

（四）它常設置圈套，弄假成眞。平凡之至的旅館開幕，如經知名人士吹捧，說它多了不起，結果可能使它眞的變得如此。

怪的是「假事件」遠比自發性的「眞新聞」更突出，更引人。因爲「假事件」富於戲劇性，例如電視辯論可加上一些技巧製造懸疑；它是預先佈局的，旣生動又易於傳佈，可找有新聞性和戲劇性的人接受訪問；它可隨時重複，加深印象；它的花費多，可大做廣告吹捧，使不重要的事變得重要；它經過報導，容易成爲一般人的談資，代表一個人消息靈通的程度；假事件而且自我加倍繁衍，愈捲愈多。因此，卜斯丁浩嘆美國的報紙「假事件」大量充斥。

但是「假事件」與「宣傳」畢竟有本質的不同。以卜斯丁的話來說，前者是「曖昧的眞理」，後者是「誘人的幌子」。「假事件」是像化合物一樣，但總是間接要人依照事實的基礎下決定，它的流行是因爲人們有心要獲得全部的事實，愈多愈好，甚至比現實還多。反之，「宣傳」則根本只有意見沒有事實，直接替人們作判斷，煽動人們的心。

　　換言之，在美國社會，許多簡單的事實被弄得十分隱晦曖昧，而且過分複雜；「假事件」經過精心的設計與歪曲，竟比「現實」還引人，還有說服力，但它却令人迷惘，結果把重要的全國大事降至瑣碎的層面。反之，集權國家則故意把經驗加以簡單化，用說謊的方式曲解事實，但表達的方式却一點也不含糊。

第 四 章

傳播媒介(三):組織

一、傳播機構是龐複的科層組織

傳播機構是專業人員組成的龐複科層組織(bureaucracy)。儘管傳播專業人員各有各的背景和喜怒哀樂，傳播組織却一樣非常科層化，不同性格的個人，只要地位相同，便扮演大致相同的組織角色。專業人員在組織裏頭，多多少少會改變私人的價值或慾望，以求符合組織的需求。所以，在本章，我們將以整個組織作爲分析的對象，如此可以得到比較寬廣而全面的視野。

以整個傳播組織作爲分析的單位，不止可以看到組織裏中、下層人員的角色（如記者、編輯），也可以看到上層決策人員（老闆、經理）的角色，以及他們的經營方針與措施，更可以看出組織結構對於媒介的「產品」進行什麼控制，產生什麼直接的影響，以及組織裏頭各部門之間的關係 (Hirsch, 1977)。

事實上，把傳播機構當作一個龐複組織來看待，與職業角色（第二

章）或專業意理（第三章）的分析架構並不違悖，而應該是相輔相成的。它們之間的關係譬如照相機所攝取鏡頭之遠近，景物依然，但視野有變化。擴大言之，我們不但可以將傳播組織當作分析的重點，甚至可以將它納入政治、經濟、文化系統裏去考慮，看一看政經文化的壓力如何影響到傳播組織的作業。

到底焦點應該擺在那一個距離最清楚，完全取決於研究的目的與對象。也就是說，分析層次的選擇以研究者所提出的問題爲依歸。職業角色的分析幫助我們孤立一些現象，做比較細微緻密的研究；而組織的分析却又提供一種比較凌空的角度，可以獲得通觀通識。當然，這些分析的角度是可以靈活交錯運用的，運用之妙，得到的結論旣全面又細緻，見林又見木，大小關係畢現，層次井然。

新聞工廠的裝配線

在一定的程度內，傳播組織是可以比喻爲工廠的裝配線的。大凡科層組織，總是要輾轉經過一道道手續，才能製造出產品。儘管新聞的產品遠比車廠的產品種類多，但稿子就像車子一樣，也得經過複雜的裝配過程，才能擺在消費者面前銷售。

一般製造業的工廠，必須面臨變幻不定的市場，爲了爭取效率，制敵取勝，往往在底下設立許多平行的部門（如銷售、推廣、品質管制、研究發展、製造），相互牽制與競爭。各部門都盡力保護本單位自己的獨立性，發揮自己的功能，而很少理會其他部門對組織的全盤目標會有什麼貢獻。但在這些部門之上，自然有統籌的單位負責協調、監督、聯繫，促進整個組織的運作順利。這些特徵也適用於傳播組織上面 (Hirsch, 1977)。

在前面兩章已經提到，記者卽使有私人的政治立場，但如果堅持把

它摻雜在新聞稿件裏，却嚴重地觸犯了行規（專業意理），也可能牴觸了傳播組織的需求，結果稿子不但登不出來，記者小則被調派去採訪其他路線，中則被冷藏，大則被革職。研究證據發現，只有極少數記者對政治意識有強烈的價值判斷，大部分却是沒有意見的人。

我們也說過，有些新聞機構刻意延聘對政治沒有強烈立場的人。而且，牽涉到有敏感政治意識的採訪工作（例如美國總統大選），更不惜以輪流調配的方式，防止記者與消息來源（如候選人）建立太親密的關係，以致爲其所利用 (Epstein, 1974; Crouse, 1972; Gans, 1979)。

一般來說，如果記者的政治偏見與傳播組織的立場不謀而合，當然無所謂。只是目前一般傳播組織多半遵守「客觀」的專業意理（見第三章），儘量把事實與意見分開，以取信於社會大衆，所以記者表達其政治偏見的機會相對地減少。

抑有進者，記者的意見如果和傳播組織的要求牴觸，記者的意見便得被犧牲或壓抑。這種情形不常發生，原因是記者經過長期「新聞室社會化」的過程，不僅早已深知傳播組織的「心態」，甚至無形中吸收之、消化之，成爲自己價值系統的一部分 (Breed, 1955)。

二、傳播組織裏的「中間人」

傳播機構旣然是一個科層組織，其特徵之一便是有分明的指揮系統與分工制度，老闆（發行人、社長、臺長）、高級主管（總經理、總編輯）和一般工作人員（記者、編輯）之間的角色、職份、地位，不容易踰越或取代。

在第二章，我們討論過「新聞室社會化」的情形。新聞室的氣氛常不頂民主，上司叫罵是家常便飯（我們看漫畫，常諷刺採訪主任頤指氣

使的樣子，編輯老爺的旁邊更堆滿了廢紙簍，神氣活現的要命），如果孤立起來看，在記者的眼裏，某些採訪主任或編輯簡直像暴君，掌握着生殺大權，甚至可以爲所欲爲。

但我們如果把記者與編輯（或採訪主任）的關係放在整個組織的體系來看，這種錯覺便煙消雲散了。原來，這些人的角色和工廠裏的工頭沒有兩樣，都是中間人，在組織裏聯繫上下層結構的人。

有許多研究 (Sigal, 1973; Tuchman, 1978) 發現，大多數記者對頂頭上司（採訪主任或編輯）的刪稿都非常敏感，上司對他們的要求也可能嚴苛；但一旦上司出席傳播組織的編輯會議，便得義不容辭地替底下的記者辯護權利，表揚成績，或者爭取醒目的地位（例如登第一版或上黃金時間）。換句話說，採訪主任或編輯這批中間人，有義務保護本部門的「地盤」。特別是重大事件發生時，各部門主管（教育版主編、分社主任）常爭得臉紅脖子粗，不許別人侵犯「地盤」，主張派自己的記者去採訪。這些部門主管或許私自解決紛爭，或許送到更上面的主管去仲裁。

製作人同床異夢

好萊塢電視節目製作人 (Cantor, 1971) 是「中間人」的另一例。一方面，他們是製作過程的總負責人，有權選題材和內容，聘請作家、導演和演員，修改節目，控制預算。但另一方面，製作人只是龐複科層組織的一環，對下固然監督製作的僚屬，對上卻必須向好萊塢的製片公司和紐約的電視網（出資請製作公司做節目）負責。電視網有最後的權利，修改或拒絕劇本和演員，所以除非製作人自己當老闆，他的權利充其量是委託性質的。

有趣的是製作人有不同的職業認同，對自己的角色有不同的看法，

從而深深地影響到他們應付「角色衝突」的作法。換句話說，雖然製作人擔負的責任、面臨的角色規範均大致相似，但由於個人背景、歷史不同，職業上的目標與價值不同，他們處理組織裏角色衝突的方法也不同。在這裏，我們可以看出職業和組織觀點被交互聯繫，靈活運用了。

大抵上，製作人可以分爲以下三類：

第一類製作人通常是在大學裏學拍電影的，拍電視片乃過渡性的權宜之計，其實志不在此——他們希望趁這個機會學習技藝，積累經驗，儲蓄金錢，等到羽毛豐富時，便自立門戶去拍電影。所以，他們自認是在「利用制度」，凡事能忍耐則忍耐，避免和製片公司或電視網發生衝突。

第二類製作人多半是能文之士，畢業自大學英語或新聞系，在進入電視界以前，已經在其他媒介做過事，寫過不少劇本；進電視界的目的在求發揮創作才能，企圖用電視故事內容表達政治和社會意義。這批人常暗地裏和公司或電視網奮戰，用移花接木的方式，把一些信息偷偷地藏入電視片裏，但他們勢非小心翼翼不可，否則一旦惱怒電視網，節目被封殺，連飯碗亦難自保。

第三種製作人不一定大學畢業，但經驗老到，最擅捉摸市場的需要，所以錢賺得最多。他們只關心怎麼繼續推出賣座的節目，自認這方面的本領過人，所以也常爲此事與組織起衝突。當然，他們爭執的焦點通常在演員的聘請、故事內容的安排上面，他們只關心如何才能吸引觀衆，而不在乎政治或社會的目標。

說到這裏，已經可以了解職業、專業和組織的觀點互相爲用，互相補充，幫助我們建構一幅比較完整的傳播者圖像❶。

---

❶ 我們在這裏只希望點到爲止。附錄二彙輯一張比較完整的書目，供有興趣的讀者參考。

三、新聞組織如何處理空間與時間

一般傳播組織底下分門別類，各司其職，新聞部門的特徵迥異於廣告或發行等部門。整個傳播組織的商業目標較明顯，而底下的新聞部門商業目標較不突出；整個傳播組織的工作較具「尋常性」(routine)，而底下的新聞部門工作却較具「非尋常性」(non-routine) 兩者的工作傾向或科層組織都有基本上的差別 (Tunstall, 1971)。

所謂「尋常性」，包括兩個衡量的標準：

〔一〕是工作上遭遇的例外事件之多寡，多則具「非尋常性」，少則屬「尋常性」。

（二）是例外發生時「尋找」的過程性質不同：「尋常性」的尋找是邏輯的、有系統的，可以分析的；反之，「非尋常性」的尋找都必須靠經驗、直覺、運氣和猜臆。

以此衡量，新聞部門具有相當程度的「非尋常性」。新聞工作遇到的突發事件極多，而新聞價值本身也多強調突發例外的事件（所以，狗咬人不是新聞，人咬狗才是新聞）；同時，新聞採訪的過程不是邏輯的、有系統的，也不是可以分析的，而是必須憑「新聞鼻」或「第六感」（直覺）與經驗的。

坦斯多（上書，頁 24—42) 進一步把新聞部門裏分類為「新聞搜集者」（如記者）或「新聞處理者」（如編輯）兩種角色。如將兩種角色對照比較，可獲四個不同的特徵（見表 4-1）：

（一）科層特徵：新聞搜集者的階級不明顯，彼此地位大致相當，以人數來說，是兩頭小，中間大。但新聞處理者的階級畫分却十分明顯，下命令的系統比較嚴格。

表 4-1　新聞搜集者與新聞處理者的比較

	新聞搜集者（如記者）	新聞處理者（如編輯）
1. 科層特徵	階級不明顯	明　顯
2. 心理取向	消息來源（傳播者）	受象（財政收入）
3. 工作性質	較不尋常	較尋常
4. 分工標準	以主題爲主	版面以及各階段都有分工

來源：Tunstall (1971: 24-42)

〈二〉心理取向：新聞搜集者平素站在第一線，與消息來源週旋，所受的壓力既大，久之又易對他們產生同情感，所以心理上特別重視消息來源的反應（見第三章）。反之，新聞處理者與消息來源沒有直接的來往，他們所關心的往往是受衆，也就是如何把產品處理妥善，以便替整個機構爭取發行量（或收視率）與廣告。

〈三〉工作性質：新聞搜集者要應付許多突發事件，工作比較不尋常。但新聞處理者的工作有常例可循，比較「尋常」，所以早期「守門人」的研究多半針對電訊稿編輯。

〈四〉分工：新聞搜集者的分工，常以主題（如政治、經濟、文教）畫分。但新聞處理者以版面（頭版、體育版）分工，而且在各階段都有不同的守門人，有人決定稿子用不用，有人決定標題多大，有人畫版面，有人校對，都有詳細的分工。

誠然，新聞單位（特別是新聞的搜集）的性質比整個傳播組織更「非尋常化」，但這並不是說新聞作業一定要把變化萬端的事件各賦予其獨特的個性；如果這樣，新聞作業簡直要全面癱瘓，因爲這個龐複的科層組織必將無法決定如何分配資源，如何應付事件的發生。所以，上

面說新聞單位「非尋常化」是相對於整個傳播組織（包括新聞及非新聞單位）而言，不是絕對的。其實，任何龐複的科層組織一定要有策略把作業加以若干程度的「常規化」才行。

一般的新聞組織主要是把空間與時間加以客觀化、常規化，以配合作業的節奏，完成新聞的採訪與編輯❷。

(一) 空間: 新聞網

塔克曼（Tuchman, 1978a）比喻新聞採訪爲一個網子，而不是一張毯子。毯子密封無洞，網則疏漏有洞。「新聞網」撒出去要捕大魚才值得，因此無論記者的調派或新聞的採訪總盯住合法的、中央性的機構，怪不得國際新聞總集中於少數的明星大國，國內新聞則以大都市爲主。

進一步言之，網眼（線民）、網（記者）和鋼架（通訊社）交互安排合織成一張「新聞毯」。但通訊社與一般新聞機構的工作多半彼此重疊，並未提供實質上的不同。一般記者常以通訊社的電稿爲線索，繼續追踪「新聞」，反之亦然。同時，通訊社和新聞單位的「新聞網」大致相同，總是撒在中央性機構的據點上。

在林林總總的事件當中，地位高的記者所採寫的，通常便是「新聞」；職卑位低者寫的則未必。一般的編輯總喜歡採用本社稿件，不得巳才用通訊社稿件。

「新聞網」如何撒出在中央性機構的據點，大體上也有三個標準❸：

首先，最重要的是以地理領域來區分。把新聞分成全國性和地方性，但大部分的「全國性」新聞無非是集中在幾個重要城市罷了，而不是平均分配在全國各地。以國際新聞來說，美國一定佔最顯著的地位；而派

---

❷　以下討論依據 Tuchman (1978a) 第二及第三章。

❸　參閱 Lee (1982a) 有關各國媒介對美國形象的報導，也符合「新聞網」的原則。

駐美國的外籍記者絕大多數都是聚集在紐約和華盛頓，對於美國中西部或南部等地人民生活方式的報導極少。

其次則是以機構或組織爲着眼點。駐在紐約的記者（不論是本國或外國）都把精力集中於聯合國，尤其是各地理區域或意識型態集團的領袖國；而在華盛頓的記者總以採訪美國聯邦政府、國會，及外國領事館爲主。在國內新聞方面，道理也是相通，一定給大機構搶盡風光。

第三種標準則是題材。尚未經社會認可的人或事（例如：「分歧份子」、婦女解放運動、同性戀合法化），至少在初期，常是新聞媒介的禁忌，有報導的話也是貶多於褒。這種情形要等待題材已經公開，不再是社會禁忌，才能有所改觀。再以國際新聞採訪而言，最普遍的題材是政治、外交、經濟、人情趣味及體育，至於農業、文化、教育、思想、宗教則通常備受忽視。

（二）時間與「類型化」

新聞組織必須計畫時間，善加利用，以配合工作的節奏。一方面，它得遵守中央性機構的辦公作息，因爲這是主要的新聞來源；另一方面，它又得規定內部的截稿時間。兩者互相配合，緊密聯繫。在截稿以外時間（如大清早和深夜）發生的「事件」，除非十分特殊，很難變成「新聞」，這是受到新聞組織時間安排的影響。

正如上面說過的，新聞組織不可能捕捉每時每刻發生的各種大小事件，如果它的作業完全靈活自由，沒有定則，便不成其爲正式的組織了。於是新聞組織往往把事件加以「類型化」（typifications），按照時間上的性質分爲不同類型，以便利資源的調配。只有加以「類型化」，才能把日常世界發生的千奇百怪，化爲基本素材，使得新聞組織能夠用「常規化」的方法去搜集與處理它。否則，根本無法派人守候，無法進行新聞作業。

照塔克曼的分析，新聞組織大致上把新聞事件分成五種類型：

第一類：軟性新聞，人情趣味，無時間性，不一定要在嚴格的截稿時間內寫完。這類新聞（例如「新聞人物介紹」、訃聞）事先可以搜集、寫作和編輯，一待時機到來馬上可以派上用場。新聞組織可以預先指派專人去做，以便騰出人手，應付突發事件。

第二類：硬性新聞，通常是預先通告的（如議事辯論），或突發的（如大火），時間性強，必須立即發稿搶時間。前者（通告）有助於新聞組織的資源分配（因為可預先安排），後者則不但無利且有害（因為可能臨時抽不出人來採訪）。

第三類：突發性新聞，事前絲毫不可預料，使新聞組織難於對付，所以通常要派若干專人全天守候（如火災、車禍），以免漏掉新聞。例如，目前臺北各報在深夜至清晨有「大夜班」制，守住通訊社的發稿，密切注意重大的突發事件；這個制度的建立起源於美國甘迺迪總統遇刺，因為時差（臺北深夜），竟成了臺北各報的漏網新聞，故後來決定派人守夜，以防萬一。

第四類：發展中的新聞，大部分突發新聞均屬此類。事件是突發的，無法預知，但發生後却一直在「發展中」，事態不斷明朗化，新聞採訪必須繼續追蹤，不斷改寫，加入最新發展，而編輯乃至校對或印刷工人都得跟着動。例如飛機失事或某要人被刺，死難者名單、病情、事因等等都不斷的在發展。這一類新聞最令新聞組織頭痛，簡直窮於應付，必要時便須採取非常措施，取消員工的休假，全體總動員，臨時聘人，或主管親自出馬指揮。

第五類：繼續中的新聞，這類新聞可以預知。例如議會將在某段時期討論那些法案，這時記者憑着經驗和常識，判斷那些是「新聞」，那些不是，因而騰出時間精力去準備會變成「新聞」的事件。由於事先可

以做許多預備工夫，這類事件有助於新聞組織的作業，在必要時可抽調若干人員支援突發事件的探訪。

　　總之，新聞組織要應付日常世界所發生的複雜事件，於是在空間上集中注意顯著的、中央性的機構，在時間上則將事件「類型化」，然後才能進行資源的分配與調派，才能維持新聞作業的正常。

四、市場結構與文化產品

　　到目前爲止，我們的分析層次是把傳播媒介機構（如報館、電視臺）當做一個龐複組織。其實，我們不妨更進一步提高分析的架構，把焦點擺在整個傳播事業，在這一節先探討傳播事業底下各組織之間的關係（例如報館之間的競爭），下一節則討論傳播事業與更大的政治、經濟、文化環境互爲因果的關係。

　　前面已經說過，新聞單位只是媒介組織的一部分，必須與其他部門凝成一個有機體。報館（媒介組織）本身的新聞部門只管製造和處理的過程，不是一個自足的系統，必須依賴其他組織（電訊社、供稿社）提供稿源，以及其他部門（如報攤及運銷系統）分配產品。電視也是如此。以美國三大電視網來說，必須靠好萊塢製作節目，電視網本身只處理「訊息」，最後又靠地方屬臺把電波和節目傳送觀衆。這樣看來，光看一個媒介組織，有時還是無法窺得全貌。

人在江湖・身不由己

　　讓我們回答一些問題：知識份子爭相詬病「電視文化」的庸俗低級；甚至主管「電視文化」的人似乎也常慨乎言之，獨力難挽狂瀾；更有一些新官上任，先放它三把火，其中一把常是要大刀濶斧改進電視節目，

但是到頭來却力不從心，老樣子不變。爲什麼？

　　相信這些電視臺主管或文化官員並不缺乏誠意，也不存心敷衍，當初說這話時的確抱着一番雄心，但爲什麼事與願違呢？

　　我們用電視做例子，其他媒介何嘗不是如此？

　　武俠小說常有一句話：「人在江湖，身不由己。」要瞭解以上的問題，勢必要從媒介組織之間的關係着手了。這裏，我們不妨以市場結構爲例（表4-2）來說明這種關係（Owen et al., 1974）。

　　大抵上，市場結構可以分成三種方式：

表 4-2　市場結構與媒介產品的異同

結　　構	特　　徵	內　　容	例　　子
獨佔專利 (monopoly) 　(1) 只有一家 　(2) 下設兩個分工、獨立的單位	無競爭對手，市場壓力小。 各自獨立，發揮功能，但又渾然合一，成爲一個有機體。	可能大膽創新，也可能因循苟且。 可能同時兼顧雅俗文化口味。	早期臺灣或香港電視。 英國廣播公司、日本放送協會。
寡頭壟斷 (oligopoly)	少數幾家公司聯合瓜分市場，造成惡性競爭。	大致雷同，競逐低俗趣味。	美國、香港、臺灣的電視。
開放性競爭	市場開放競爭，公司數目多。	多元化，必須以特殊性的風格，爭取特殊性的受象。	美國的廣播與雜誌、香港的報紙與雜誌。

　　來源：參考 Owen et al. (1974)

（一）專利獨佔

通常有兩種方式，一種是只此一家，別無分店，譬如在大多數第三世界國家的政府都只委任一家電視臺。好的來說可以集中資源，統一事權，提供文化上比較有價值的節目；但壞的來說往往缺乏競爭或制衡，笑罵由人。是好是壞，很難說，因地區因時間而異。

早期臺灣電視公司（一九六二———一九六九）維持市場專利的局面，當時製作的有些節目在技巧上以今天的眼光看起來容或嫌簡陋，但是內容上正因爲不必承受市場無理的壓力，反而可以大膽的嘗試，做出一些好節目。例如，臺灣電視公司剛出世時，創設交響樂團，又把平劇（京戲）世俗化、普及化，配上字幕，使一些傳統藝術得以復活，與現代生活接筍。

凱茲和衞德爾（Katz and Wedell, 1977）也發現，在第三世界有許多國家，在早期電視獨佔時所做的節目反而比後來多樣且富於創意。好萊塢一些名劇作家也有同感，四十年代是他們發揮創造力的黃金時代，以後市場競爭愈來愈緊張，便再不能這麼「奢侈」了。

另一種專利獨佔的方式，是經過刻意的設計，政府委任一家公司獨佔市場，但這公司底下設有兩個單位，一方面各自獨立，功能畫分得十分清楚，另一方面又合而渾然一體，從事有機性的協調分工。

當然，在這方面提供最生猛活潑的榜樣的，就是英國廣播公司和日本放送協會。前者是非牟利性公共公司，由政府委任董事會，賦予製作節目人極大的自由；後者則是公營法人組織，受政府任命的管理委員會監督，但政府極少加以干預。兩者在商業電視臺未創立之前，一直就保持市場獨佔的優勢；它們底下各設兩臺，一臺服務大眾口味，做大家愛看的節目，一臺服務文化精英，做值得做的節目，不必爭破頭去追求中下階層的觀眾。所以，這種媒介結構最能提供豐富的選擇性，內容不致

趨於庸俗。

　　但是英國廣播公司原是有意的計畫，不是歷史上自然的衍化。英國一向有精密的上層統治階級，到底什麼是「全國性文化」，早就形成相當明確的定義，毋庸爭辯。英國國會從觀衆繳納的規費中撥款，讓英國廣播公司放手做，刻意盡量與市場壓力絕緣 (Williams, 1975)。一般第三世界國家沒有這種文化傳統或歷史淵源，自然難於亦步亦趨了。

大框框下修小邊幅

（二）寡頭壟斷

　　市場上只有幾家大規模的公司或廠商瓜分，彼此提出大同小異的產品，進行激烈競爭。由於它們的固定資本、設備龐大，每着棋的勝負牽涉很大的利潤，所以寧可步步爲營，只求在大框框下修修小邊幅，以同業中其他廠商的行動作爲張本，以至於內容漸趨雷同，人們只能獨沽一味。

　　當然，這幾家廠商的產品至少在形式上必須力求突出，才能吸引消費者，在競爭中取勝。但因風險太大，它們的「創新」卻不能脫離既定形式太遠，所改變的只是小幅度，大抵上技術是大有進步，內容方面（特別是文化產品）卻但求穩紮穩打，保守不堪。偶爾有一家廠商打破格局，其他競爭對手必定一窩蜂去模仿，結果又迅速回歸到單元化的現象。

　　俗話說：「有競爭，才有進步。」這句話要看是怎麼樣的競爭，不是完全沒有商榷的餘地。譬如，臺灣三家商業電視公司內容頗受批評，每次人事改組，新任總經理總是言之夸夸，發誓要戢止惡性割喉競爭，要整頓低俗的娛樂節目，要加強文教節目的功能，但卻很少兌現諾言，滿足社會上一般的期望。追究其原因，臺灣電視市場基本上是寡頭壟斷

的局面，並不是幾位總經理對記者發表談話可以扭轉的。

寡頭壟斷的競爭造成節目的單元化，人們的選擇反而減少。打一個譬喻，就像是不同手藝的厨子炒相同的菜色，即使味道再鮮美，對不喜歡那道菜的主顧來說，却是毫無選擇的。寡頭壟斷競爭之下的節目，表面上看似熱鬧，骨子裏却單調畫一。

一九七一年，臺灣增加了第三個電視臺──中華電視公司（簡稱華視），由國防部與教育部合資，把原有小規模教育電視臺擴大而成。創臺時宣布的宗旨在提倡社會及軍事教育，但旋踵間即改頭換面，變爲商業經營的方式，自負盈虧。結果，爲了急起直追原有的兩臺（臺視與中視），華視不惜放棄文教目標，弄得比其他兩臺更加商業化，不惜用重金挖角，而且所播的廣告（很多是用新聞面貌僞裝的）比兩臺更多，有一陣子，曾經出現過平均一分鐘播一個廣告的記錄。當時連續劇最受歡迎，三家電視臺拚命大量供應，華視更是一個晚上塡滿四個連續劇，臺灣的電視盡成連續劇的的天下。後來，連續劇變成陳腔濫調，觀衆看厭了，它便從此一蹶不振（參見李瞻，一九七三、一九七五）。可見寡頭壟斷競爭非但沒有增加，反而刪減觀衆的選擇。

好一個武俠世界

香港的電視界也是寡頭壟斷的局面。香港電視廣播公司（港視）、麗的電視廣播公司（麗視）屬下各有中英文兩臺，但英文臺一直是賠本的，只是政府在頒授執照時附加條件，令電視臺服務居港外國觀衆及懂英語的中國觀衆而已，故姑不置論。兩家中文臺經常爆出新聞，市場厮殺激烈，毫不留情，一向處於劣勢的麗視有一陣子常出奇招，打游擊戰。

九龍廣播道是這四家電視臺聚集之所。這兒原來還有第五臺──佳藝電視臺（簡稱佳視），故有「五臺山」之稱。長久以來，電視臺挖角、

演員跳槽頻頻傳出，一九七八年佳視宣佈倒臺，是爲「五臺山地震」，卽是寡頭壟斷競爭活生生的後遺症。

佳視只有中文臺，沒有英文臺，政府的交換條件是要佳視撥出大量時間，播放教育和公共服務性節目。就娛樂性節目來說，佳視一開始便處於極不利的地位；其他兩臺的娛樂節目至少佔百分之六十，但佳視始終只有在百分之四十左右徘徊。佳視起初從臺灣購買節目，觀衆不多，廣告越來越少。

一九七六年，佳視推出金庸的武俠小說連續劇——「射鵰英雄傳」，不料立刻吸引百分之四十一的觀衆，（在當時收視率最高的二十個節目中排名十四），掀起武俠劇的高潮，於是其他兩臺也競拍武俠劇，港視重資拍金庸的「書劍恩仇錄」、「倚天屠龍記」以資對抗，而麗視也推出「十大刺客」單元劇。香港電視成了武俠劇的天下。

佳視抓住了同一公式大量泡製，犧牲了其他種類的節目。以一九七七年一月爲例，晚上黃金時間（六時五十五分至九時半）的娛樂節目，有三分之二是長篇武俠劇，週四晚上更是百分之百武俠劇。在這種惡性競爭下，節目千篇一律，觀衆不必多久便看膩了，港視抓住機先，立卽趕拍大型長篇寫實劇「狂潮」，很轟動，又掀起寫實劇的高潮。佳視一味武俠劇形式，不知應變，加上它的黃金時間只有兩個半小時，其餘則撥爲文教節目之用，對娛樂節目的競爭很吃虧，種下了後來倒臺的伏因（參見黃莉莉，一九七九）。

除了節目上的一窩蜂，惡性挖角，寡頭壟斷的另一個表徵是互相抬高價錢，搶購外國節目，爭取進口影片的播映權。這對一般資源匱乏的第三世界來說，是得不償失的。

（三）市場開放競爭

由於市場不被獨佔或壟斷，競爭的廠商又多，只好各自出奇制勝，

造成「百家爭鳴」的局面，節目內容豐富而多元。

　　美國電視興起之後，無線電廣播大受影響，不能再爭取最大多數的聽衆，因此便以特殊性節目做號召（如二十四小時新聞、搖滾樂、古典樂、民謠），爭取特殊性的聽衆，各取所需，各投所好。同時，圖片生動的大型雜誌（如生活）也不敵電視，被迫關門，代之而起的是各式各樣的專門性雜誌。今天香港的報紙與雜誌市場也是屬於這種型態的❹。

　　傳播科技日新月異，電纜電視現在發展迅速，將來可以提供數十條頻道，勢必要打破現在電視寡頭壟斷的局面。到那時，對第三世界國家而言，又出現了新問題：究竟拿什麼節目去填？

五、傳播媒介作爲一個社會系統

　　在古代，受教育和欣賞高雅文化原是有閒階級的專利品，一般普羅大衆實無與焉。現代工業社會裏，教育日漸普及，特別是拜賜於傳播媒介的出現與興起，少數人再也不能壟斷文化，社會上各階層人士得以分沾文化的果實。這個發展絕不是知識貴族們所能預期的，他們甚至經常不留餘地譴責傳播媒介爲敗壞文化的罪魁。

　　在極權社會，傳播媒介受到寡頭官僚政治的嚴厲控制，這且不去論它。在自由競爭的資本主義社會，傳播媒介是龐大的牟利商業機構，第一要務是在替資本家賺錢，然後才能談得上擔當所謂文化的使命。

　　社會上對傳播媒介一向毀譽交加。當傳播機構的內容遭受輿論批評時，其主持人常反駁道：「公衆喜歡什麼，我們給什麼。」彷彿公衆的口味是因，媒介的內容是果。若將這種說法推到極端，便可能成爲資本家的遁詞。其實，公衆的口味與媒介的內容好比鷄生蛋、蛋生鷄，是一

---

❹　詳見本書97-99頁。

種互爲因果的惡性循環。公衆被動地置身於媒介的環境之中，受它的制約，逐漸習慣它的內容，而致失去批判的能力，不再思考除了接受現狀還有沒有旁的選擇；而傳播組織的傳播者却抓住了受衆的沉默爲指標，認爲已經滿足了受衆的需要，於是內容陳陳相因，跳不出框框了。

傳播內容不純粹反映從業人員的心態或願望，在一定的程度內它是被傳播組織的內在邏輯所決定的，而傳播組織也是社會制度的一部分，存在於更大的環境之中，故應將兩者一併審察，以窺全貌。

媒介何以競逐低俗趣味？

知識份子一向譴責傳播媒介源源不絕地供應低俗內容。何謂低俗或高尚，雖是見仁見智，却非絕無標準。狄弗勒指出，「低俗的內容」即是受衆喜歡但批評者（知識分子）時時非議的節目，例如性暴露、暴力犯罪情節的描寫、恐怖離奇情節的渲染均屬之。這些低俗節目都是美國（及其他國家）傳播媒介（特別是電視）的主糧，知識分子批評它降低文化水準，敗壞道德原則，鼓勵社會所不容許的行爲。

我們不止知其然，還要知其所以然。媒介提供低俗的內容乃是一種持續性的現象，是不爭之實。到底有那些因素促使它如此？我們必須從果溯因，追索它的根源，這便是所謂的「功能分析」(functional analysis)。首先必須指出的是，「系統觀」方便我們透視整體與個體（組成部分）的有機關係，但它是一面活動的（而不是固定的）焦鏡，如果我們把傳播視爲社會「系統」，則生產、運銷單位等等便是它的「次系統」；以此類推，如果把社會視爲系統，則傳播組織、政府等等便是「次系統」。

在這裏，借狄弗勒 (De Fleur and Ball-Rokeach 1975: 162-181) 的分析，假定傳播是個社會系統，底下的「次系統」包括：

（一）生產次系統

傳播組織裏有許多專業人員，負責搜集、處理和製作資訊，例如編輯、記者、導演等等。

（二）運銷次系統

傳播組織的產品必須經過運銷單位，才能到達目的地。這個運銷次系統可分為全國（或地區）性及地方性的。全國性的「大盤」把內容運銷給地方性的「中盤」或「小盤」，雙方受予均等，「大盤」給「中盤」節目，「中盤」給「大盤」錢。例如美國電視節目必須靠電視網（全國性）及其屬下各地方臺的網絡播放出去。

（三）受　衆

這是資訊傳達的目的地或對象。受衆龐雜，背景互異，傳播組織設有研究部門或委託其他研究機構，調查受衆的興趣、需要與習慣。如果把受衆的文化口味分成高、中、低三大階層，則形成一個金字塔，上尖下垂，高口味者人寡，低口味者人多。受衆調查的結果一方面反映回到傳播組織（生產次系統），一方面又支配廣告商對資源的運用。

（四）廣告商

既然傳播組織以牟利為目的，其終極目標在爭取最大多數受衆，誘使廣告商出錢支持傳播組織。廣告商因此直接影響節目的生產。但廣告商與受衆之間的關係却是間接的：一方面廣告商透過媒介將信息傳給受衆，企圖說服受衆去購買廣告所宣傳的商品；另一方面，受衆對節目的喜好却需經由市場調查機構，反映給廣告商。

（五）廠商（廣告顧主）

廣告公司的背後還有大公司或財團在支持，也就是說廣告公司扮演中間的角色，代表大公司（廠商）設計並推出信息。同時，大廠商有義務對受衆提供良好的服務，賣出可靠的貨品，它與受衆的關係正是「一

手交錢，一手交貨」。嚴格地說，傳播組織最後的衣食父母是這些大廠商，廣告公司居間爲傳播組織與大廠商服務；而大廠商之所以願意供養傳播組織，主要還是要用信息賣商品給受衆。

（六）政府管制機構

各傳播媒介或多或少均須受政府機構（如新聞局、影視處）管制，無論是內容、競爭規則、道德標準，都必須合乎某種訂定的標準。

（七）自願性團體

媒介組織裏的專業人員有各種會社，訂定若干道德守則，影響節目內容的品質。

（八）立法機構

政府管制機構終須得到立法的授權。立法機構（國會）訂定公共政策，舉辦聽證會，直接或間接管理傳播組織，保護受衆（消費者）的權益。但立法機構若未善盡厥責，公衆可以利用選舉罷免的途徑督促之。

假定再向外推，則有外在的社會文化條件，規範整個傳播的社會系統及其底下的各個「次系統」。所以，美國的傳播系統不同於其他資本主義社會的傳播系統，至於它和極權國家的傳播系統更無法相提並論了。

總之，「系統觀」的架構方便我們審視各「次系統」之間千絲萬縷的關係，有的是直接的，有的是間接的；有的層次較高，有的層次較低。此處無法詳細置論，但舉一反三，可以體會各種分析架構的優劣。

狄弗勒認爲，因爲能夠欣賞低俗內容的受衆最廣大，（這不代表教育受得高的人不接受低俗內容，只是程度有差別而已），低俗內容最容易爭取並維持注意力，替傳播組織吸收廣告，開闢財源。此所以低俗節目牢不可破，如果壓力團體不斷加以攻擊，媒介即使暫時有所收歛，但

長久來說，低俗內容畢竟是根深蒂固、盤據不去的。

當然，傳播媒介深深受到更大的政經文化制度影響。科技的發展，政府的干預或保護（稅率、郵費、著作權、廣播法），傳播媒介的財政收入來源（例如美國電影業的收益有一半以上賺自國外），無一不會支配傳播媒介的政策和運行。至於各因素之間的比重如何，就不是三言兩語可以說清楚的了。

六、「鏡子理論」的破碎：結語

「我們的記者不用他們的觀點採訪新聞。他們不用任何人的觀點來報導消息。」這是美國哥倫比亞電視網新聞部前任總裁沙蘭特 (Richard Salant) 說的話。

一般人總把媒介當做一面中立的鏡子，反映社會人生。社會人生是素材，它怎麼樣，反映在鏡子裏便怎麼樣。記者不過是客觀的反映者與記錄者而已，他們絕不能把私人的觀點或偏見摻雜在新聞裏頭。一般新聞系的採訪寫作課程常強調這一點。

但在以上這三章，我們探討了新聞記者的職業角色、地位與生涯，他們的專業意理，以及他們所從屬的龐複科層組織，在在都會影響到媒介的內容。此外，整個社會環境也會支配到媒介的制度與功能。新聞製作豈止是「中立的鏡子」那麼簡單？

在本書裏，我們將反覆戳破「鏡子理論」。但必須聲明的是：我們並不否定有客觀眞理或現實的存在，因爲新聞畢竟不許無中生有，憑空捏造。「鏡子理論」是一個太簡單的神話；新聞所代表的並非百分之百的現實，充其量只是求其接近現實，至於它能夠「捕捉」多少分現實，

則須探討整個社會環境、媒介結構及其他新聞製作的過程，始能瞭解全貌。

第五章　傳播科技革命

一、科技發展與社會控制

　　一八一二年，美國與英國打了一場糊塗戰；這場戰，如果當時消息靈通一點，就可以倖免掉。事情的經過是這樣的：英法戰爭，美國保持中立，英國樞密院乃勅令凡曾駛入法國港口的美國船隻一律以敵船看待。美國抗議無效。六月十七日，英國外務部在倫敦突然宣佈，即將取消勅令。六月二十三日，英國公使在兵戈相見之前最後一次走訪白宮，焉知兩小時前英國樞密院正式宣佈廢除了勅令。戰爭的直接因素雖已不存在，但消息的閉塞終於「成全」了這場戰爭（徐佳士，一九七二：三〇）。

　　消息不靈通也曾替中國釀造了一個糊塗的決定。中法戰爭，中國戰勝，但是消息傳錯了，以爲法方戰勝，清廷於是匆忙答應法國，割讓越南成爲法國的保護國。

　　當今，傳播科技以幾何級數加倍成長，消息傳播分秒必爭，像上面這些歷史插曲簡直不可思議。我們稍微省察一下重大傳播科技的發明距

今多少年（表 5-1），對它的變化速度之驚人便可一目了然。

表 5-1　主要傳播科技發明距今年代

語		言	五〇〇、〇〇〇年
文		字	四、〇〇〇年
文		件	二、〇〇〇年
印		刷	五〇〇年
電		報	一五〇年
打	字	機	一二〇年
無	線	電	六〇年
電		視	三五年
電	算	機	三五年
複	印	機	三五年
衞		星	三〇年

來源：Pool (1974)

　　質言之，重大傳播科技大多在本世紀內密集的出現。而且，戰爭竟是它的主要突破者：第一次世界大戰爲無線電廣播舖了坦途，第二次大戰醞釀出電視，東西冷戰則在兩大超級強國之間挑起衞星爭霸戰。如果在我們的有生之年，傳播制度起了脫胎換骨的變化，實不足爲奇。事實上，已有一系列新科技（如電纜電視，通訊衞星）升上了地平線，呼之欲出。若說本世紀所發生最大的社會變化是傳播科技，甚至與十八世紀歐洲的產業革命等質齊觀，恐怕並不過分。

　　傳播科技帶來空前的震撼，對社會究竟有什麼意義？在這一探索的努力當中，最富戲劇性且最受矚目的，便是加拿大學者麥魯漢 (Marshall

McLuhan)。　他認爲傳播科技決定着歷史發展的軌跡與特質，「媒介就是信息」，具有支配性力量的是傳播科技本身，不是它所傳達的內容。

　　科技發展與社會控制是一場麻煩的拉鋸戰，決策者往往進退維谷。事前管太多深怕缺乏遠謀，以致綁住科技的手足，而管太少又怕科技的後遺症會造成無法補救的損害。科技自必受到社會嚴格的控制，才不至於盲目地跑野馬，甚至妨礙社會文化的健康。傳播科技之爲善爲惡，有如水之載舟覆舟，最終的主宰還是在人。人須有足夠的智慧駕馭科技，使之爲人所用，而人不爲之所役。

　　據說，一位早期熱心於科技的人士，告訴十九世紀美國作家蘇羅說：「用新發明的電話，緬因州可以對德克薩斯州講話。」蘇羅回答道：「如果緬因州無話對德克薩斯州說，怎麼辦？」傳播科技日新月異，如果人類沒有智慧利用它來增進社會福祉，又有什麼用？

二、麥魯漢的預言：「媒介便是信息」

　　以往，一般人認爲傳播科技無所謂好壞，它的價值完全得看人類如何使用。加拿大學者麥魯漢罵這是「科技白癡的蠢見」。他在一九六四年出版了一本石破天驚的書，名字叫做『瞭解媒介——人的延伸』(McLuhan, 1964)，大膽的宣佈：「媒介便是信息！」●

　　他認爲，眞正支配人類歷史文明的，是傳播科技（形式）本身，不是它的內容。每一種媒介（科技）都是「人的延伸」，不止劇烈地影響到人類的感官能力，而且觸發社會組織的巨變。他說：

　　● 　本節參考徐佳士（一九六七年）。同時，若干材料取自拙文「傳播科技的社會意義」，香港中文大學校外進修部報紙課程「科技與人生」講義，一九八〇年五月。

媒介便是信息。因為媒介鑄造、控制了人類關係和行動的規模
與形式。這些媒介如何被使用，也就是它的「內容」，既不一
致，而且無力鑄造人類關係的形式。說實話，媒介的「內容」
足以瞭蔽我們對媒介的個性之瞭解。

質言之，媒介是一種科技，一種形式，它本身便是信息；而「內容」
則是科技的「使用」。形式重要，內容不重要。麥氏說，每一個媒介的
「內容」並非它本身，而是另一個媒介，例如印刷（媒介）的「內容」
是話（另一個媒介），電影（媒介）的「內容」則是小說、戲劇及歌唱
（另外的媒介）。重要的是：電影這一個傳播媒介，改變了人類的感官
能力，把我們從連貫和相聯的世界拔出來，帶入一個有原創性的圖面結
構之世界；電影本身便是「信息」，把直線型的連繫變成非直線型的圖
面，它的影響力是不假外求的，至於裝的是什麼內容則不關緊要了。不
但電影如此，其他傳播媒介皆然。

媒介是人的延伸

對以上這一段話，大家也許覺得玄之又玄，如墜五里霧中。原來，
麥魯漢認為，媒介是人的延伸：穴居人的石斧是手的延伸，印刷品（書、
報）是眼的延伸，電的媒介（電報、電話、電視）是中樞神經系統的延
伸。新的媒介一出現，往往使人類感官的均衡狀態產生變動，使某一個
感官特別突出，凌駕甚至壓抑了其他感官，造成時間和空間的改變，塑
造人類瞭解環境的新方式，因而觸發社會組織的大變。

麥魯漢從人類感官的變化，推論到社會組織甚至歷史文明的變化。
他從媒介對人類的「心理」影響，推論到科技的「社會」效果。由於媒
介既然是信息，可以改變人類的感官，當然會改變人類看世界，所以可

以決定社會的演變。用卡瑞 (Carey, 1967) 的話來說，傳播媒介是「龐碩的社會暗喻 (vast social metaphor)，不但傳遞資訊，還告訴我們有那一種社會存在；不但刺激我們的感官，使它舒服，還透過我們的感官比例所產生的變化，實際上改變了我們的個性。

麥魯漢把西方歷史分成四大時代：

一是口頭傳播，即是文字出現以前的部落，人類生活在一個聲音的空間，部落林立，易動感情，諸事共同參與。

二是古希臘荷馬時期開始以後二千年，即文字出現，信息變成用視覺來埋解的符號，聽覺世界因感官失去平衡狀態而消逝。

三是印刷時代，始於一五〇〇年，終於一九〇〇年，是文字專橫的時代，把人類部落分化了。

四是電子的時代，人類的大部落重新聚合，由於它對人採包圍之勢，促人深入參預，人類重新感到聽覺和視覺的存在。

麥魯漢師承殷尼斯 (H. A. Innis)，覺得西方社會受印刷媒介的支配是不好的。對他們來說，西方近代史（一五〇〇——一九〇〇）實在是傳播偏見史——也就是以印刷為基礎的知識獨佔。

印刷專橫的時代

印刷媒介有什麼不好呢？

麥魯漢認為，印刷媒介是人類視覺感官（眼）的延伸，人類在讀印刷品時，總有先後順序，上下或左右掃瞄，沿著「直線的」形式繼續進行。因此，使得西方人把世界的整體性，分割成為許多獨立的小單元，然後把它們作線狀的連貫，賦之以繼續性，而且時常看出其中的因果關係。這種思考方式，眼睛凌駕一切感官，只強調從眼得到的資訊，忽略了從其他感官得到的資訊，人與環境的關係失調。這在美術、音樂、文

字上都有重大的影響，同時經濟上帶來了工廠的裝配線（直線）和大量消費的市場。

不但如此，他認為，文藝復興時代，在所謂「谷騰堡風雲」以後，印刷媒介成長，知識和消息可以又快又廣地散播。這一方面扼殺了口傳文化，一方面則人類可以第一次單獨閱讀思考，使一大部分傳播活動演變成了私人活動（這在口傳時代不是如此），人們所對付的盡是抽象的經驗，理性壓抑了感性，印刷媒介把人類的大部落分化 (detribalize) 了，人脫離緊密的口傳社會，脫離現實，引起了個人主義的出現。同時，印刷媒介又把互異的方言統一起來，促進了民族主義的抬頭。

媒介便是按摩

假如印刷媒介促使人類冷感，無參預的興趣，凡事袖手旁觀，不願積極介入，把人類部落分化，彼此變得自私無情，那麼麥魯漢似乎認為電子媒介是人類福祉之所繫。特別是電視，它是人類多種感官（聽覺、視覺、中樞神經系統）的總延伸。也就是說，電視螢光幕上有無數小光點，須靠人的感官和中樞神經把它們組織起來，變成一幅現實的圖象；電視科技是具有支配性的，至於它的內容提供豐富的具體經驗，倒不怎麼重要。這個電視媒介從四面八方包圍起來，促人深入參預，帶來「全體感、移情感、以及深入的知曉感」。

這種傳播新科技（尤其是電子媒介）日新月異，衛星傳播更簡直可以縮短甚至消滅時間和空間的距離，把分散的世界重新聚合起來，變成一個大部落 (retribalize)，叫做「世界村」(global village)。人類密切接觸，互通聲氣，牽連在一塊，眞是天涯若比鄰。

麥氏善於創造名詞，行文多玩世不恭。他原來的名言是：「媒介就是信息」(The medium is the message)。後來又加了一句：「媒介就

是按摩」(The medium is the massage)。 原因是新媒介衝擊着人類多種感官，使人就像按摩一樣的舒服。

「熱」媒介與「涼」媒介

麥魯漢又把媒介分為「熱」與「涼」兩種。「熱媒介」(hot media)提供大量的資訊，具有高度的抽象能力，但想像力却極弱，人們參預的程度很淺。「涼媒介」(cool media) 正好相反，它提供少量資訊，對於事物缺乏明確的描述，需由人發揮想像力，因此他們參預的程度很深。

報紙是「熱媒介」最好的例子，電視是「涼媒介」最好的例子。不過還有其他的例子（見表 5-2）。它們的涼熱之間缺乏明確的標準，有時似乎是隨興之所至，或完全想當然耳。比如，無線電廣播、電影為什

表 5-2　熱媒介與涼媒介

熱　　　　　　媒　　　　　　介	涼　　　　　媒　　　　　介
報紙、印刷品	電　　話
無線電廣播	電　　視
電　影	
圖片、繪畫	漫　　畫
演　講	座　　談
棒　球	足　　球
希特勒	艾森豪
尼克森	甘迺迪
	女子魚網式長襪或太陽眼鏡

來源：McLuhan (1964)

麼比電視「熱」，很難令人瞭解。相信有人覺得電視的畫面叫人分心，不如收音機引人遐思。

麥魯漢的涼、熱不限於科技，並及於人事。熱人物或熱事物，宜用熱媒介傳播；冷人物或冷事物，宜用冷媒介傳播。所以，依照這個說法，美國國會的聽證會（熱）宜在報紙（熱）報導，否則出現在電視太沉悶，令人厭倦。但美國水門事件的國會聽證會由電視實況轉播，彷彿一幕幕偵探戲劇上演，是熱是涼，或在什麼情況下熱何以變涼，麥氏並沒有提供任何線索。

麥氏說，甘迺迪和尼克森在電視辯論致勝，是冷人物遇上冷媒介的緣故。換言之，尼氏不宜上電視，但後來他復出政壇，用廣告術透過電視推銷新形象，當選為美國總統，不知麥魯漢有什麼解釋。

正如徐佳士指出的，麥魯漢的寫作是企圖用「熱」媒介來鼓吹「涼」媒介的好處。麥魯漢的書難讀，正因為他不願用文字的直線型思想方式表達，而用電視拼盤方式表達，所以文字跳躍迅速，不連貫。同時，他只提出新看法，很少澈底說明；他寧可用提示的方法，旁敲側擊，把人們的腦袋刺戟一下，讓他們把高度的想像力發揮出來，以檢討自己舊的看法。

麥魯漢是個預言家，嚴格說不能算是社會的科學家。他沒有嚴密的理論，只有思想的火花。他喜歡玩弄文字遊戲，令人難於捉摸他的意思。他又鄙夷研究證據，認為這是印刷媒介的偏見。所以如果想認真地用實證方式檢查他的論據，常是徒勞無功的。明知道這一點，我們還不得不勉強提出一些感想。

從長遠的觀點來看，麥氏有一點貢獻幾乎是公認的，那就是媒介（科技）本身的形式之發明，便是變革的動力，不假外求，不一定靠「內容」才有作用。在以前，一般人總以為媒介只是儲存內容的工具，

本身不產生作用，但此說似乎已被麥魯漢一手擊破了。至於科技的影響力是否像麥氏所說的那麼大，可就很少人全盤相信了。

麥氏的說法至少有四點是值得商榷的：

（一）單因解釋不足夠

麥氏企圖用科技來解釋人類歷史路線，是科技決定論者。正如馬克斯用階級鬥爭的經濟唯物辯證史觀決定歷史發展的軌跡，麥魯漢相信社會演變的決定力量在於傳播媒介的發明。大凡決定論者，無不爲複雜的問題提出過分簡單的答案，雖得意簡言賅之妙，但往往以偏概全，忽略其他複雜的因素。

其實，傳播科技只是歷史變遷的多種因素之一，豈是唯一的主因？麥魯漢把傳播內容看得那麼無足輕重，是與種種研究的證據相違悖的。宣偉伯 (Schramm, 1973: 126) 便指出，在西方社會個人主義、民族主義及工業化的過程中，除了印刷媒介的發明，其他因素例如交通、新能源、教育、中產階級興起、民主的成長、社會分工、以及社會思想，都有相當重要的角色，不可加以一筆抹煞。

（二）媒介未必是信息

宣偉伯 (Schramm, 1973: 128) 又宣稱：媒介是媒介，信息是信息。媒介未必卽是信息。兩者互相影響，不是互相排斥。

他說，從各種研究可以看出來，媒介與媒介之間的影響差異小，信息與信息之間的影響差異大。甘廼廸被刺，四人幫被捕，不管是經過公衆媒介或「小道消息」傳遞，都會因爲信息本身重要而重要。

必須指出一點：宣偉伯的說法基本上是可取的，但是他對麥氏的批評却似乎不太公平。宣氏所謂的「信息」指消息的內涵，而麥氏的「信息」指科技的形式，兩個人的定義不盡溝通。此外，宣氏偏重於媒介內容的短期效果，而麥氏却着眼於傳播科技的歷史影響。

（三）「世界村」的幻滅

麥魯漢的「世界村」太充滿了浪漫情調。另一位科技決定論者布熱辛斯基（Brzezinski, 1970），雖也指出「科技電子革命」（technetronic revolution）是當今社會最大的變革，却主張把「世界村落」改爲緊張、激動、支離破碎的「世界都市」——現代傳播科技給人們的，是一連串不連貫、孤立的、時斷時續的，却又令人心神投注的事件，人們對事物感到迷惘矇混，印象膚淺。

新的傳播科技有豐富的潛能，旣可增加資訊的總量，促進資訊的多元化，更賦予社會公衆更大的選擇權利，隨時提供回饋。在技術上，電纜電視早就可以大量普及，取代傳統以空中天線傳送的電視系統。電纜電視具備數十個頻道，畫面清晰穩定，而且可以提供種類繁多的特定節目。假如它再與電腦和通訊衞星配合，則可以用長距離衞星發射，再透過電纜電視送入家庭；一旦大量普及以後，甚至可以逐漸取代有形的交通工具，足不出戶可知天下事，靠掀電鈕而可不費力地處理日常生活事物（如買賣、郵政、稅捐）。當然，這些都是在技術言技術，沒有多大問題（參閱徐佳士，一九七二）。只是傳播科技未必能夠左右自身的命運，能不能落實成爲社會制度的一部分，必須向高層次的政經文化系統尋找答案。

傳播科技也可能產生負面的作用。在國內，社會上各團體乃至個人接受資訊的立足點不平等，則將如同經濟上的貧富不均，拉大資訊豐富與資訊匱乏之間的差距，造成「兩個文化」鴻溝，專家與社會公衆勢將沒話可說。何況處於資訊爆炸的時代，傳播科技唯有更加深這個難題。

立足點不平等，在國際社會便造成強國支配傳播科技的主權，決定傳播科技使用的方式，操縱傳播的解釋權。值此第三世界汲汲爭取現代化的早日實現，莫不熱切期望利用傳播科技促進國家整合、經濟成長及

文化認同。倘若資訊源源由「有」國流到「無」國，在美雨歐風大力衝擊之下，當對國家的尊嚴和固有文化的獨立有反作用。這些都是麥魯漢所沒有想到的，我們將在「傳播帝國主義」（第十三章）再詳細討論。

（四）媒介的「使用」與社會控制不可忽視

麥氏斷然認為媒介有它本身的支配性力量，如何使用媒介則是次要的。他的傳播科技決定論把科技當做「因」，歷史當做「果」；傳播媒介產生直接的「內心」的效果，至於其他社會文化和道德約束顯得毫不相干。

麥氏以為新媒介會把人類部落重新聚合，成為天涯若比鄰的和諧之境。充其量這是一種形式主義，騰空而不落實，根本無視於實際的運作；換言之，凡是　種理想，一種可能性，但不是社會事實。傳播科技絕不是全然獨立自足的系統，終須通過社會權威的選擇與控制。麥氏把科技的抽象通則，不經意地投射到社會模式上面，反而看不出整個社會、政治、經濟的「意向」（intention）。

現代傳播科技坦白說是先進資本主義的發明。尤其美國具有龐大的內銷腹地，彙集人才、財力、經驗之大成，舉世無匹。但從無線電和電視演化的歷程，便足以明白看出，資本家的眼光（意向）以技術工具的發明為主，內容反而是次要的事。他們一心追求科技的商業價值，斷斷不會拱手交出科技做非牟利的用途。迷信科技宿命論者必須正視一個冷冰冰的事實：當今在資本主義社會由財閥壟斷傳播科技的主權，而在社會主義社會却被黨政官僚集團所把持。

三、科技命定論與國際資訊交流❷

為什麼當今國際資訊的流通失衡？為什麼各地的媒介提供的內容都

---

❷　本節取材自拙著 Lee (1980: 57-60)。

大同小異，沒有各自的民族風格呢？關於這一點，無論馬克斯主義或非馬克斯主義者，多多少少（但不是百分之百）都用了科技命定的說法來解釋。

拿廣播電視來說，英美的節目幾乎滲透到全世界各國，不管其意識形態如何，也都無例外，有不同的話只是程度差別而已。電視文化是處處雷同的。為什麼？海德和高登（Head and Gordon, 1976）提出了一個極其粗糙的科技命定論。他們認為，廣播電視有一種「內在特徵」，也就是它有持續性，是分秒連續出現，不能斷掉，不像報章書本或影片供人隨時取閱。廣播電視節目因為持續出現，接受起來吃力累人，困難的材料只能維持人們短暫的注意力罷了，所以大家多喜歡接受娛樂性和「軟性」的東西。

這種說法了無新奇之處，實際上是「享樂主義」的表徵，承史蒂文生（Stephenson, 1967）的「傳播遊戲說」之餘緒，不能解釋國際傳播為什麼一面倒，也不能說明是全世界的媒介文化為什麼大同小異。照理說，無線電廣播和電視都得符合這個「持續性」的內在特徵，都得滿足差不多相同的技術條件，但為什麼世界各國的無線電廣播遠比電視節目的種類更加多姿多采，更生趣益然，也更本國化呢？由此可見，這個說法完全不堪一擊。

科技中立乎？

美國的馬克斯主義學者許勒（Schiller, 1976）根本宣稱，科技中立之說只是個假的神話。他相信，科技的產品、介紹與使用「實在是政治和意識形態的行為，支持或威脅獨佔性資本主義」；換言之，科技是有價值性的，不是中立的，是美國和其他資本主義國家的上層階級合夥用來控制第三世界的手段。他一再說明，傳播科技是資本主義意識形態與

利益的表徵。這個立場幾乎是泛政治的，泛意識形態的，把什麼東西都歸諸政治與意識形態，事實上是大有問題的，我們將留待「傳播帝國主義」一章加以批判。

自由主義的英國社會學家坦斯多 (Tunstall, 1978)，對於科技命定論的態度顯得頗為矛盾，至少是曖昧不明。譬如，他在悲觀失望之時說：

> 在我看來，很難替這個媒介「盒子」（指電視）找出「非美國」的方式，因為它基本上是美國或英美兩國造出來的「盒子」。大概除了中共以外，沒有旁的國家願意這麼做。（頁 63）

他的書名叫做『媒介是美國的天卜』，便活生生地刻畫出這種對科技的無奈、恐懼。換句話說，媒介本質上就是美國式的；美國的媒介所以能夠凌駕世界，不光是因為它的發展比較迅速而豐富，而是勢所必然，不得不爾。可是，他在同書的別處又力圖表白，情形並不一定如此無可救藥。

其實，人們如何接觸媒介，為何對媒介採取反應，以及美國媒介如何創造世界霸業，這些問題都不光是科技可以決定的。麥魯漢式的說法無視於發明傳播科技的組織（如美國無線電公司）之社會意圖，也無視於國際間權力分層的關係，更無視於受國的媒介傳統與社會制度，因此不可遽爾加以全盤接受。

科技的文化基礎

電視所以主要被用做娛樂工具，不是因為所謂的科技「內在特徵」，而是社會、政治和文化的環境所造成的。一言以蔽之，電視包含了美國根深蒂固的文化源頭。電視出現的當時，科技知識（如音響、攝影）多方滙聚，已經有把握設計出一套全然不同的媒介。但電視居然脫穎而出，

其他方式的媒介反而匿跡，這是文化因素在作祟。威廉士（Williams,
1975：25）指出：

> 不像其他的傳播科技，廣播與電視的設計主要被當作抽象過程，
> 專為輸送和接受的目的。至於該裝入甚麼內容，則非所問矣。
> 內容的問題一旦提出來，也大都被草草解決掉了。……不但是
> 廣播設備的供應早過對它的需求，傳播工具也早於內容。

有人從科技文化着眼，認為電視內容必須大量製造、大量分配，必
須遵守某些標準的作法，結果必然表現出某些種節目。它得爭取最大量
的觀衆，不在追求高超的藝術境界。果眞如此，那麼提倡文化保護的人
士前途豈不黯淡？旣然媒介有定型的科技和文化根源，卽使各國力圖自
力更生，不從外國進口節目，倒頭來所做的節目還超不出那個格局，無
法擔保電視可以用來發展本國文化。

好在以上之說至少有三大漏洞，使文化保護主義者不致太悲觀：

第一，第三世界國家原可糾合內在的力量抵禦外來的文化侵略，這
可能性不容加以抹煞。

其次，以英國廣播公司和日本放送協會為例，雖也受到市場競爭的
壓力，必須爭取若干數目的觀衆，以便向國會要求較多的經費，但它們
至少都相當堅持文化的理想，不輕易隨俗媚俗，與美國商業電視的作風
迥然不同。可見科技本身未必決定它的內容。當然，共黨國家利用傳播
媒介做為政治洗腦的工具，更是發明科技者始料所不及的，也可見科技
和科技的使用未必有一對一的必然關係。

第三，上面這種「科技命定論」十分混淆，分不清到底那一部分是
科技因素，那一部分是文化價值或是社會對媒介的使用所致。「科技命
定論」的勉強處則益明顯了。

四、傳播新科技的衝擊——舊媒介何去何從？

傳播科技的革命產生了新媒介，對舊媒介有什麼影響呢？

對於這一個問題，大抵上有兩種說法。第一種說法是「取代作用」，即新媒介如果比舊媒介性能更優越，價錢更便宜，舊媒介的生機可能會被扼殺，由新媒介取而代之。這是因為一個社會花費在傳播媒介上面的開支大致是常數，起伏不大，唯有犧牲舊媒介，新媒介才能興旺（參閱 Comstock et al., 1978: 161）。例如，電視出現以後，人們聽廣播、看電影的時間便顯著降低。

另一種說法，以史學家卜斯丁（Boorstin, 1978: 29-30）為代表，他認為科技革命並不能取代舊科技，反而替舊的發明創造了新角色。十九世紀末電話發明時，許多人以為郵局會過時被淘汰；等到電報、無線電相繼出現，又有許多人以為電話將會壽終正寢；電視來了，許多人又忙着為無線電敲喪鐘；更有像麥魯漢這批科技宿命論者告訴我們，電視將埋藏書本。這些預言被證明是無稽的。電視出現之後，無線電、報紙或雜誌還是存在，只是它們演的角色不同罷了。

甲、電視出現以後

事實上，新媒介取代舊媒介的某些功能，並不見得一定就扼殺舊媒介的生機，更重要的，毋寧是迫使舊媒介改變內容、經營方式和競爭策略。以電視這個優越的視聽媒介來說，便引起若干原有的視聽媒介採取種種因應的對策，甚至變更自我的角色（Comstock et al., 1978: 161-168）：

●電影：一九四〇年代末期，電視剛剛開始普及時，電影的市場逐

漸萎縮,好萊塢電影製片廠的前途岌岌可危,但是後來竟然與死對頭——紐約的電視網携手合作,替它們拍製電視節目 (Barnouw, 1975),這是當時沒有人可以預料得到的發展。如今,紐約三大全國性電視網的節目大半出自好萊塢,兩者的關係極爲密切。

同時,電影內容逐漸走向大膽路線,以性和暴力取勝,以求和電視爭長短。電視深入家家戶戶的客廳,畢竟受到較嚴格的法令限制,內容不可逾越某種道德標準,對枕頭與拳頭不免有所顧忌,電影便鑽了這個縫隙發展。

●廣播:在美國,廣播原是全國性媒介,現在却因電視的興起,而成爲地方性媒介。廣播目前不得不爭取特殊聽衆求生存,例如洛杉磯一帶,便有以各式各樣節目爲號召的廣播電臺:暢銷曲、流行搖滾樂,五十年代搖滾樂、爵士樂、古典樂、英語新聞、西班牙語新聞(因爲南加州有許多墨西哥移民)、鄉村曲、西部樂,不一而足。每個電臺都標榜一種特別的風格,爭取特殊的聽衆。

這種變化與上一章所說的市場結構息息相關。廣播電臺從全國性媒介轉變爲地方性媒介,便是打破了寡頭壟斷的局面,門戶大開,公開自由競爭;對手既多,自然不可像寡頭壟斷者(如今天的電視)一樣去爭取最大多數、不分背景的羣衆,而必須用特殊的格調,抓住特殊的聽衆,讓他們各取所需。

●雜誌:爭取一般性讀者的大型雜誌,特別是以圖畫照片爲主的,例如「生活」、「展望」,都不敵電視的凌厲攻勢,一個接一個消逝。「生活」後來復刊,性質已經大異。就像廣播的命運一樣,雜誌愈來愈難爭取「最大公分母」,市場競爭的大門一旦敞開,各種爭取專門性、特殊性讀者的刊物,例如「男人」、「十七歲」、「烹飪」等等,反而大行其道。

●書籍：由於電視擅長製造幻想，舊媒介若以相同功能號召，恐難相敵。派克 (Parker, 1963) 曾於一九五〇年代初期電視剛出現時，在伊利諾州的十四個社區，發現公共圖書館借出的書總量減少了，而這些減少的書中原來有百分之八十五是「小說」，「非小說」類的影響比較小。

●電纜電視：如今正蓬勃發展，又在靜靜地醞釀一場新的傳播科技革命。由於它的能量比現有的電視大得多，電視的功能將來也可能被迫改變，步廣播和巨型全國性雜誌的後塵，失掉全國市場寡頭壟斷的優勢，而勢將把節目逐漸多元化、專門化，不必一味把中卜階層視為禁臠（因為他們是最大的買主）。有些樂觀的學者甚至預言，電纜電視可以兼容並蓄，用有些頻道提供中上文化口味的節目，有些頻道提供中下口味的節目，既服務少數文化精英，又不忘多數人的需要。

乙、報紙與電視平分秋色

電視問世之初，報紙曾受到極大的打擊。但是報紙不止沒有因此死亡，而且恢復活力，欣欣向榮。這是因為電視與報紙的功能相當不同，新媒介無法完全取代舊媒介之故。以新聞報導來說，在許多國家，都發現最受倚賴的媒介是電視與報紙，兩者平分秋色。

底下，我們將討論電視與報紙的三大不同特徵（見表 5-3）：

第一，組織結構不同：如果把新聞製作的過程分成輸入（報導）、管理（分配）和輸出（包裝）三大功能，報館裏通常有大羣外勤記者，處理輸入（守望環境）的功能，只有小羣坐辦公室的內勤編輯人員，處理輸出（包裝）的功能。電視臺恰與此相反，外勤（守望）人員少，內勤（包裝）人員多❸。以香港為例，東方日報的外勤記者多達一百人，

---

❸ Bogart (1975) 估計，美國典型的電視臺，包括新聞播報員在內，只有九名新聞人員。香港的數字也與此接近。

表 5-3　電視新聞與報紙新聞功能之比較

	電　　　　　　　視	報　　　　　　　紙
組織結構	內勤人員（包裝、管理）多，外勤人員（守望）少。	內勤人員少。外勤人員多。
容　量	新聞時間極有限 傳遞經驗	篇幅較多 儲存資訊
政治法律的限制	社會責任	自由放任

其他各報也有二十多人，但兩家電視臺的記者各不出十人。

　　至於管理的功能方面，報館似乎比較具有彈性，可以事先靈活部署財源和人員，調派足夠人數的記者去採訪某些問題。

分工細密與報導深度

　　組織結構的不同對新聞產品有相當深遠的涵義。最明顯的，是報館記者較多，分工較細密，可以有記者專跑一個特定路線，使他們可以發展所需的特殊知識，與消息來源建立良好的關係，並對新聞本身有較強的分析力。而電視臺記者通常只採訪一般性路線，儘管近幾年有專門化的趨勢，但速度很慢。因此，柏加特（Bogart, 1975）認為，報紙靠着較多的編採人員，可以做出解釋性、研究性的深入報導，這對電視新聞是有心無力的。

　　儘管電視聲光俱全，栩栩如生，但是在新聞報導方面却經常採取守勢，被動地倚賴報紙和電訊稿的消息，很少能夠主動挖掘自己的新聞。美國三大電視網的新聞，估計有三分之二是根據通訊社電稿改寫的，而且經年累月如此（Philpot, 1973）。這是因為電視臺負責守望的人員缺

少，不夠全面地佈置採訪網，也因為電視新聞製作費高，非不得已（如突發重大消息），不會耗資作現場報導；更因為電視新聞講究畫面，需有大批輔助性工作人員隨行（如攝影人員），在爭取時效上面通常是比較吃虧的。

第二，媒介容量的限制：報紙受空間（篇幅）的限制，電視受時間的限制。這些限制大大地影響到消息輸入與輸出的比例。據估計，美國報紙採用的電訊稿，只是其中的十分之一至六分之一 (White, 1950)。美國各電視網平均每週播一小時新聞，地方臺播二小時零五分鐘新聞；每半小時電視網的新聞約有二十七則，扣除廣告，即每一分鐘一則 (Bogart, 1968-69; 1975)。在許多第三世界國家，電視新聞的數量更少。

無論如何，至少在目前，新聞所佔電視總時間是微不足道的，報紙的新聞比一般電視的新聞多出十倍。電視新聞以視覺條件取勝，以動作性的消息（如車禍、搶劫等）做號召，往往是要噱頭而已，未必真具有新聞價值。

電視的長處在傳遞經驗，以生動畫面見長；報紙的長處是儲存資訊，以提供深入解釋見長。

「自由放任」與「社會責任」

第三，政治法律的限制：西方報業的哲學基礎建立在十九世紀的「自由放任」，希望百花齊放，讓各家爭鳴，提出不同觀點，從而獲得「真理」的真面目。政府通常採取束手不干涉的政策；縱使插手，通常也著重於維持市場軌道的暢通，不讓大財團隨便吞併小報，壟斷市場。至於內容方面，西方國家政府是極放任的。（即令如此，美國報團兼併的趨勢仍是有增無已。）

反之，廣播電視的哲學基礎建立在二十世紀的「社會責任」❹。加上電視頻道有限，屬於社會大衆的公共資產，而它又覓縫鑽隙，深入家家戶戶的客廳，影響力大得可怕。所以，政府通常扮演一個比較嚴格的警察角色，對它的主權和內容管制的尺度較嚴。例如，美國聯邦傳播委員會是廣播電視的管理機構，便訂立各種規章，令各媒介遵守；選舉時，需遵守所謂的「公平原則」，卽撥給兩邊候選人相同時間宣揚政見，以便做到不偏不倚的地步，便是一個顯著的例子。（所以，美國選舉時，各報社論通常會宣佈支持某一位候選人，保守、前進的觀點應有盡有，但各電視臺都嚴格守着中間路線，免得自找麻煩。）

香港基本上也承傳了這個西方（英國）的自由傳統。在香港申請辦報的執照十分容易，色情報紙雜誌滿街都是，政府很少加以干涉。相反的，佳藝電視臺於一九七八年關門之後，一家美國財團有意復臺，香港政府却遲遲不肯發給執照；有一家競爭處於劣勢的電視臺，企圖用涉嫌黃色的節目（「哈囉，夜歸人」）扳回市場，却屢遭政府通令警告禁止，終至於被迫取消。

丙、大媒介與小媒介

在五十及六十年代，許多學者（例如 Schramm, 1964; Lerner, 1958）把現代傳播科技視爲第三世界發展的關鍵。他們所讚頌的多半是宣偉伯（Schramm, 1977）所說的「大媒介」，複雜而昂貴（如報紙、電視、電腦、電影），正是資源匱乏的第三世界所難能負荷的。

第三世界國家所以採用大媒介，原因不一：有的是爲了討國際聲望（表示進入「電視時代」），有的爲了外國的捐贈，更有的認爲應該乾脆跳越中間的傳播科技，迎頭趕上西方，採用精密的科技。

❹ 參考 Siebert et al. (1956) 第二、三章。

　　但耀目、昂貴的傳播科技未必是最有用的。簡單而便宜的「小媒介」（如幻燈片、收音機，甚至木偶戲）反而能夠因時制宜，因地制宜，適合貧窮的第三世界國家靈活採用。例如收音機的單位價格只是電視機的五分之一，廣播的頻率又多，可以提供多種用途。當然，有些傳統技藝（如歌詠、話劇）更不可被看輕，如果把現代科技和傳統技藝融會成一爐，對第三世界的開發最有好處。

第六章　媒介·受衆·效果

一、從烏合之衆的社會說起

十九世紀末期，歐洲產業革命的浪潮洶湧澎湃，空前地改進了人類的生產工具，同時也空前地變化了人類的生產關係。富者愈富，貧者愈貧。許多有社會良知的偉大心靈紛紛對此一不平的現象作出沉思與反省；以馬克斯爲中心，一系列的社會學家（包括韋伯、涂爾幹）都與他展開了各種對話，進而對工業化提出廻響與反應。現代社會學便是以工業化的歐洲作其溫床而誕生的。當時，這批學者對產業革命的流弊深惡痛絕，也往往對它所造成的社會失調、黑暗、病痛（也就是所謂的「馬克斯情境」Marxist situation）有過激的抨擊。於是有意無意中，便浪漫化了產業革命以前的社會與人際關係。

以產業革命爲分水嶺的，包括涂爾幹（Emile　Durkheim）、韋伯（Max Weber）、托尼斯（Ferdinand Tonnies）等人，懷古情緒高昂，總幻想產業革命以前是好的、美麗的，而產業革命以後的社會則是吃人的、

醜陋的、沒有人性尊嚴的。他們用的分析名詞不一，意思却相通。兹以托尼斯 (Tonnies, 1957 英譯本) 的理論來做一個介紹。他在一八八七年，創出一套理論，叫做 Gemeinschaft and Gesellschaft，譯成英文約略是 Community and Society，中文則依費孝通 (一九四七) 譯爲「禮俗社會」和「法治社會」。禮俗社會是工業化以前的社會，法治社會是工業化以後的社會❶。

禮俗社會的基礎靠親情、友誼、傳統、血緣這一類的關係來維繫，它的凝聚力不是武力或正式的條文。人際關係有血緣和情愫的支持，所以互相敬重；傳統使得住在相同地方的人們過着高度整合的生活；宗教更使人虔誠地遵守一套信仰，進而成爲社會組織的基石。托尼斯所想像的，似乎是和睦無間、人際關係密切、有教養的一個社會。

法理社會是與禮俗社會相對的。因爲工業化造成過度的分工，專業化愈分愈細、愈複雜，造成人際的疏離，原有親切、和平的秩序被打破了。人際關係必須靠法律與契約 (通常是成文的) 來約束，所以也變得十分正式而繁複。法律被用來畫分彼己的界限，人際關係不能再靠傳統、血緣或情愫來維繫；不管是僱主和勞工之間、政府與人民之間、機構與機構之間、個人與個人之間、或各種主要的政治或經濟制度，統統得賴契約的規範。　❷

引伸言之，法理社會因爲缺乏傳統、血緣和情愫的凝聚，便形成了

---

❶ 殷海光 (一九六九) 譯爲「通體社會」和「聯組社會」。費孝通 (一九四七) 用托尼斯這兩個名詞，比較中西社會之異同，互有發明，但因與本章宗旨關係不大，故從略。又，涂爾幹用「無機性的團結」(mechanical solidarity) 和「有機性的團結」(organic solidarity)；韋伯用「傳統性權威」(traditional authority) 和「科層性權威」(bureaucratic authority)；當代人類學者吉爾茲 (Geertz, 1973) 用「原始關係」(primodial ties) 和「公民關係」(civil ties) 來作對比。

一個「烏合之衆的社會」(mass society)：人與人是分化的，三教九流互不相識，毫無往來，更是羣龍無首；結果人人變得自私自利，你詐我虞，而又孤獨無依，人際關係不但疏遠而且緊張，猜忌深，衝突大。這是「比鄰若天涯」的世界，不是「天涯若比鄰」的世界。

必須指出的是，托尼斯所用的這兩個對立的名詞，事實上是「典型」(ideal type)，卽社會學家使用極端抽象的型態來比較分析具體的歷史現象，它本身只是理論上或邏輯上的可能性，但不一定有經驗上的必然性。所以我們不可把他的描寫全盤盡信。更重要的，毋寧是這個想法跟日後傳播媒介的看法有什麼關聯。

五十年前的傳播研究首先由「烏合社會」的觀念出發，認爲傳播媒介的力量幾近萬能，百發百中「烏合社會」的個別的疏離分子。後來，實際上發現不是這麼同事，轉而認爲媒介與受衆之間有一批因素（心理的，或社會的）作梗，以致大大削弱了媒介信息的力量。直到最近又有人作翻案文章，覺得受衆並不是一羣束手待擒的人，而是有其積極自主能力的，這麼一來，對媒介的力量又有一番新的評價了。本章的目的便是在勾繪出這一幅流變的輪廓，以作爲以下數章探討傳播效果的伏筆。

二、傳播媒介：注射針乎？子彈乎？

在烏合之衆的社會底下，人際關係日趨淡薄，失去認同；加上十九世紀末期，個人主義抬頭，社會須靠冰冷、機械式的法律契約控制個人，使得人們羣體的「疏離感」與日俱增。所以，早期傳播研究便認爲傳播媒介像一把注射針，可以自由地把信息「注射」到一羣羣疏離的羣衆身上；或把羣衆看作一排排互不相連的靶子，隨時被媒介所發出的「子彈」（信息）一一擊中。當時一般學者認爲傳播媒介的力量是幾近萬能

的。

我們今天叫慣了 mass media，習焉不察，殊不知這個 mass 就是從「烏合之衆的社會」導衍出來的❷。布魯墨 (Blumer, 1946) 給 mass 這個字下了四層定義：

第一，其分子來自各行各業及各個分明的社會階層；烏合之衆包含不同階級地位、不同職業、不同文化水準、不同財富狀況的人。

第二，烏合之衆是一個不知名的羣體，由不知名的個人組成的。

第三，烏合之衆的各分子之間，很少交換經驗。他們各處一方，不在一起，又彼此不知名，沒有機會像（街頭）羣衆一樣摩肩擦踵。

第四，烏合之衆的組織極鬆懈，不像（街頭）羣衆一樣可以舉止一致（例如一齊起哄）。

這個定義似乎給我們擬想了以下這樣的畫面：每個人都埋首在報紙堆中，眼睛黏在螢光幕上，直接與傳播媒介接通，各管各的，沒有旁的干擾；每個人都把媒介的信息吸進去，深受它的影響。媒介要人家選誰，人家便選誰；媒介要人家買什麼，人家便買什麼。果如是，社會上的統治階級豈非長驅直入，各個擊破，利用媒介控制被統治階級？

這種傳播萬能論，現在看起來似乎是誇張得可笑。但是這必須放在歷史的架構上來審察，才可以看出爲什麼當時學者普遍相信這種說法。在這裏，有兩項發展值得一提：

第一，一九二〇年代「本能心理學」達於巔峯，認爲生物體遇到刺激必有反應；而且，基本人性是天生遺傳的，不是後天培養的，所以人性大同小異，對於相同的媒介信息照理說會發出相同的反應。這股思潮與「烏合之衆的社會」的觀念一旦結合，自然滋生媒介萬能的看法。在

---

❷ 此字之另一義已見第一章，即是傳播組織發出「大量」的信息。此意與現在所說的有相通之處。

一端，有萬能的媒介不斷送出信息；在另一端，則有分化的、被動的烏合之眾不斷地接收，兩者之間一放一收直接相通 (DeFleur and Ball-Rokeach, 1975: 153-161)。

第二，據狄弗勒的分析，二十世紀初期英美等西方國家參與第一次世界大戰，當時工業化已經十分發達，這場戰爭又是有史以來首次把老百姓大規模地捲入，自然需要透過傳播媒介來動員疏離而孤獨的羣眾，團結他們的情緒，鞏固他們對國家的忠忱。所以傳播研究一開始便關心「宣傳」，尤其是拉斯威爾 (Lasswell, 1927) 的「第一次世界大戰宣傳技倆」，更是第一本權威著作。

及至第二次大戰，納粹希特勒對媒介的操縱簡直天衣無縫。早期傳播研究的學者大都應命徵召，為美國政府研究媒介對宣傳的效果。戰爭的慘痛經驗使他們像驚弓之鳥，心有猶悸，對納粹的媒介作惡之烈，始終忘懷不了，有意無意之中便誇張了媒介可能產生的效果。

火星人進攻記

當然，傳播媒介不是時時這麼神乎其技，為所欲為的。但是，在極少數的情況下，却真的有出奇的力量。『火星人進攻記』(Cantril et al., 1940) 便是一個突出的罕例：

一九三八年十月三十日萬聖節前夕，美國紐澤西州格鎮的電臺播出一齣廣播劇，由名演員轉述 H. G. 威爾斯的小說「世界大戰」，其中用的名字都是紐澤西州真實的地方。

這齣戲是照新聞報告的形式寫的。先是播一段音樂，中途突然插播新聞報告，接着又播音樂，再插特別報告，如此循環數次。新聞報告宣布：火星人進攻地球，中心即在格鎮！數分鐘內，數以萬計的聽眾信以為真，驚惶異常，奪門而出。電臺為了製造逼真的氣氛，特地請了「專

家」和「目擊者」出來作證，生動地描述火星人降落地球的景幕。播音員上氣不接下氣地說：火星艙敞開了……降落地球了……七千人合抗火星人，只剩一百二十人生還……看，格城到普城碎屍遍野，全遭怪物給踏死了……。

在一小時的節目裏，先後三次，播音員聲明，整個故事是虛構的。但人們驚魂未定，把這些聲明當耳邊風。幾十人奔到教堂祈禱求救；數百人衝出街上，用濕毛巾掩面，以擋火星人放的毒氣；有人端起獵槍去搜入侵的火星人。

兩小時內，貝爾電話公司收到十萬個電話。州警察奉命探取行動，收拾集體歇斯底里症。報館、電臺、警察局，一個接一個，都是驚惶失魂的電話。據普林斯頓大學的研究，估計有六百萬人聽見這廣播，而且當中有一百萬人信以為真呢。

直到今天，四十年後，該鎮還每年舉行紀念儀式。

當然，在日常生活中，傳播媒介畢竟極少有這種魔術式的威力；即使我們找得出其他類似的例子，但也都是例外中的例外。如果用「火星人」來推論一般傳播媒介的效果，便大錯特錯了。

三、媒介與受衆之間的「緩衝體」——
傳播媒介的效果很有限

早年對「傳播媒介萬能」的幻覺，很快就被後來的實證研究一一戳破了。研究發現，傳播媒介的力量相當有限，往往小於人際接觸的影響；傳播媒介通常只能加強受衆的預存立場，很難改變他們堅決的態度或行為 (Klapper, 1960)。

傳播媒介不再是子彈，不再是注射針，無法單刀直入地擄獲受衆的

心。受衆當然也不是可以束手就擒的。以前受衆被認爲是一羣烏合之衆，一羣互相沒有聯繫的自了漢，所以很容易變成媒介的俘虜。現在發現他們非但不是孤立無依，甚至還保持着緊密的來往——他們都歸屬於各式各樣的社會團體（如家庭、工會、互助會），一方面必須保護團體價值或規範，另一方面也自然受到了團體的濡染與約束 (Friedson, 1953)。媒介送出去的信息，通常先得穿過這一系列在中間作梗的團體或組織，才能抵達受衆的身上，這些團體正好對媒介的信息掌握了解釋權，以至於多多少少影響到受衆對信息的接受。

換句話說，媒介與受衆之間有些「東西」——一些「緩衝體」(buffers)或「過濾器」(filters)，把媒介的信息加以解釋、扭曲、壓制，信息一旦到達受衆身上，已經和原面目不同了。那麼，研究者的當務之急便在於找出這些「東西」了，心理學家叫它做「黑盒子」(black box)，意指看不見的心理因素；但我們這裏所說的「緩衝體」，顯然不僅止於心理因素，還包括一些社會或文化因素。發掘這些心理和社會因素，可以令我們更透澈瞭解大衆傳播的過程；可以說，五十年代和六十年代傳播研究的主要活動和成就是在發現這一羣「緩衝體」了。

狄弗勒 (DeFleur and Ball-Rokeach, 1975: 199-217) 在分析人與媒介的關係時，揭櫫了三種主要的角度，正可以納入這裏所說的「緩衝體」。他列出的三種看法是：（一）個人差異說；（二）社會範疇說；（三）社會關係說。現在依序逐一介紹。

（一）個人差異說 (individual differences)

本世紀二十年代末及三十年代初，學者又重新對「學習」、「動機」、「態度」的研究感興趣，漸漸懷疑人性天賦之說，而相信人格是後天學習養成的。因爲後天環境相異，人人對所接受的刺激自亦有不同的反應，主要還跟個人人格的特徵有關。對於傳播媒介的信息（刺激），也不例

外，所做反應也因人而異。

在「個人差異說」來說，最重要的發現是「選擇性的注意與理解」(selective attention and perception)。傳播媒介的信息，只要符合接受者的興趣、態度、信仰，支持他們既有的價值觀念，便容易爭取到他們的注意與理解；要不然，如果兩者相互牴觸，這信息便會被忽視、忘記，或乾脆完全扭曲，以求符合自己的預存立場❸。

數十年前，曾經有過一個教育性的宣傳，企圖利用一些漫畫，來諷刺有種族及宗教歧視的人。但是，古柏與賈荷達(Cooper and Jahoda, 1947) 發現，宣傳的效果適得其反，反而增強了一般人的種族偏見。由於「選擇性理解」的作祟，原先就有種族偏見的人把漫畫完全曲解了；有人認爲它們讚揚美國種族純粹主義；有人認爲這是猶太人煽動宗教糾紛技倆，不足爲訓；更有人認爲這些漫畫「不過是個故事罷了」，與現實的社會未必有關聯。種族偏見深的人其誤解漫畫的可能性，比種族偏見淺的人大兩倍半；同時，凡有強烈種族偏見者，對於這種思想如何爲害社會一無所知，這些人誤解漫畫的可能性更大。

將近三十年以後，即在一九七一年，美國哥倫比亞廣播網也播出一連串的連續幽默劇，題目叫做「四海之內」(All in the Family)。它刻畫一個「可愛的」老頑固，有強烈的種族偏見，說話幽默，令人捧腹；而他的女婿却是吊兒郎當的年輕人，反對種族偏見，常和他頂嘴。節目製作人企圖用幽默的對比，減低種族之間的緊張，讓有種族偏見的人看

---

❸ Davison, Boylan, and Yu (1976: 154) 認爲：「選擇性的理解」至少含有四層意義：①習慣，即依照經驗接受某些信念；② 心理的和諧一致性 (consistency)，即接受合於既存立場的信息，並忽略或曲解不合於既存立場的信念；③功利性 (utility)，即選擇足以滿足需要、促進愉快的信息；④可得性 (availability)，即接受垂手可得的信息。習慣與可得性是被動，無目標的；和諧性和功利性是主動的，有目標的。本章所指的是主動的心理過程。

了節目後自慚形穢。想不到研究（Vidmar and Rokeach, 1974）發現，對於原來就有種族偏見之人，這節目正中下懷，他們硬是喜歡這老頑固「實話實說」，覺得他言之有理，對年輕女婿反而不敢領教。其結果，不但沒有減少反而增加了種族歧視。這也是「選擇性理解」的緣故。

在日常生活中，我們也常發現這一類的例子。譬如某雜誌有篇醫學文章，疾呼人們戒煙，信息到了癮君子那裏，癮君子或封鎖，或扭曲，或編出種種理由來解釋掉，或故意視而不見，因為媒介的信息與他的預存立場牴觸，而「選擇性理解」替他解了圍。這麼說，受衆不完全是被動的，在一定的程度內，他們會對媒介的信息挑精選肥，媒介無論如何不是萬能的。

（二）社會範疇說（social categories）

基本上，這是「個人差異說」的修正與延伸。社會上有不同的人羣組合（範疇），他們對傳播信息也會作出不同的反應。「個人差異說」的重點強調個人人格的不同，而「社會範疇說」則強調社會中地位相似的團體「個性」（即「次文化」）不同。前者以普通心理學為根據，後者以社會學為基礎。

質言之，在社會結構中，性質、特徵、地位相類似的一羣人，由於有相同的「人格」，對於媒介的信息會有大致相同的反應。社會研究經常使用人口特徵（如年齡、教育、性別、職業），來解釋社會現象，便是假定人口特徵代表相同範疇的社會組合。而「社會範疇」便是媒介與受衆之間的「過濾器」了。以香港的情況為例，知識份子喜愛一類報紙（明報、信報），普羅大衆喜愛另一類（東方、成報），主婦又看另一類（星島、華僑），便是因為「社會範疇」不同之故。

（三）社會關係說（social relations）

上面所說的「個人差異說」和「社會範疇說」，都沒有接觸到一個

癥結：受衆之間互相來往，他們的關係頗爲錯綜複雜。受衆都有自己的生活圈，屬於各種社會團體，也跟團體的分子打交道，這種社會關係自然構成媒介與受衆之間的「過濾器」了。由於有了這個社會網絡在掣肘，媒介斷不可以爲所欲爲；社會關係加強或削弱（通常是削弱）媒介的力量。

這種「社會關係說」是五、六十年代傳播研究的指導原則。在更早以前，社會關係並未受到重視，學者逕自假定媒介有萬能的力量，究其原因，倒不是學者不曉得社會關係的重要（他們自己也有家庭、朋友），而是早期他們用了「二分法」，武斷地把大衆傳播與人際親身接觸切斷，以爲這些社會關係屬於後者，與前者無關（Katz, 1960）。事實證明，傳播媒介與人際關係是一體之兩面，必須結合起來看，不可硬性分割。

「社會關係說」的研究很多，最重要的莫過於哥倫比亞大學（在拉查斯斐領導下）的一連串研究；後來其他學者（如羅吉斯）又引伸發揮，肯定傳播媒介在傳佈創新思想與技術的角色。研究發現，傳播媒介的信息往往要經過「意見領袖」的過濾，才能到達受衆。這一系列的研究將在下一章深入討論。在這裏，只需要提出兩個例子來說明就夠了。

第一個例子：人們通常傾向於意見相投的團體，團體內部的討論會更強化這些固有的意見，使個人繼續效忠團體，並保護它的利益；如果傳播媒介的信息不合於團體的利益或規範，團體必定站起來抵抗，削弱媒介的力量，所以傳播媒介通常很難改變人們根深蒂固的信仰或態度。很少人願冒團體之大不韙，公然與它作對，而去接受媒介的信息。

關於團體的壓力，芮利夫婦（Riley and Riley, 1951）曾研究過那一種兒童喜歡接受什麼傳播的材料。他們發現：

——離羣的小孩比合羣的小孩愛看漫畫書，以公然抗拒父母加給他

們的價值觀；

——離羣者（特別是男童）尤喜看動作、暴力和侵略性（西部、獵
奇、犯罪、偵探）節目；

——如果兒童不肯接受父母的價值觀，却又不被他所羨慕的團體所
接受，則在「交互壓力」（cross-pressure）之下，最喜歡看動
作和暴力節目；

——最後，不在團體裏面的兒童，喜歡動作、西部、英雄性節目，
以建造幻想世界，逃避現實，而在團體裏面的兒童却最欣賞一
些可以用來作團體遊戲的主題。

第二個例子是：第二次世界大戰末期，盟軍用無線電對德國士兵喊
話，勸他們起義投誠，起初效果極微小，原因倒不是納粹士兵死心塌
地效忠，也不是他們怕死不敢來歸（事實上人人明白，納粹之敗指日可
待）。後來發現，直到士兵們與部隊（自己的團體）即將或已經斷絕聯
絡時，才肯紛紛接受盟軍招降的宣傳（Shils and Janowitz, 1948）。

傳播效果的五大通則

綜上所述，媒介和受衆之間有一些間介的因素在緩衝或過濾，傳播
活動必須通過這些因素才能間接對受衆起作用。以上我們借用狄弗勒的
架構，分析了三種間介的因素：個人差異、社會範疇，與社會關係。只
有在極例外的情況下，這三種因素完全不運作，媒介才能直接改變受衆
的態度或行爲，通常媒介只能強化既有立場而已。怪不得五、六十年代
的基本發現是：傳播媒介的「效果」微不足道，至少是比人際接觸不重
要。

更具體地說，五、六十年代的傳播研究到底發現媒介產生什麼效果

呢？拉查斯斐的高足柯拉伯（Klapper, 1960）從大量的文獻中歸納出下面五大通則：

——通常，大眾傳播不是受眾效果的必要或充分原因，它必須通過一串在中間緩衝的介因才能發生作用。

——由於有這一串介因，大眾傳播只能幫助鞏固現況。不管在個人層面或在社會層面，不管是指投票的意向、對犯罪行為的傾向，或對人生問題的看法，媒介大都只能幫助加強現狀，難於促成現狀的改變。而且，媒介通常只是促因，而不是獨一無二的主因。

——媒介在以下的情況下，也可能協助改變現狀：（一）居中的介因不起作用，使媒介發揮直接效果❹；或（二）媒介通常雖強化現狀，但有時也非支持變革不可，那麼便會順水推舟，幫助現狀的變革。

——在有些特殊情況下，媒介間或產生直接效果，滿足了心理或生理的功能。

——不管大眾傳播是從旁協助或直接作用，都是受到媒介、傳播過程和情境的影響（包括信息的結構，傳播者和媒介的特性，以及輿情等等）。

柯拉伯提出這五大通則時的態度是非常審慎的。由於媒介會發生直接效果的機會不多，五、六十年代的研究多半肯定媒介只有間接效果；學者們拚命找出「介因」（也就是干擾媒介，使之不能發生直接效果的因素）。

---

❹　例如上面所說的「火星人進攻記」，及甘迺迪被刺的消息（見本書194-6頁），經傳播媒介播出，穿透一切人際傳播（介因）的障礙，發揮了媒介的直接效果。

我們在這裏借用了狄弗勒的架構，把這些介因分別納入個人差異、社會範疇和社會關係之中。

四、頑固的「受衆」？⑤

五、六十年代，固然使我們更明白媒介與受衆之間複雜的「介因」，但無可否認的，研究已漸陷入泥淖，不能自拔；彷彿媒介的效果已有定論，它不能改變現狀，只能鞏固現狀。

直到六十年代中葉，哈佛的社會心理學家鮑爾 (Bauer, 1964) 寫了一篇文章，提出所謂「頑固的受衆」的口號，學界才回頭又看媒介與受衆的關係，尋索效果研究的新途徑。

鮑爾批評以前的研究是單向的，例如宣傳、廣告、洗腦，傳播者利用信息，操縱並剝削受衆。他認爲這樣看傳播是不對的，應該肯定傳播是雙向的，取予雙方互惠，施受均等，好比商品交易般的講求公平。所以他說，以前的研究所關心的是：信息能對受衆做些什麼 (What can the message do to the audience)？ 現在的研究應該問的是：受衆如何處理信息 (What can the audience do with the message)？

鮑爾這套說法，假設個人是刻意尋找資訊的，以強固新的信仰，或扳回動搖的信仰。受衆絕不是被動的，不是束手待斃，被人當靶子般射擊的；反之，他們是主動的、積極的、活躍的，他們挑精選肥，找他們需要的資訊去解決問題。鮑爾並提出一些實驗的結果來支持他的論據。

---

⑤ 這個譯詞似乎互相矛盾，旣言頑固、主動，何必又用單方向的「受衆」，見本章後文的討論。

怎麼「頑固」法?

事實上, 受衆怎麼「頑固」呢? 頑固、主動是什麼意思呢? 鮑爾似乎都只有模糊的解釋。一般學者用鮑爾的觀點作出發點, 竟也不太深究這些問題。最近, 英國學者布藍勒 (Blumler, 1979) 便說, 「主動的受衆」的「主動」事實上有四層意思: 一是功利性, 若資訊對人們有用, 他們便會爭取; 二是意向, 人使用媒介實受以往的動機引導; 三是選擇性, 人的媒介行爲反映了以往的興趣與嗜好; 四是指不輕易受影響, 這才是鮑爾所謂的「頑固」受衆。這四層意思必須分開, 不可糾纏不淸。

儘管「頑固受衆」的概念相當含糊, 而且在研究方法上面也有難結, 但鮑爾這篇文章却如暮鼓晨鐘, 點醒了學界, 別把受衆看作全然被動無助的木偶或槍靶子。

其實, 在四十年代, 傳播研究剛萌芽之初, 便有些學者假定受衆是主動的, 故而專門研究受衆如何使用媒介, 動機爲何。例如, 貝勒遜 (Berelson, 1949) 趁紐約八家報紙派報工人罷工期間, 調查讀者無報可讀的心理反應, 從而推論他們平時看報是爲了什麼。又如, 郝佐格 (Herzog, 1944) 調查美國家庭主婦收聽通俗廣播劇 (肥皂劇) 的動機。類似的研究都是站在受衆的立場的, 而不像效果研究只站在傳播者的觀點。可惜, 後來演變的結果, 「效果」研究一枝獨秀, 「使用」研究反而一蹶不振, 中斷了數十年。

媒介使用與慾求滿足

直到鮑爾的這一篇文章問世, 才又間接替「媒介的使用」研究接生。七十年代初以來, 在英國、美國、日本、北歐、以色列, 有一大羣學者感於「效果」研究早已陷入僵局, 紛紛採用另一種態度, 從相反的一端

問受衆如何使用媒介，動機爲何，統稱爲「媒介使用及慾求滿足」(uses and gratification) 的研究（見 Blumler and Katz, 1974）。

承傳了鮑爾的基本精神，凱玆等人揭示五個基本假設：

——受衆是主動的，他們使用媒介以追求特定之目的；傳播不是被動而漫無目標的。

——在大衆傳播的過程中，須靠受衆把媒介的使用和慾求的滿足聯繫起來。

——傳播媒介和其他消息來源互相競爭，以求滿足慾求。

——就研究方法而言，我們得從受衆個別提供的資料中，推斷他們使用媒介的目標何在。

——對於傳播的文化意義，拒絕下任何價值判斷，而由受衆自己去講。

這些假設一方面是「功能論」的延伸，認爲人們求取資訊是爲了滿足某種需求，以維持心理結構的平衡；另一方面也代表了十足的理性和個人主義，認爲每個人都知道自己的需慾，以及知道使用什麼媒介去滿足需慾。媒介的效果便是從受衆的角度來看的。

利用這個觀點的實證研究愈來愈多（例如 Blumler and Katz, 1974），但也遭受多方面的抨擊。若干馬克斯主義者（如 Elliot, 1974）便認爲，「使用」研究簡直是問錯了問題，至少不是最重要的問題，光問人們如何使用媒介，不但瑣碎無意義，且徒有維護既有社會秩序而已。他們主張，更迫切的問題乃在研究媒介主權的控制；換言之，應該揭穿既得利益如何操縱媒介，阻礙社會變革。

拉斯威爾 (Lasswell, 1948) 在那篇奉爲圭臬的早年文章中，爲「傳播」所提出的公式——誰對誰說些什麼，透過什麼管道，產生什麼效果

——對「何故」(why) 竟付之闕如。而這個「何故」又可分兩個層次來講：第一層次在個人心理方面，則發展成了這裏所說的「媒介使用與慾求滿足」的觀點；第二層次在政治社會方面，則探討發明或掌握傳播科技 (生產工具) 的人或團體，究竟懷了什麼意向 (例如牟利或公共服務)，以及他們的意向與媒介的內容關係何在 (Williams, 1975)。前者指個別受眾的動機，後者指傳播者的社會動機。對某些學者而言，傳播者的社會動機遠比受眾的個人動機更加重要，更值得研究。

也許，有人早已注意到，「頑固的受眾」一詞互相矛盾。既言「受」眾，已暗示是單向的傳播，又何以言「頑固」呢？就 obstinate audience 或 active audience 來說，「頑固的受眾」的確不貼切； 或可循徐佳士 (一九六六) 譯為頑固的「閱聽人」。（閱聽人包括視覺和聽覺的參預者），雖然「閱聽人」頗不切合國人用詞的習慣。我們所以寧可沿用「受眾」，除了語意較為簡潔，還有更深一層的用意，即對整個「受眾的主動性」作一定程度的存疑。

「受眾」乎？「頑固」乎？

左派學者對傳播媒介的猛烈攻擊，早已耳熟能詳。他們撻伐資本主義社會的傳播制度，舉凡報紙、廣播、電視、民意測驗、廣告，完全受大財閥的操縱，麻痺人們的心靈，使之安於現狀，不思改革，馴致維護既得利益。當然，在社會主義國家，傳播媒介是政治的附屬品，沒有自由，更桎梏了大眾文化的發展。

四十年前，法蘭克福學派大師艾德諾 (Adorno, 1945) 曾聲稱，在商業貨品社會之下，文化產品無不含帶貨品的色彩，賦以市場價格，從而支配着社會上的傳播行為。以音樂為例，他說：「聽眾根本沒有選擇。產品是加諸其身的。他的自由不存在。」言下之意，文化產品都經過大

量製造和大量加工，大同小異，單調一致。雖然他當年批評的是廣播音樂，但用來分析其他傳播產品，也一樣的鞭辟入裏。拿電視來說，節目內容庸俗低劣，電視臺負責人常以「迎合觀衆興趣」為辯護理由，雖有強詞奪理之嫌，却也不無若干道理在，特別是商業市場的鐵律使之不得不然。

一般人可以在特定時空下自由選擇媒介，（大不了可以拒絕看，拒絕聽），但長期而言，完全與媒介隔離則戞戞其難，因為現代傳播媒介充塞，人們無所逃於天地之間。如果媒介的內容千篇一律，人們固能在短期內頑抗之，但其主動的「釋義權」究有多大終久是個疑問。

可見在社會文化系統的層次來說，「受衆」一詞是講得通的，傳播科技組織送出信息，受方即使可以頑抗，亦屬有限。但站在個人心理的立場來講，「受衆」一詞便失去主動性，人們畢竟可以在一定程度內選擇媒介內容，並有權解釋它們的意義。鮑爾所鼓吹的，大概只能解釋個人心理層次，但很難解釋社會文化層次。這裏，我們看得出，不同分析層次往往得到不同的結論。至於個人心理層次與社會文化層次的關係如何互相影響，互相滲透，則有待進一步理論的發展。

五、媒介與受衆之間

說到這裏，不妨把過去五十年傳播研究對於媒介與受衆的關係，以及媒介可能的影響，再次略加總結一下（見表 6-1）。所以不嫌辭費，提了又提，是因為這是以前人沒提過的，我們希望再次提醒，以期拋磚引玉。

首先，在第一階段，傳播媒介發出的信息好比魔彈或注射針，直接操縱受衆。媒介與受衆之間的關係完全是單向的、暢通無阻的。媒介唱

表 6-1 各階段對媒介與受衆的解釋

1. 傳播萬能論

2. 傳播效果有限論

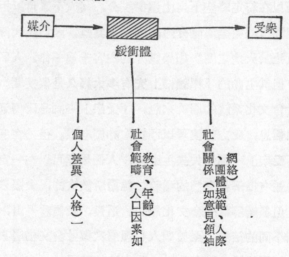

3. 傳播交易論

什麼曲，受衆便跳什麼舞。一般人最害怕的宣傳、洗腦、廣告，都對媒介力量過分誇張，彷彿受衆是束手待擒一般，旣被動又無能爲力。

　　其次，到了五、六十年代，媒介效果被認爲微乎其微，至少比起人際傳播是無足輕重的。因爲媒介不可能一路上無阻地擊中受衆，而是兩者之間有一羣緩衝體或過濾體，媒介須透過這些緩衝體才能對受衆發生

作用。通常，這些緩衝體削弱媒介的力量，只有在極不尋常的情況下，才會加強媒介的力量。媒介與受衆之間的關係，基本上也是單向的，但不是暢通無阻的，而是有心理的或社會文化的「障礙」；受衆不完全被動，他們隸屬於各種社會團體，生存於各種社會關係，也有七情六慾，這些都構成媒介信息的「緩衝體」。

我們借用了狄弗勒的架構，把媒介與受衆之間的「緩衝體」歸納成三類：（一）個人人格的差異（例如選擇性暴露、理解、記憶）；（二）團體範疇（即人口特徵，如性別、年齡、教育）；（三）社會關係（如意見領袖、團體規範、人際網絡）。如果把握到這些「緩衝體」，對五、六十年代的傳播研究大概知過半矣。（第七、八兩章將詳細討論。）

從六十年代後期開始，有所謂「交易模式」提出，認爲媒介與受衆之間是交易性的，媒介固然對受衆起作用，但受衆也有積極主動的能力選擇、消化、解釋媒介的信息。這時，給受衆賦予的主動性，與第一階段被動的受衆，正好有一百八十度的轉變。「交易模式」似乎矯枉過正，言過其實，在個人心理層次比在社會文化層次適用。

必須指出的，這三個時期的演變並不是代表過去是錯的，現在是對的，或者現在比過去對。我覺得應該把三種看法交互運用，結合實際現象，合則用，不合則棄之；也就是說，必須把它們當作不同的觀察「角度」，不要定於一尊，因爲在不同情況下，它們各有不同的合理程度。柯拉伯（Klapper, 1960）在綜合媒介的有限效果時，極謹愼地指出，在若干不尋常的情況下，媒介可能會產生直接的影響。後人不察，常常忘記了他的「但書」，以爲此一階段的概念全然一無可取。又如後來鼓吹「傳播交易模式」者，似乎也一味爲了力證此說的價值，乃有矯枉過正之嫌。我認爲這是必須引以爲戒的。

六、傳播研究的曲折簡史

大衆傳播研究的歷史雖短，却歷經幾番曲折。美國社會結構五十年來有重大的變遷，每一時期的着眼點反映於傳播研究的取徑，因而對媒介與受衆浮現迴異的映象。現在，不妨初步地歸納比較，希望借抽絲剝繭的回顧，鑒往以知來。

以色列學者凱玆（Katz, 1977）將過去四十年的傳播研究分爲三大階段：

（一）傳播研究的開花與凋謝時期（一九三五～一九五五）

在這二十年，起初有一批氣象宏偉的先驅學者開疆闢土，生氣蓬勃，例如拉斯威爾研究菁英報紙及其對政治菁英分子的影響，賀夫蘭研究態度的形成與改變，拉查斯斐研究傳播媒介與人際影響的關係。

可惜，這些先驅學者的專業興趣並不純粹在傳播媒介上面。他們蜻蜓點水式逗留一下之後，又翩翩他去，回歸其所來自的研究領域。正在此時，隨着老成的凋謝，傳播研究的角度愈取愈窄，問題愈問愈小，路子愈走愈偏，難怪貝勒遜 （Berelson, 1959） 在失望之餘要故作驚人之語，宣佈傳播研究已經沒落，而且死期就在不遠。

五十年代的傳播研究瞬即凋謝，主要是因爲與其他知識的主流脫節，終至牛角尖愈鑽愈拔不出來。當時傳播研究着眼於短期的、行爲主義的、可以測量的效果，也就是想發現傳播媒介能不能改變一般人的態度和行爲，却忽略了其他更長期的、非行爲主義式的、總體觀的效果。一般學者發現，在市場、選舉、軍心士氣各方面，傳播媒介所能改變人們態度和行爲的，遠不如人際接觸來得更重要。他們因此洩氣、沮喪，覺得傳播研究是條死胡同。

表 **6-2**　傳播研究對媒介、受衆與社會的概念之轉變

	1935–1955	1950年代末 至1960年代末	1960年代末迄今
媒 介 的 映 象	萬能	有限	相當強,但非萬能
受 衆 的 映 象	被動 互相隔離	存在於社會團體、關係和規範之中	主動追求 特定目標
社 會 結 構	美國經濟大恐慌; 準備加入世界大戰。	政治、社會、經濟 情況恢復正常。	社會動盪
傳播研究舉隅	宣傳; 廣告; 洗腦。	勸服; 創新的傳佈; 態度變遷。	媒介的使用與需慾的滿足; 議題設定; 知溝。
研 究 者 舉 隅	Cantril Lasswell	Katz/Lazarsfeld Rogers Schramm	Katz Blumler McCombs Tichenor

來源: 參考Katz (1977) 和 Carey (1978)

我們不禁要再問: 旣然這時期傳播研究是作繭自縛了,但當時知識的主流是什麼,傳播研究又忽略了那些「效果」呢?

①當時,芝加哥學派如日當中,與哥倫比亞 (以拉查斯斐爲代表) 分庭抗禮,兩派所提出的問題也迥然不同。但是,不知道爲什麼原因,芝加哥學派的影響在傳播研究竟然「失傳」,除了早期的研究以外,就沒有更積極的發展,直到七十年代才有人囘頭去重溫它的研究。假定當時芝加哥學派的影響力更大些,相信傳播研究必定採取相當不同的方向,其面貌自然也會煥然一新。

質言之,當時芝加哥學派的基本觀點,都是從職業社會學、社會心理學 (特別是「象徵性互動」學派),以及集體行爲出發的。舉例來說,派克 (Park, 1967) 研究新聞的性質,以及新近移民美國的民族與他們

閱讀的報紙；詹諾威兹 (Janowitz, 1952) 研究社區報紙與社區結構的關係，以及報紙如何處理社區衝突的消息；藍氏夫婦 (Lang and Lang, 1953) 探討新聞如何鑄造「第二手現實」。在七十年代以後，有一批年輕學者開始探討新聞價值、新聞製作過程、守門人等問題（見本書第二～四章），不少也都是從芝加哥學派得到靈感的。

②很早，李普曼 (Lippmann, 1922) 便憑其睿智與洞見，撰『民意』一書，為民意研究開創先河。可惜後來傳播與民意研究逐漸分家，學者不再多問傳播媒介與民意表達的全面錯綜關係。一方面，傳播研究走向偏鋒，不能觀照全局，而只支離破碎地以為媒介的力量在改變人們態度與行為，但不幸的是研究發現常與此主觀的假定相左。另一方面，政治學者也根據傳播學者的「發現」，以為媒介的角色是無足輕重的，在發展民意理論時便常把媒介擺在可有可無的地位。一般來說，許多有關選舉的實證研究竟都超不出李普曼的結論。

③觀點過分功利，太執着於「態度改變」，「或行為改變」，畫地自限，以致只看一些顯著、表面的現象。例如，傳播研究逐自只顧新聞性的效果，對於娛樂性的大衆文化反而失去興趣。但是談「效果」，娛樂性的大衆文化往往比新聞更重要，至少也是兩者同等重要才對，不應該顧此失彼。

綜上所述，在前二十年中，傳播研究由絢爛歸於平淡，終至出現虛脫萎縮的病象。總之，這時期的主要貢獻，在讓人們瞭解態度形成與改變的過程，並知道傳播媒介並沒有想像中那麼有力。

（二）苦悶焦慮時期（一九五六～一九六〇年代末期）

原來，在第一階段剛開始之時，學者們一心想像傳播媒介力量巨大，但經過二十年的折騰，却失望地發現傳播媒介極難改變一般人的態度或行為。因此，在五十年代末期之後，學者普遍陷入苦悶焦慮狀況，探討

傳播媒介無法達到預期「效果」的癥結何在。

　　學者們的苦悶是不難理解的。一方面，他們不能發現傳播媒介的「效果」，漸漸地懷疑起值不值得研究傳播問題，要不要改行（當然，這是因為他們把「效果」定得太窄、太死的緣故。）另一方面，研究結果似乎是違反常識的；天下最精打細算的，莫過乎政客和商人，如果媒介沒有多大的「效果」，為什麼這批人還要拚命去利用甚至操縱媒介呢？何況，這時社會各界也漸擔心媒介的內容（性與暴力）對兒童有何壞影響，豈不是與研究的發現相互矛盾嗎？（其實，以現在的後見之明知道，並不矛盾，主要還是「效果」的定義太窄所致。）

　　那麼，在態度與行為變遷的框框下，這時期傳播學者的努力，便集中於「為什麼媒介沒有效果」了。他們必須努力尋找一些理由來解釋。例如他們發現，傳播媒介原來不能把人們當靶子看待，媒介的信息畢竟要經過許多關卡的過濾——至於有些什麼關卡，什麼「過濾器」，可說是這個階段的研究取向。

　　讓我們不妨再回顧一次，自一九三五年至一九六〇年代末，傳播研究是以「效果」取向為主的，很少探討傳播組織的問題。而這個傳播「效果」又有下面三個限制：

　　——「效果」的定義太窄，只限於態度與行為的改變，許多更重要的「效果」反而從網中溜掉了。

　　——實證研究的方法有一定的限制，並不能解答比較不明顯、長期的「效果」。

　　——傳播「效果」不能光看新聞，也要看娛樂性內容。

　　在第三階段中，有許多學者不斷努力，希望衝破上述這些格局，從別的角度來看「效果」，傳播研究又呈顯一番新機。

（三）復甦時期（一九六〇年代末期迄今）

一九六〇年代，美國社會歷經了一系列的大動盪，黑白糾紛、青年暴動、婦女解放運動、反越戰示威、白宮水門案，像排山倒海似的洶湧而來。在這一系列動盪之中，傳播媒介扮演極突出的角色。這些在在使許多學者領受了一番新衝擊，上了一堂新課，對傳播媒介的「效果」有一番新的體認。

美國國會撥款一百萬美元，委託學界作了二十三項研究，探索電視對兒童暴力行為的影響。研究報告滙集四巨冊，雖然得不出什麼定論，但至少對於傳播「效果」的研究注了一針強心劑，許多人試圖用新方法，問新問題。

在這場社會大動盪之中，許多學者本身也逐漸變得政治化了，他們不太相信學術的價值中立性。

這時，麥魯漢 (McLuhan, 1966) 的『瞭解媒介』一書問世；他肯定媒介科技是決定歷史文化的主因，足以改變人的世界觀以及社會的結構。他的這一套科技決定論，就像暮鼓晨鐘，提醒了大家，原來媒介本身有如此巨大的力量。不管贊成或反對他，再也沒人可以無視於媒介的威力。如果學者再說傳播媒介沒有「效果」，似乎是說不過去的。

當然，很少人百分之百相信麥魯漢的預言，也很少人回到早年時期去盲目相信傳播媒介具有萬能的效果。但另一方面，又很少人會像第二階段的研究，相信傳播媒介的效果微不足道。所以，說穿了，本時期的學者似乎採取折衷的立場，重新肯定傳播媒介的力量，也是對「效果」作具體的新探索。

顯然，自從一九七〇年代以來，傳播研究又展現了一番新機象。多方面的研究滙集成流，大家所問的問題迥殊，所用的方法不同，顯得氣象一新。此外，社會科學逐漸與人文接頭，對傳播研究互有增補。

媒介力量的強弱與社會結構

傳播媒介的效果時強時弱，由強轉弱，復由弱轉強，就好像商業周期的起伏消長一樣。它沿着直線式的歷史軌跡走，呈現強——弱——強的型態，不是在任何歷史階段都強或都弱，而是強弱更替循環不已，而且其強弱的遞嬗更隨着社會結構的變化而決定 (Carey, 1978)。

簡單地說，社會秩序穩定之時，媒介被社會結構所籠罩與包含，它所傳達的力量不過是社會結構的延伸，所以看不出它自身獨有的力量。但一旦社會秩序混亂瓦解之際，媒介便容易滲透到社會結構裏去，對社會或褒貶，或獻替，或干預，此時媒介自身的力量便顯現無遺了。

明乎此，我們當可審察過去五十年傳播研究的軌跡。三十年代，美國先有經濟恐慌，接着備戰，所以媒介在干預社會的過程中顯得效果顯著；五、六十年代，美國社會秩序由混亂恢復正常，傳播媒介毋須干預社會，顯得沒什麼效果；而六十年代後期以來，越戰、政治紛爭、通貨膨脹，一波未平一波又起，傳播媒介又扮演積極主動的角色，顯出不可忽視的效果。

社會結構的丕變不但影響媒介力量的顯隱，更支配學者的切身利益與意識形態。據卡瑞 (Carey, 1978) 的分析，傳播媒介的力量由萬能轉變到無能，正代表了社會科學家心路歷程的改變——他們從「預言家」變爲「佈道家」。他們原來是社會利益分配的邊緣分子或局外人，意識形態極爲強烈，每每對政治社會進行積極干預；迨至五、六十年代，他們已經分得社會利益的一杯羹，躋身於旣得利益的階層，政治意識於是淡化了❻。

---

❻ Coser (1958) 在序言中也有相似論調，指陳美國社會學家本來以批評社會爲己任，但後來竟專門爲社會現狀辯護了。

他又說，六十年代末期，社會結構又復政治化起來，社會團體之間的緊張狀態如箭在弦，一觸即發；年輕學者逐漸採取激烈的態度，同時他們在學生的壓力下不得不採取激烈的政治意見；這時，人們對宣傳的技倆與心靈的操縱，又開始關心與注目，自然為傳播媒介的效能再次鋪路。

卡瑞這一番解釋是歷史的，沉思的，雖然需要更多證據的探討，但卻不失為新鮮的見地，可以幫助我們掌握過去五十年來傳播效果的浮沈。

第七章

傳播媒介的勸服效果㈠：
兩級傳播及創新傳佈的研究

一、勸服成爲傳播研究的主流

大抵上，美國傳播研究多半把重點放在傳播的效果上面，而忽略了媒介組織的探索。換言之，以往的研究是從權力與商業利益中心的指揮總部向外張望的。不止這樣，以前所研究的傳播「效果」，也大致上只囿限於勸服的功能——即如何利用傳播媒介推動選民或顧客，勸服他們接受某一特定的信息，並聽從信息的建議去投票、購物或採用新品種。事實上，媒介的效果不但以各種方式顯露出來，更不僅限於勸服的功能，即使勸服的效果也可以從各種不同的層次（個人、團體、社會、文化）來觀察。

如果我們仔細檢查文獻，當可以發現，過去的傳播研究以發現勸服的效果爲主流。這種發展自有其歷史的因素，主要是傳播研究一開始便受到強大的政治和商業力量所影響，此後並且緜延不斷。在政治方面，我們可以大膽地說，美國傳播科技的革新與傳播研究的推進，都與戰爭

有非常密切的關係。以科技言之，第一次世界大戰期間發明了無線電廣播，第二次世界大戰爲電視鋪上坦途，而戰後美蘇兩大超級强國的太空競爭又促進衛星的躍進。

以傳播研究言之，在第二次世界大戰剛要爆發時，傳播研究便已開始萌芽，大家特別關心如何用傳播「工具」的宣傳以制敵，以瓦解敵人的民心士氣。如果把這種想法推向極端的話，則似乎只要掌握到大量强力的傳播媒介，宣傳必可無往不利，至於媒介裏面裝什麼內容，反倒變成次要的事；因此，乃錯誤地認爲只要控制住傳播媒介，便保證了它的勸服效果。

當時在整個備戰的氣氛之中，全國各界總動員，在第二次大戰期間更有許多傳播研究的先驅，例如拉斯威爾、拉查斯斐、賀夫蘭、宣偉伯，應邀爲美國國防部戰事消息局做研究，他們費盡心思，企圖把宣傳技術發揮最大的效果。

戰後，這批學者紛紛復原，回到全國各大學府去教書。他們的研究經費主要還是仰賴政府部門及商業機構的合同，研究的重點仍然是媒介的勸服功能；他們不是先肯定傳播媒介勸服功能的道德性與社會意義，便不去接觸這個根本的問題。他們只問「傳播媒介對受衆產生什麼影響」，不太問「受衆究竟如何使用傳播媒介」或「誰操縱傳播媒介」。這幾種問法所導出的方向是截然不同的。

傳播研究與政經勢力掛鈎

接着，在戰後的五、六十年代，美國挾其空前的政治、經濟及文化勢力凌駕全世界。爲了維持美國的國際地位與聲望，傳播媒介和其他文化力量都逐漸與外交政策相結合，成爲它的助臂，以幫助美國塑造出最佳的形象。傳播學者受到政府的委託資助，參與其政策（例如美國新聞

總署、美國之音、自由歐洲電臺）的設計與其效果的考核，漸漸變成了今天我們所熟知的「國際傳播」領域的研究藍圖。

不但如此，戰後有殖民地紛紛掙脫了政治壓榨而獨立，美國政府成立許多援外計畫，希望幫助新興國家發展爲安定繁榮的社會，以嚇阻國際共黨的滲透。另一方面，新興國家（卽今天所說的第三世界）剛從桎梏中獲得解放，也積極追求經濟發展或現代化，而與美國的目標一拍卽合。許多傳播學者便企圖用傳播媒介的力量，來促進經濟生產，誘導民心，啓廸民智，動員民力，以縮短現代化的過程，迎頭趕上先進國家。所以，不管在美國或在第三世界，傳播媒介都被視爲最有力的「勸服者」，更加強了傳播媒介的勸服功能之研究。（我們將在第十二章詳細剖析傳播媒介與國家發展的問題。）

以上是從傳播研究發展過程的政治與商業環境來說的。還有一點也促成傳播勸服功能的研究居於主流地位，那便是傳播研究向社會心理學借鏡。早期，很多學者儘管在傳播領域的交叉口經過，但很少人逗留。我們也在上一章看到，傳播研究因爲在四十年代與許多研究（如芝加哥學派）分道揚鑣，致使以後的發展幾乎完全成爲社會心理學的分支。在五、六十年代期間，傳播研究從社會心理學輸入大量的觀念、問題與方法，大抵以行爲主義爲其典範；此期間，傳播研究跟着社會心理學亦步亦趨，一味探討「態度變遷」的過程以及內在心理結構的因果。質言之，傳播研究的眼光都放在「心理動力模式」，而不在「社會文化模式」（第九章）；一般只注重媒介對個人心理結構的影響，而不注重它對社會文化的影響，或它如何透過社會文化的力量來影響個人。

內在心理動力模式之不足

儘管傳播勸服功能方面的文獻很多，但我們主要目的在建築一個架

構，描繪一幅圖案，庶幾貫通傳播研究的流變，這裏無法也不必對所有
文獻一一檢視。對於傳播媒介的勸服效果，我們只需選出兩條路線作爲
代表：一條是哥倫比亞大學社會學家拉查斯斐及其學生的研究，他們發
現了「兩級傳播」過程中「意見領袖」的存在，此外還包括由此而延伸
的創新傳佈研究。

第二條路線——將在第八章介紹——統稱之爲耶魯研究，即實驗心
理學家賀夫蘭領導的傳播與態度變遷之研究，其所關心的也是勸服的功
能。我們並將討論廣告心理，以及近年對勸服的心理過程理論上的一些
修正與延伸。

然後，我們將在第九章指出：以往不管是哥大研究（社會心理學）
或耶魯研究（心理學）都是注重內在心理結構的變化，它們即使處理到
社會因素（如人際網絡、團體壓力）或文化因素（價值），也只視爲內
在心理結構的前因或後果，看會不會促使（或阻礙）心理結構的變化。
這是狄弗勒所稱的「心理動力模式」，其貢獻固然相當可觀，却無法提
供一個全面的解釋。另外一種研究的角度——借用狄弗勒的名詞——「
社會文化模式」指出，媒介的效果主要在於建構一個世界觀或解釋社會
現實的架構，使人們浸淫日久受到有形或無形的影響。這是將來值得探
索的一條新途徑。

二、兩級傳播理論——大衆傳播與親身影響

我們在第一章指出，傳播研究的先驅包括拉查斯斐、魯溫、拉斯威
爾、賀夫蘭，及以後綜合大成的宣偉伯。但實際上在傳播研究領域的塑
造及研究方向的發展上，以拉查斯斐的影響最爲深遠。

拉查斯斐開創哥倫比亞大學應用社會研究局，用問卷調查樹立了半

學術半商業研究的楷模。他本人對隨機抽樣調查提出重大的貢獻，他所設計的小規模重訪法 (panel study)，原先是為了研究美國農業部的廣播節目，但後來未及使用便碰上一九四〇年十一月總統大選，乃轉以研究媒介在選民投票態度的改變扮演什麼角色❶。這便是一九四四年拉查斯斐等人 (Lazarsfeld, Berelson, Gaudet, 1948) 所寫的『人們的選擇』(People's Choice) 一書。論者批評拉氏的哥大應用社會研究局所作的研究悉與商業利益掛鈎，接受其資助，而研究的發現（媒介只強化但不改變人們的態度）正好替傳播企業財團的利益辯護，以杜絕批評者之口❷。無可否認的，這與拉氏的勸服效果研究之取向，有密切的關係。

拉氏在當時「媒介萬能」的信念下企圖求證傳播媒介（報紙、廣播）對美國俄亥俄州伊瑞城居民投票意向的巨大影響。但研究的發現竟大出意外。人們多半在選戰正式開鑼以前就已經決定投票的意向，及至競選宣傳短兵相接才中途「變節」的人寥寥可數，而這批人之所以變，主要是因為承受人際親身接觸（親戚、朋友、團體）的壓力，而不是聽信傳播媒介的宣揚或勸服。

在研究調查期間，拉氏已經觀察到選民之間有大量的動態來往，特別是在選戰高潮的數個月更顯著。但因這項研究的原旨在於建立媒介的角色，故未及具體地證明人際互動的印象。拉氏只能環繞着「意見領袖」的觀念提出一些預測。他們發現一批對政治有高度興趣又會講話的人，積極地從媒介吸收政治資訊，然後解釋給其他社羣分子知曉，甚至企圖

❶ 即選定小規模的樣本，每隔若干時日便詢問他們相同的問題。如此重覆數次，以探知在整個選舉或勸服運動的過程中，有那些人改變態度，如何變，和為甚麼變。

❷ 參見 Tunstall (1977: 203-208) 和 Gitlin (1978) 之批評。哥大的研究包括 Lazarsfeld, Berelson, and Gaudet (1948), Berelson, Lazarsfeld, and McPhee (1954), Katz and Lazarsfeld (1955), Klapper (1960)。

改變後者的政治意見。這些意見領袖遍及社會上每一個階層和職業，未
必最富有或最出名，也許只是自己的家人、朋友、親戚、同事而已。

這個發現毋寧是意外的，甚至與當初研究的構想相左的。但這個研
究却觸發以後一系列的研究，使「兩級傳播」的理論獲得修正和發揮，
眞是無心插柳柳成蔭了。

儘管拉氏在一九四〇年大選的研究無法細察人際親身影響的本質，
但他們還是提出「兩級傳播」的概念。這個假設直到凱玆和拉查斯斐
(Katz and Lazarsfeld, 1955) 合著的『親身影響』一書始獲驗證。凱玆
繼續探索這些發現的含義。一方面凱玆 (Katz, 1957) 偶然發現：儘管
傳播學者自以爲意見領袖是石破天驚之見，其實不然──鄉村社會學家
早已注意到中間人在傳佈農業資訊（如新種子）過程中的重要性。另一
方面，凱玆與兩位同事 (Coleman, Katz, and Menzel, 1966) 又平行地
將此研究帶入新領域──即醫生採用新藥的方式。

此後「兩級傳播」支配傳播研究歷三十年，成爲最具影響力的典範。
其地位固然是由哥大的一系列研究予以建立，也靠後來所謂的創新傳佈
(diffusion of innovations) 研究發揚光大。創新傳佈研究是經過凱玆和
羅吉斯 (Rogers, 1971) 的努力，在傳播社會學與鄉村社會學兩個研究傳
統之間建築的橋樑。甚至六十年代學者 (如 Schramm, 1964) 在分析媒
介與第三世界國家發展的關係時，都承傳了這一個典範。近十年來的許
多努力可視爲掙脫這個典範，以另闢蹊徑。

「兩級傳播」雖犯了簡單化的毛病，並幾乎已被攻擊得體無完膚，
但它却有力地擊破了傳播媒介萬能的迷信。學者發現媒介未必可以長驅
直搗受衆的心，媒介與受衆之間不但有「意見領袖」進行消息的過濾，
受衆之間也有密切的社會聯繫，並非老死不相往來。

三、意見領袖❸

根據凱茲 (Katz, 1957)，五十年代大致上用四種方法來鑑定「意見領袖」：

（一）自我任命法：拉查斯斐 (Lazarsfeld, Berelson, and Gaudet, 1948) 提出兩個問題（即：「最近你有沒有試圖使人接受你的政治意見?」及「最近有沒有人向你討教政治問題？」）來鑑定誰是意見領袖。如果受訪者對這兩個問題提出肯定的回答，則被視爲意見領袖。但這個研究以個別選民爲單位隨機抽選樣本，故只能粗略地指認誰是（誰不是）意見領袖，無法以「一組」爲單位比較意見領袖及跟隨領袖者的特徵與關係。但即使領袖們也可能互相影響，不一定是要改變「非領袖」的意見。

（二）其後，墨頓 (Merton, 1949) 在紐澤西州羅維爾小城，先用訪問的方式，開門見山地問受訪者：「誰影響你？」以此找出意見領袖，然後把他們加以分類，以探察意見領袖與意見領袖之間的來往。但這種方法仍然無法注意到意見領袖與跟隨領袖者的關係。

（三）凱茲與拉查斯斐 (Katz and Lazarsfeld, 1955) 在紐約州笛卡特所作的研究，進一步探討各種特殊情況下（市場、時裝、看電影、公共事務）親身影響的力量。他們分析的單位不是個別的意見領袖，而是一對意見領袖及受其影響的人，從而探知他們的往來，並檢查自命爲「意見領袖」的人在對方的眼光中是否也作如是觀。

後來，他們又發現，只研究「一對」還嫌不足，必須追索整個影響的「環鎖」過程。原因有二：一來「意見領袖」所作的決定，往往也受旁人左右。二來「意見領袖」不止是一種心理「特質」（特殊性格、品

---

❸　本節大致根據 Katz (1957) 撰述。

質），他所以成為意見領袖，其實是團體在特定時空下賦與他的權力使然；誰是意見領袖，誰不是意見領袖，這個分野不應純以人口特徵（如社會地位、性別）為準，更應從意見領袖及其跟從者所屬的團體之價值與結構着手。因此，他們認為應該追踪親身影響的一系列環節或過程以窺全貌。

（四）網絡分析（network analysis）：當時在哥大應用社會研究局的三位社會學家（Coleman, Katz, and Menzel, 1966）在伊利諾州四個社區，研究醫生採用新抗生素的過程。他們採用社會網絡分析法，探索團體的結構，知道每位醫生在社會人際關係的網絡上佔什麼地位，他與團體結合到什麼程度，他平日與誰交往。他們又利用開過的藥方記錄，追踪新藥傳佈的時間與過程。（這個網絡分析法頗見創意，下一節將回來詳細討論。）

綜合早年的研究，大致獲得三大結論：

（一）不管在投票、購物、時裝、看電影或公共事務各方面，親身影響往往大於傳播媒介的影響。

（二）意見領袖是和題材有關的，有人只通某一題材，少數人兼通多方面題材。一般人慣於找與自己相像的人談，特別是看電影、購物和時裝方面更是如此，只有在公共事務上面較常找比自己地位高的人談。

（三）意見領袖接觸傳播媒介較多，交遊廣濶，在社交場合較活躍，出席外城的會議較頻繁，也常是謠言的傳播者。

「兩級傳播」與「意見領袖」給後來的創新傳佈研究若干靈感；創新傳佈研究也囘頭對它們提出一些修正。

四、創新傳佈研究的源頭[4]

正當哥倫比亞大學的社會學家們提出「兩級傳播」的同時，愛俄華州的鄉村社會學家竟也分頭在研究傳播的過程。其實還有其他科系的學者，也都對類似的問題感興趣。可惜隔行如隔山，學術界各科系的研究成果並未有效的溝通，所以儘管大家埋頭鑽研，却根本不知道對方的存在。直到有一天彼此發現對方的成績，才喜不自勝；縱然各科系所感興趣的創新「內容」（包括事物或思想，如新農藥、新數學、汽車安全帶）迴異，但其抽象的過程却共通。於是，從四面八方的源頭滙合成為一個比較成型的領域，統稱之為「創新傳佈」（diffusion of innovations）這一方面最有代表性的綜合者是羅吉斯（Everett M. Rogers）[5]。「創新傳佈」乃六十年代最具活力的研究典範，可惜自七十年代初開始已大為沉寂。

上兩節介紹了傳播學者的努力，這裏則述評鄉村社會學的貢獻。一九四三年，芮恩和葛樂思（Ryan and Gross, 1943）發表一篇重要的文章，綜述愛俄華州某兩個社區農民在一九二七至一九四一年間推廣玉米混合新種的過程。這個新品種經過農業專家精研所得，比舊品種增產兩成，但問題是它每種一次收一穫，不能「遺傳」或轉嫁到第二穫，故每回耕種都得重新購買新品種。

---

[4] 參閱 Katz (1961)。

[5] 羅吉斯是鄉村社會學出身的，却一直在傳播系任教。他最早的成名作（Rogers, 1962）共綜合了四〇五篇創新傳佈研究。此書增訂再版（Rogers, 1971）時序言稱，截至一九六八年為止，創新傳佈研究已迅速增至二〇四六篇。一九七五年計得二六九九篇。可惜其中多數皆以美國發展的理論為藍本，尋求第三世界的實證支持，故在理論上並無重大的突破。

S 型累積曲線與口碑

他們發現:

（一）這兩個社區的農民採納玉米混合新種的過程, 歷經十六年（

圖 7-1 愛俄華州兩社區農民採用玉米新混種之逐年累積百分比

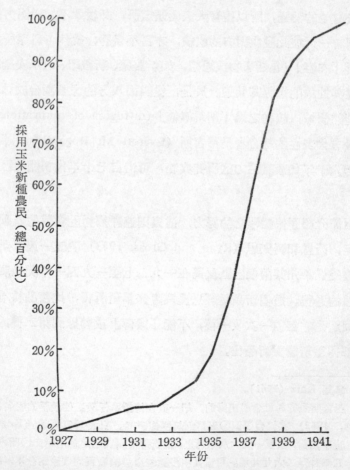

來源: Ryan and Gross (1943)

1927-1941)，若以累積曲線表達之（即每年總共有百分之多少採用），多半呈現 S 型（見圖 7-1）。玉米新品種開始推廣的前八年 (1927-1935) 速度緩慢，只有少數敢冒險的農民肯試用。一九三五年，突然有大批農民跟進，累積曲線大幅度上升，竟在此一關口上形成重大的突破，以致在短短的四年內 (1935-1937)，採用新種的農民由百分之十增加到百分之八十。此後又歷四年 (1937-1941)，終於全體農民皆採用新品種。

從圖 7-1 看來，創新傳佈的過程是呈 S 型累積曲線的。其橫軸為時間，豎軸為採用新種的農民之總百分比。這個 S 型累積曲線在中途有重大的突破，中間四年的增長率遠比前八年或最後四年顯著很多。這代表了人際傳播的重要性：此時試用的農民靠口碑把新種的益處傳給其他人知曉，以至於一傳十，十傳百，四年間大家競相採用之❻。

（二）依據農民採用玉米新種的過程，可分成「早採用者」與「晚採用者」，兩組有相當不同的特徵。「早採用者」大致上態度較開放，耕種面積較廣，收入與教育程度較高，年紀較輕。就傳播的特徵而言，他們較常閱讀農業公報以吸收新知識，較常同推銷員打交道（反之，晚採用者老是和鄰居來往），新消息較靈通，又較常進城，較常參加正式的社會組織。

（三）不同的傳播通道，在創新傳佈的過程中有不同的重要性，初期獲得新知時，傳播媒介較有用；但後期決定要不要採用時，人際親身影響力更大。

值得注意的是，鄉村社會學家這時並沒有研究「意見領袖」的作用，也沒有討論人際傳播的行為。但無論如何，芮恩和葛樂思卻為創新傳佈研究奠定理論基礎。即使此後數十年的研究亦不脫他們所規範的三個問

❻ 這是後來學者賦予的解釋。Ryan and Gross (1943) 當年並未有強力證據支持這項解釋，直到 Coleman, Katz, and Menzel (1966) 始獲實證。

題❼。

整合乎？孤立乎？

若干年以後，一羣哥大社會學家（Coleman, Katz, and Menzel, 1966）研究新藥的專業資訊傳佈過程中，並不曉得芮恩和葛樂思（Ryan and Gross, 1943）的研究心得。有趣的是憑着獨立發明，英雄所見略同，彼此竟有不少共通之處。新藥研究也爲創新傳佈研究注入思想上的新血液。

新藥研究最大的貢獻，在於透過社會網絡分析法，發現：（一）團體分子的關係，（二）意見領袖，以及（三）意見領袖在採用創新所扮演的角色。具體來說，他們要求接受訪問的醫生：

——列舉三位「最需要」的醫生朋友。然後根據每位醫生被推舉的
　　次數，來推斷他在團體中的「整合度」（受歡迎的程度）；
——列舉三、四位最經常討論醫事的醫生朋友；
——列舉最常被人討教對新消息有何意見的朋友，以便了解醫生們
　　交際的網絡。

根據以上的網絡資料，他們進一步把接受訪問的醫生歸類在「整合組」或「孤立組」。這兩組在採用新藥過程所呈現的累積曲線不同（見圖 7-2）。「整合組」大致和玉米混種的 S 型曲線契合，因爲這羣醫生完全融入強有力的傳播網絡之中，彼此來往密切，人際傳播的活動頗爲活躍，他們一方面靠口碑一傳十，十傳百，採用新藥的過程大致順其自

---

❼　據 Crane（1972：74）的考察，一共有二〇一種創新事物或思想的傳佈過程被研究過，其中有五分之一受到 Ryan and Gross（1943）的玉米混種研究所啓發；以最常被研究的創新而言，共有十八種，其中十五種是沿着它的路線發展出來的。

圖 7-2　團體整合程度與新藥傳佈的速度

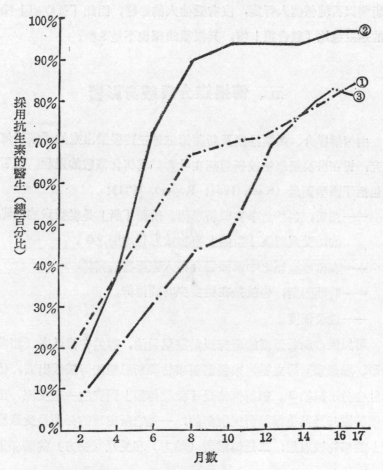

來源: Coleman, Katz, and Menzel (1966)

① S型隨機傳佈模式（即正常速度）
② 整合組傳佈過程因借口碑之助而增速（朋友多）
③ 孤立組傳佈過程因無口碑傳佈資訊而減緩（朋友少）

然，未受到特殊的干涉或阻礙，另一方面則享受社會支持，當他們發現別的醫生也採用新藥時，自己的安全感乃大增。反之，「孤立組」的醫

生彼此來往不多，關係疏遠，人際網絡對他們不起太大的作用，他們採用新藥與否純係個人行為，沒有受他人的影響，因此「孤立組」採用新藥的速度遠比「整合組」慢，其累積曲線也不是 S 型。

五、傳播媒介與親身影響

由傳播媒介、農業推廣及新藥傳佈等三路發展出來的「創新傳佈」研究，旨在發現新事物或新思想在社會結構傳佈擴散的過程。質言之，它包括了四項要素 (Katz, 1961; Rogers, 1971)：

——創新，包括新事物與新思想。所謂「新」是從受眾的觀點而定的，受眾認為「新的」事物或思想均屬之❽。

——在傳播途徑之中傳播媒介與人際影響的關係。

——時間因素，也就是在費多少時間傳佈。

——社會制度。

可以說，創新傳播的研究以勸服為目的，即站在傳播者（如農會、藥廠、思想家）的立場，來觀察新事物與新思想如何擴散出去，使廣大的社會分子採納❾。創新傳佈是「勸服傳播」研究的一個支流，但它有兩個特點却是其他勸服研究所無的：一是它所處理的必須是受眾認為「新」的事物或思想；二是傳播者（給方）和受眾（受方）的關係通常不

---

❽　由受眾認定「創新」程度是主觀的測量法。也有學者認為應該用客觀的指標測量之，即以該項「創新」問世的久暫為準。主觀上認為是「創新」，客觀上可能早已過時。

❾　羅吉斯常在著作裏宣稱：傳播媒介的研究者站在傳播者的立場出發，創新傳佈研究則因肯定人際傳播的同饋，故是從「受方」（而非「給方」）的觀點看問題。此說頗謬。兩者無疑地均以達成傳播者的「勸服」為目的，而很少對傳播者的道德性或合法性提出質疑。

均等，前者不論在社會地位或創新能力 (innovativeness) 都高於後者。

就像拉查斯斐等人的發現，一般創新傳佈的研究都肯定人際親身影響大於傳播媒介，尤其是將它們的影響力擺入時間因素來省察，更清楚地顯示出這個傾向。創新事物或思想通常得歷經五個階段，卽認知——興趣——試用——評估——探納⑩，在早期認知階段傳播媒介發揮很大的功能，進入最後的評估或探納階段時，人際親身影響的力量却更顯著。

羅吉斯 (Rogers, 1971: 253) 曾綜合比較傳播媒介與人際傳播的優劣特徵如下：

——就信息的流動言之，人際傳播常是雙線道，有來有往的；但傳播媒介却往往只是單線道，有去無回。

——就傳播的情況言之，人際傳播常是面對面的直接接觸，而傳播媒介却是受到干預的間接來往。

——就受衆的回饋量言之，人際傳播高，傳播媒介低。

——人際傳播較能克服「選擇性暴露」的過程（因爲面對面接觸的緣故），傳播媒介則否。

——人際傳播擴散到廣大受衆的速度較慢，但傳播媒介則較快。

——正因爲如此，傳播媒介對於認知的改變較有力，人際傳播對於態度與行爲的改變較有力。

「意見領袖」被攻擊得體無完膚

在第三節，我們已經指出，創新傳佈研究的基本理論典範是承傳「

---

⑩　這是羅吉斯 (Rogers, 1962) 提出的五個步驟，後來 (Rogers, 1971) 曾修改爲三個步驟，無論如何都只供參考而已。我們以爲早年所提的步驟反而比較清楚。

兩級傳播」和「意見領袖」的架構。但是創新傳佈研究也對「意見領袖」
的概念提出若干修正。現在讓我們檢查一下「意見領袖」的概念有些什
麼缺點⑪：

（一）「兩級傳播」理論似乎假定意見領袖活躍地追求資訊，其他
人則被動地接受資訊。其實，意見領袖可能是積極活躍的，也可能是消
極被動的。社會當然不是截然畫分為「意見領袖」及「非意見領袖」（或
意見領袖的跟從者）兩種人，他們可能只是程度之差，而非種類之別；
很多人不曾請教過意見領袖，而很多意見領袖更未必積極主動地從事社
會勸服（他們只會被動等待旁人前來請教）。至於意見領袖對其他人所
傳遞的，究竟只是資訊還是有實質的影響力，也不可混為一談。

（二）傳播媒介與受衆之間不一定只有兩級傳播，在特殊條件下可
能只有一級（例如甘廼廸遇刺的消息即由媒介製造直接的認知影響），
也可能是多級的。因此羅吉斯主張與其視之為「兩級傳播」，不如視之
為「N級傳播」。

（三）傳統的研究假定意見領袖主要是仰賴媒介獲得資訊，其實他
可能從其他人際通道（例如與政府農業推廣人員來往或進城開會）獲得
新資訊。

（四）意見領袖有許多種類，有精通多種題材者，有獨沾一味者。
更有人互相交換資訊，根本分不出誰是領袖，誰是跟從者。

（五）所謂的「意見領袖」或許未必真是領袖，他可能只比人早知
一步而已。在創新傳佈過程中，大部分的「早知者」會從媒介獲得新事
物及新思想的存在，意見領袖其實就是這批「早知者」。

（六）「兩級傳播」一向忽略了時間因素，以致似乎覺得只有「意
見領袖」使用媒介。創新傳佈過程考慮到時間因素，發現媒介在早期的

⑪ 參考 Rogers (1971: 206-208) 和 Schramm (1977: 120-124)。

認知階段較重要，親身接觸在後期的勸服階段較重要，媒介對「早知者」較重要，親身接觸對「後知者」較重要。引伸而言，媒介與人際接觸應該相輔互濟，結合在一起運用，不可偏廢，許多開發中國家曾設立「媒介論壇」(media forum)，糾集羣衆來討論媒介傳送的信息（如肥料使用、衞生保健），並有專人在場負責答詢問題，發揮極大的效果。

（七）如果社會制度愈開明，愈支持變革，意見領袖可能愈具創新性；如果社會制度保守不堪，頑抗變革的力量，意見領袖也不會太創新。這一點，「兩級傳播」理論似乎並沒注意到。

六、發現人際的網絡關係

創新傳佈旣然是從傳播者的立場出發以推廣新事物和新思想，我們得考察傳者與受者之間的網絡關係。羅吉斯 (Rogers, 1971: 210-215; Rogers and Bhowmik, 1970-71) 借用墨頓 (Robert K. Merton) 的兩個概念，並加以發揚光大。一是「相同性」(homophily)，指傳播過程的雙方（傳者與受者）在「某些特徵」有共同或相似處，這個「特徵」是什麼（敎育程度、社會地位、態度或信仰等等），則需看實際的傳播局勢而定。例如在某一個傳播局勢下最相關的「特徵」是敎育，但在另一個局勢下可能是信仰。「相同性」的對立面則是「相異性」(heterophily)，指傳播雙方重要特徵的差異。

「相同性」或「相異性」如何衡量？羅吉斯認爲可以用主觀的方式（由雙方自己講）或客觀的方式（根據特定的指標）來衡量，不過他認爲主觀的衡量法較好，因爲主觀的「相同性」與人際的吸引力、來往頻率之統計相關係數比客觀的「相同性」高。

基本上，物以類聚，人際的傳播亦然。傳播者與受衆的「相同性」

高時，比較容易建立相同的意義，引起共鳴，使得創新傳佈較容易改變受眾的認知、態度和行為。反過來說，有效的傳播正足以提高雙方在重要特徵（如認知、態度、信仰）方面的「相同性」。

「物以類聚」是顛撲不破的原則嗎？

儘管如此，傳播者與受眾如果「相同性」太高，彼此的特徵重疊或類似太多，也會有一個問題：即大家的來往，就資訊的流通來說，全是重覆而浪費的，沒有新的資訊傳達進來。當然，雙方的特徵若完全相異，則根本無法建立共同的傳播符碼，也就各自把對方的信息當作耳邊風。於是，為了使傳播獲得最佳效果，最好是使雙方在某些關鍵性的特徵建立「共同性」，但在其他特徵保持適當的「相異性」。

這個原則應用到印度阿拉巴巴農業推廣計畫，發現與其選聘中學或大學畢業生為農業推廣員，讓他們下鄉跟農夫們打交道，不如就地取材，抽調一批老實而能幹的小學畢業的農夫，給予短期訓練。這是因為前者易被農夫們認為眼睛長在頭頂上，高不可攀；而後者因為自己也種田，除了農業知識技術略為高明一點，採用農業創新，此外和其他農夫沒有太大的分別，所以他們遇到的排斥力小些，可信度相對增高。

前面說過，傳播活動的兩方之特徵過分雷同，就等於系統完全封閉，使新鮮的資訊不易滲透進來。一九七二及七三年之交，葛諾維特 (Granovetter, 1973)、劉與達夫 (Liu and Duff, 1972) 各有獨立創獲，居然用 strength of weak ties 這個相同的題目發表論文，大意指人際網絡裏微弱的關係有時反而可以發揮莫大的資訊力量。葛氏發現美國中產階級人士求職之時，有用的資訊多半得自半生不熟的朋友，而非最要好的朋友。因為至友之間既然平素知無不言，言無不盡，反而缺乏新資訊的交換，舊資訊又多重覆而浪費，在緊要關頭派不上用場。劉與達夫也

發現，一般菲律賓人雖然都是從鄰居獲得節育的資訊，但在中下階級混居雜處的社區裏，比清一色的中產階級社區或清一色下層階級社區裏，資訊的活動更頻繁，人們更易從鄰居獲得節育的知識。換言之，資訊的流通跨越、衝破了社會階級，使該社區的下層階級婦女從同區的中層階級婦女獲得資訊。他們儘管平時來往極稀少，關係薄弱，却在資訊的傳佈有意想不到的善果。

自從新藥採用的研究問世之後，證明網絡分析可以深入探討整個社會結構及組成分子之間的傳播關係，不至於再把個人看作是孤立無依。可惜網絡分析的技術上仍有相當的困難，到目前還只適宜用以分析小數目的樣本，雖然在電腦程式已有些突破，但實際應用仍付闕如⑩。

七、再看 S 型累積曲線

早年，玉米混種推廣的研究 (Ryan and Gross, 1943) 便已發現創新傳佈的過程呈 S 型累積曲線。後來，新藥傳佈的研究 (Coleman, katz, and Menzel, 1966) 更發現，「整合組」和「孤立組」的醫生在採用新抗生素的過程中，其累積曲線不一樣，「整合組」的曲線較陡（代表速度較快），這是因為人際傳播密切，口碑多的緣故。

創新傳佈的這條 S 型累積曲線，如果用另一種平面（而不是累積）的畫法，便成為鐘形底的「常態分配」圖，也就是統計上的隨機(random)模式，代表了傳佈過程順其自然，沒有旁的因素去限制它（見圖 7-3）。S 型累積曲線代表剛開始時採用創新的人少，後來逐漸加多，及至社羣分子大抵都已採納時速度才告減緩。

所以創新傳佈的過程若順其自然，則呈 S 型累積曲線。但若有社

⑩　最新的發展可閱 Rogers and Kincaid (1981)。

圖 7-3　鐘形底平面常態分配圖與 S 型累積曲線圖

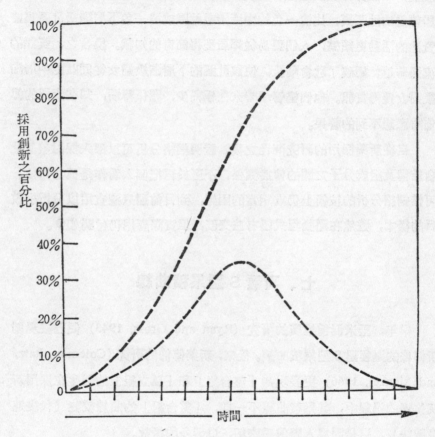

來源: Rogers (1971: 177)

會結構的因素干預創新傳佈的規律，則其累積曲線必異於 S 型。柴非
(Chaffee, 1975) 在圖 7-4 綜合了若干基本形態。質言之，圖中第一條
曲線代表典型的 S 曲線，是「自然的」或常態的傳佈速度。第二條曲線
代表社會結構因素刺激傳佈過程，使之加速。第三、四、五條曲線則
代表社會結構因素阻擾傳佈過程的自然運作，使之變慢。茲舉數例以明
之：

圖 7-4　隨機 S 型傳佈過程及其他變異的模式

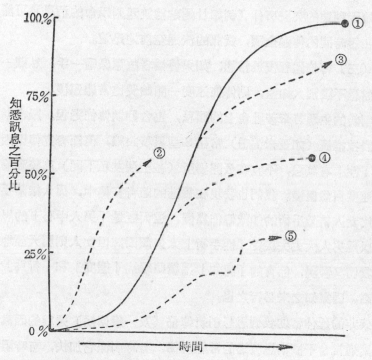

知悉訊息之百分比

100%

75%

50%

25%

0%

時間

來源: Chaffee (1975)

① 　S 型隨機傳佈模式（即正常速度）

② 　加強刺激，增速傳佈過程

③ 　傳佈過程受干擾而減緩

④ 　傳佈過程不完全

⑤ 　非 S 型隨機傳佈模式（因傳播者加以抑制或干擾）

（一）S 型累積曲線：玉米混種傳佈。

（二）傳佈過程快於常態：新藥研究中「整合組」的醫生靠口碑和社會支持衝破資訊流通的障礙，而「孤立組」則因資訊閉塞，比「自然的」速度還慢。

商品上市之時，廠商推出密集的廣告，打響招牌，中期並鼓舞售貨

員的士氣，其傳佈過程也許會比 S 型累積曲線所預測的快。

驚天動地的突發事件（例如甘廼廸總統遇刺殞命的消息）可能透過媒介在短時間內傳遍全國，資訊的流通空前地迅速。

（三）傳佈過程慢於常態：如果傳播者故意保留一手，私藏一些重要的信息不讓別人知道，則傳佈速度一開始便比常態還慢。

創新的主題若牽涉社會上的顧忌，也會抑制傳佈過程。羅吉斯屢次發現農技推廣（如玉米混種）常呈 S 型累積曲線，但節育宣傳則因爲人們對「性」有禁忌，不宜在公開場所（甚至朋友私下間）高談闊論，傳佈的速度自然極慢。我們也發現在香港的節育宣傳中，男人結紮手術知識遠比女人結紮手術的知識傳佈爲慢，這大概是「男人中心」的思想作祟，以爲男人大丈夫接受「性手術」太失顏面，但女人則屬天經地義之事。我們又發現，節育的「認知」累積曲線比「態度」和「行爲」累積曲線高，因爲知之未必行之也。

柴非的延伸幫助我們思想創新傳佈（及一般傳播）過程的因素。這些因素通常會干擾消息流通的常態規律，有時刺激它加快，有時阻礙它變慢。至於這些因素是什麼，則須依情況、題材、條件而定。它可能是個人的因素，也可能是結構性的因素；可能是人爲的，可能不是人爲的。如能掌握這些關鍵性的因素，則對創新傳播的過程可謂知過半矣。

八、結　語

創新傳佈研究在六十年代深具影響力，但儘管量的實證累積很多，終因多屬細節的疏解，在大的理論架構上却無什麼突破。迨至七十年代則已有式微之勢。

創新研究是從「兩級傳播」衍生的。更精確地說，它是「兩級傳播」

與鄉村社會學及其他領域的滙合。其好處是可以用一套架構包容各種研究的角度；但壞處則是沒有經過嚴格的選擇與消化，就把各種見解一體彙納，導出若干似是而非的「理論」出來，致招「一尺寬，一寸深」之譏。目前創新傳佈研究所面臨的困局，相信是與此有密切關係的。

「兩級傳播」與創新傳佈研究都是社會學家的努力，但我們把它視爲「心理動力模式」的代表。因爲這兩個研究很少處理社會文化因素，即令有之，也多半把它當做傳佈過程中的阻因看待，而未正面地討論社會文化因素本身的傳播效果。

創新傳佈研究有一些假設是必須提出質疑的。第一，新事物與新思想未必皆爲可欲。當今許多第三世界的青年（甚至包括近年的大陸青年）着意在服飾、長髮、頹廢思想等新潮學習西方的皮毛，根本沒學到西方文化的精髓。退一步說，即使創新本身是好的，橘踰淮爲枳，却未能保證實施後果一定好，或不會造成社會上不良的副作用。例如「綠色革命」，原意甚佳，但在若干第三世界國家却實質上加深了貧富懸殊的現象 (Roling et al., 1976)。（這並不是主張因噎廢食，要丟掉「綠色革命」，而是說它造成了副作用，必須及時矯正）。

第二，創新傳佈研究通常假定個人有充分的自主權決定要不要採納創新。但有時社會文化的規範力量很強，團體要個人變，個人不敢不變，團體不要個人變，個人則不敢變。以往的研究多半以個人爲單位，沒有注意探討社會結構（團體、組織）與個人、或社會結構與社會結構之間的創新傳佈。雖然近年來有初步的努力（如 Zaltman et al., 1973），終未見推廣，而其題旨則與傳播媒介的關係益疏。羅吉斯 (Rogers, 1971) 自己也察覺到這一點，他把創新採納的決定分成三種：一是自主的 (optional)，由個人決定；二是集體的 (collective)，則全體分子的公意決定；三是權威的 (authority)，由上方命令，下面執行。他承認後兩種

的創新採納之研究但聊備一格耳。

　　第三，旣然以往的研究以個人的自由意志爲中心，而且總是在先驗上肯定創新的價值，故凡不採納創新的人就自然被視爲頑固落伍、不知長進，必須接受改造。殊不知其癥結可能在於社會結構，不在個人，因爲如果有權有勢的旣得利益分子掌握操縱資訊的流動，受衆不一定可以獲得充分而正確的資訊。何況往往受衆想接納創新事物或思想，却會和社會規範牴觸，只好被迫放棄。一味把責任推給個人未必公平。

　　「兩級傳播」與創新傳佈研究的許多基本假設，與「心理動力模式」相通，我們將在第九章提出批判。在第八章，我們將先介紹心理學家的「心理動力模式」。

第 八 章

傳播媒介的勸服效果(二)：
耶魯研究・廣告・效果階層

一、耶魯研究與態度變遷

三十年代末期及四十年代初期，傳播研究的領域正是「篳路藍縷，開啓山林」的時代。一批批初生之犢的年輕學者，憑着一股熱情和豐富的想像力，認眞地開拓知識的疆域，眞是意氣風發，處處充滿了一片片朝氣和希望。撫今追昔，覺得這段日子是傳播研究的早期黃金時代。

這個局面的形成，有一部分是受到美國投入第二次世界大戰的刺激。當時美國陸軍部新聞及教育署徵集了一批社會科學家，他們在史多佛 (Samuel Stouffer) 和賀夫蘭的策畫下，研究戰事宣傳與美軍士氣的問題。戰後，他們重新分析大部分的資料，由史多佛編纂成爲一套名爲『美國軍人』(The American Soldier) 的叢書，凡四卷，第三卷代表了賀夫蘭 (Hovland, Lumsdaine, and Sheffield, 1949) 最早的研究成果。

賀夫蘭在耶魯大學建立「傳播與態度變遷研究計畫」，整整活躍了二十年，所做的一連串研究無不精密嚴謹，整個研究計畫龐大而有系統，

為傳播研究建樹了另一種典型，而與拉查斯斐手下的哥大社會學家們互相輝映。賀夫蘭和他同事們所做的研究，一般即以「耶魯研究」概括之。

學界對於耶魯研究的評價甚為分歧，而且褒貶之間相距懸殊。已故哈佛社會心理學家布朗 (Brown, 1965) 便坦白的指出，儘管耶魯研究的實驗設計非常嚴密，可惜它的思想卻與整個研究的大潮流脫節，以致成了孤魂，並沒有普遍地激發其他人在知識上的興趣。反之，耶魯出身（賀夫蘭的門徒）的馬怪爾 (McGuire, 1969) 卻對它推崇備至，盛讚它的影響深遠，在態度變遷的研究上面，只有費廷吉 (Festinger, 1957) 的「認知不和諧論」(cognitive dissonance) 足以跟它較量。

不管心理學家怎麼看，我們仍願花篇幅介紹「耶魯研究」，因為早期的心理學家多半把傳播視為次要的副產品，在傳播領域只算是過客，唯有賀夫蘭和他的學生鍥而不捨，不改其志，針對傳播與態度改變的問題尋找答案，結果「耶魯研究」不但具有精密性，而且保持連貫性，以此而言幾乎無人能出其右。雖然賀夫蘭英年早逝，「耶魯研究」在傳播領域也有後繼無人之勢，但其所種下的根頭卻是所有傳播研究者必須追索的。

「耶魯研究」的特色是用實驗室的方法探求傳播對態度改變的影響。它運用一系列的實驗設計，突出某一個主要因素（例如傳播者的「可信度」），操縱其他外在干擾的因素，然後觀察那個主要因素的解釋力量。換言之，賀夫蘭等人一次用一個「自變數」，並控制其他自變數，以便測量「在所有情況均等下」，各個「自變數」對於「他變數」（態度變遷）會產生什麼影響。他們的研究幾乎都是在實驗室、學校和軍隊裏進行的，這樣才可以自如地控制環境，使「所有情況均等」，以瞭解各單獨的傳播因素對於態度變遷有何影響。但必須指出的是：這些環境畢竟是人為的，不是自然的；在日常生活的環境當中，研究者絕不

可能隨心所欲地控制一切外在的因素，而只考慮某一個個別的因素，所以「耶魯研究」的發現往往與從實地調查的結果迥不相侔，甚至背道而馳。例如賀夫蘭所肯定的一些傳播效果，如果挪去實地調查印證，恐怕都會被否定。這一點我們在第二節還會細述。

「耶魯研究」到底孤立出那些因素來觀察呢？我們整理出六個問題：

（一）傳播者的「可信度」對態度改變有什麼影響？

（二）表達一個爭論性的問題，用片面理由或用正反兩面理由並陳的方式較能說服人？

（三）問題提出來的次序，究竟把重點擺在前面，或擺在後面，較有說服力？

（四）用什麼訴求方式（恐懼、情感、理智）提問題較具說服力？

（五）結論以明示，抑或以含蓄較佳？

（六）受衆的個人性格（聽從性）會不會影響到傳播的勸服效果？

綜合來說，第（一）個問題屬於傳播者的特徵，（二）至（五）屬於傳播內容（信息）的特徵，（六）則是受衆的特徵。賀夫蘭他們總是如此，每次觀察一種因素，研究它對態度變遷的影響；他們從未把以上因素合併考慮。

現在我們逐一介紹這六個問題。

（一）傳播者的「可信度」(credibility)

賀夫蘭和魏斯 (Hovland and Weiss, 1957) 先用抽籤方式把一羣人分成兩組，然後拿一篇討論核彈的文章給這兩組閱讀，內容完全相同，但對第一組講明文章的作者是知名的美國某核子科學家，又對第二組說是蘇聯真理報登的，結果發現第一組改變態度者（即同意該文意見者）多過第二組四倍。可見由「可信度」高的傳播者傳出的信息，比「可信

度」低的更能改變人們的態度。

後來，卡爾曼和賀夫蘭 (Kelman and Hovland, 1955) 重覆了這項實驗。他們拿同一篇講青少年犯罪的文章，要三位不同的人發表演說，但在介紹講者時說一個是法官，一個是普通人，另一個是無法律常識而又品格不良的人。講畢，聽衆對演講內容評分，發現法官講的對聽衆有正面的影響，普通人講的沒有影響，但素行不佳的人講的却有負面的影響。這類研究總共做了數十次，都指出傳播者的「可信度」對人們的態度變遷有很大的作用。

這裏所謂的「可信度」，至少包含兩個層面，一是對專門知識的瞭解，一是被人認爲守正不阿。合起來看，則以公正的專家之「可信度」最高。以上所舉的兩個題目——核彈和青少年犯罪，都得有專門知識而又立場公正才能取信於人。

但是，在某些情況下，光靠「公正的專家」還不夠。例如很多婦女已經大體上接受節育的觀念，却對某些節育措施的安全性仍有顧忌，這時任憑某些大言夸夸的權威醫生或專家說爛嘴，恐怕只落得「冷酷」的印象，覺得他們高高在上，自己高攀不上，而不會消除疑慮，安心地實行節育。這癥結便是羅吉斯 (Rogers, 1974) 所說的「相異性」(heterophily)：傳播者與受衆背景、興趣及各種資源太不相同了，縱然傳播者有權威知識，態度守正，也沒大用。如果換個方式，請感情素篤的親友鄰居來——尤其是親身服過避孕丸或接受結紮手術的親友鄰居——進行說服，更會給被勸服者一種安全感。故臺灣家庭計畫的人員多牛是已婚婦女，以便於現身說法，贏得被勸服者的信任。由此，可見「可信度」除了專門知識的把握、公正的態度以外，還可以加上「安全可靠」的因素。當然，三者兼備最好，但倘若無法得兼，有時安全因素的說服力可能大過專門知識。這個安全因素和羅吉斯所說的「相同性」(homophily) 有

密切的關係。

在實際生活中，醫生常告誡人們遠煙酒，却常被人當耳邊風。照理說，醫生符合「可信度」的兩個條件——專門知識和公正態度，但對癮君子來說，醫生的話却未必抵得住朋友的慫恿，心想：「如果我的至友都不怕得癌，我怕什麼！」（我們用實驗方法，往往會肯定醫生的說服力量，但在日常生活則否。可見實驗室的研究不能直接解釋自然環境的現象。）

卡爾曼和賀夫蘭 (Kelman and Hovland, 1953) 又發現勸服有「睡眠效果」(sleeper effect)。我們容易記得人家講的話，却常忘記到底是誰講的。「可信度」高的傳播者講的觀念比「可信度」低講的，更容易令人接受。但過了幾個星期之後，受試者健忘，已分不清楚那些話是誰講的，結果對「可信度」高的傳播者所講的內容逐漸降低好感（不像數星期前一樣衷心支持），反而對「可信度」低的傳播者所講的意見漸有好感（不像以前那樣全然否定）。等到研究人員提醒他們，那些話是「可信度」高的人講的，那些是「可信度」低的人講的，這時他們突然覺醒，立刻回復到原位，對前者又有好感，對後者又有惡感。

（二）片面之詞？正反面意見並陳？

表達一個爭論性問題時，到底以片面的理由較能說服人，或是把正反兩面意見並陳較能說服人？

賀夫蘭等人 (Hovland, Lumsdaine, and Sheffield, 1949) 曾經替美國軍方作過兩次實驗，得出五項結論：

●要是受眾一開始便反對傳播者的立場，則最好把正反兩面意見都提出來，比片面之詞有效。

●但如果受眾原來就信服或贊成傳播者的立場，則不妨以片面之詞來強調他們所倡導的立場，以加深其預存的態度。

●對教育程度高的人，宜將正反意見並陳；但對教育程度低的人，宜用片面之詞（免得把他搞糊塗。）

●要是受衆的教育程度低，又原來就已信服傳播者的立場，則一定要用片面之詞，此時將正反意見並陳最無效。

●正反意見並陳較易察覺出那些論據漏掉，而減少其效力。

當然，這五個結論不一定是「定論」，能不能在實際日常生活當中獲得印證，尚待進一步研究。

必須指出的，是正反兩面兼顧的傳播似乎是一種很好的「免疫劑」，譬如醫學上打預防針，以毒攻毒，以加強體內的抗菌力。溫室長大的植物生命力特別脆弱。同樣的，要是一味只接觸片面之詞，突然有一天面對反面的意見，缺乏判斷力的人便會覺得以前「受騙」，或覺得那片面之詞只是愚民政策的技倆，以致在態度上發生一百八十度的轉變。但是，撇開道德或眞理的原則不談，光就宣傳的效果着眼，正反意見並陳的確相當難做，過猶不及，在那裏畫清分際才好呢？一方面，如果「公正」表現得太週密客觀，便失去了宣傳的目的；另一方面，如果正反意見並陳的作法只是僞裝出來的，不是自然的流露，受衆一旦察覺而懷疑傳播者的「公正」，那麼欲蓋彌彰，效果適得其反，甚至比片面之詞的下場更慘。

關於傳播注射「免疫劑」的作用，耶魯研究有實驗結果加以支持。藍斯丹和詹尼斯 (Lumsdaine and Janis, 1953) 用兩個假造的無線電節目向大學生作試驗。他們把大學生隨機抽籤分配成爲兩組，節目的主題是蘇聯「不能」在短期內大量生產原子武器，一組只聽片面之詞，另一組則聽正反兩面的意見，兩組向預期方向的態度改變都超過百分之六十。接着，他們又換上另一個節目，說蘇聯「能」在短期內製造原子武器，要兩組學生聽，發現原先「片面組」的態度改變立即從百分之六十

掉到百分之二，而原先「兩面組」却仍有百分之六十的人態度變遷，不受反宣傳的影響。

(三) 先入為主? 後入為主?

中國有兩句話，說「先入為主」，又說「好戲在後頭」(壓軸戲)，對於前後次序的重要性似乎矛盾互出。很多人相信，在提出爭論性的問題時，最好把要點開門見山講出來，納粹的宣傳頭子戈培爾說：「誰先說，便誰對！」似乎先說的有理，可以製造一種形勢，封住對手之口。但也有許多人反對此種看法，認為應把要點放在後面，八股文所謂「起承轉合」，把結論留在「合」的部分，以增加印象。在賀夫蘭以前，心理學家們已經提出不同的意見，可是研究證據互有出入，一直未有定論。問題提出的次序在前抑或在後，賀夫蘭的研究發現它們各有利弊，不一定是那種次序佔便宜。其實，問題提出次序的前後與信息的說服力，其間關係遠比當初想像的複雜，我們得把許多因素一併考慮才行。

根據賀夫蘭等人 (Hovland et al., 1957) 的研究，得出以下幾個結論：

●一個問題正反兩面的論點若由不同的傳播者相繼提出，先提的不一定經常佔優勢。

●但一個問題的正反論調都由同一個傳播者提出，也許會產生「先入為主」的現象。倘若正反意見分兩次提出，其間發生不相干的活動，則先提出的效力可能會消除。

●對於有強烈求知慾的人來說，問題提出的前後沒有太大影響。

●傳播內容若是受眾所同情的，以先提較有利。

●若傳播內容是為了滿足需求的話，最好先激起需求之後再提出問題。

○權威傳播者所提論點與自己立場相左，但並不十分明顯，這時宜

先提自己的主張。

●關於受衆不熟悉的問題，則宜先提要點。

總之，放在前面的論點容易引人注意，放在後面的論點容易爲人記憶。耶魯的實驗還得進一步研究後，才能判定能否推廣於實際生活之中。

（四）用甚麼訴求方式？

究竟用那一種訴求方式較爲有效，完全得看傳播內容和受衆而定。有的研究指出，用情緒訴求比邏輯訴求（也就是用情比用理）更能打動人心，當然這也不能一概而論，還是要「看情形」。

也有研究顯示，勸說性的傳播如果採用恐懼或威脅性的訴求，則威脅愈大，效果愈差，因爲人們一旦恐懼感過了頭，便可能退縮，或乾脆放棄，不理不睬，儘量去忽視這種威脅。除非這威脅迫在眉睫，這時倘若傳播者能指示一條出路，效果一定很大。

（五）明白性？含蓄性？

傳播結論應該明白抑或含蓄？

耶魯研究大多發現，明白優於含蓄。與其叫受衆根據線索自己下結論，不如明白具體地告訴他。

當然，我們還得看這個結論牽涉客觀事實抑或主觀意見。也許，事實宜求明白，意見宜求含蓄。但這也是見仁見智。心理分析家根據弗洛伊德理論，常常採取「含蓄性」的策略，醫生只提供線索，要求病人自己理出結論。總之，研究結果仍甚分歧，未有定論。

（六）誰「頑固」？誰「耳朵軟」？ ❹

除了傳播者（可信度）和傳播信息（片面或兩面，表現次序，訴求方式，明白或含蓄）之外，耶魯研究也探討了受衆的個人性格——「聽

---

❹　參閱徐佳士（一九六七：一四一～一四六）。

從性」(persuasibility)。借用徐佳士（一九六六：一四二）的話，人的頭腦「頑固」程度有異，耳朵「軟硬」不同。傳播學者發現，不管傳播所勸說的題目是什麼，不管你用什麼方式，採用什麼通路去勸說，總有人比較容易聽從，有人則否。這種性格叫做「聽從性」。

學者們 (Hovland, Janis, and Kelley, 1953; Janis et al., 1959) 根據多次實驗，提出以下的假設：

●在日常生活中對他人公然表現敵意的人，比較不易受任何形式勸說的影響。

●具有「社會退卻」傾向的人，比較不容易受到任何形式勸說所影響。

●具有豐富的想像力、對符號所表現的東西能衷心反應的人，比幻想力較弱的人，較容易被人勸服。

●自我估價低微的人，比較容易聽從任何形式的勸說。

●「外導」(other-directed) 傾向的人比「內導」(inner-directed) 傾向的人容易被說服。換言之，服從團體、重視適應社會環境的人，比重視個人目的、調節自己行為的內在標準的人，還容易被勸服。

這個「聽從性」的研究，就像其他方面的耶魯研究一樣，都只能算是初步的結論，不是定論。耶魯研究的文獻已經廣為流傳，知者亦多，不必花費太多篇幅介紹。我們只想提出來作為傳播效果的「心理動力模式」的代表。大致說來，耶魯研究集中於心理結構層次的探討，沒有觸及傳播組織與社會的問題。

二、實驗與調查結果的分歧

耶魯研究從實驗室獲得的結論，和哥大研究從問卷調查獲得的結論，常常大相逕庭。耶魯研究發現傳播因素（例如傳播者的可信度、傳

播內容的特徵，及受衆的個性）對受衆的態度變遷常有很大的影響。相反的，哥大研究（例如 Klapper, 1960）總強調傳播媒介只是多種社會因素之一，平時充其量只傳遞社會因素的力量，本身很難產生直接的效果，無力改變受衆牢固的態度或信仰，大不了只能疏導一些外緣（不是核心）的態度罷了。

兩種研究方法和工具多少決定了結論的不同，以致引起了一番爭論。賀夫蘭本人 (Hovland, 1959) 不但親自參加這場辯論，更寫了一篇重要的文章剖析之，他極力主張雙方的研究結果獲得疏通和解，不要分道揚鑣。

據他的解釋，實驗和調查所以有迥然不同的結論，可以推溯到八個原因：

（一）拿設計來說，雙方對「暴露」的定義不同：實驗室的測驗針對着被俘的人，他們必須全面暴露於傳播信息之中。調查在自然環境中做，其對象是「自己」暴露於傳播信息的受衆。

（二）在實驗室裏評估傳播的效果，通常只是傳播內容的某一種，但調查研究則必須評估整個傳播節目的效果。

（三）在實驗室裏，通常在受衆暴露於傳播內容後，立刻測量他們對信息的反應。但調查却常是處理或評估較「遙遠」的效果，也就是研究長年累月的效果。

（四）實驗室乃妥善控制的環境，如軍營、敎室，可以排除、控制其他干擾的因素，只孤立出某一個因素（刺激）來觀察。反之，調查需在自然環境下爲之，雜因較多，以致減低傳播的效果。

（五）在實驗室裏，暴露於傳播內容（刺激）之後，受衆彼此少有來往。但調查在自然環境中進行，受衆在暴露於傳播信息之後常和親友家人討論，受到他們的影響，抵消傳播信息的效果。

（六）實驗室的對象多半偏向於用高中或大學生，因為他們容易找得到。但調查的對象却是全部人口的隨機抽樣。實驗室的對象通常沒有代表性。

（七）實驗必須突出「刺激」，所談的問題多半是能夠受傳播信息改變態度者。但調查處理的「態度」，通常是具有重大社會意義者，它本身就是根深蒂固，不容易改變。

（八）實驗通常假定「唯一」被操縱的因素是以決定態度變遷（也就是只有一個自變項）。但調查所牽涉的因素多，錯綜複雜，互相影響。

總之，用術語來說，調查的目的在追求「外在效度」（external validity），即其結果具有代表性，可以解釋整個人口的態度或動向，但其「內在效度」（internal validity）則低，很難理出清楚的因果律來。反過來說，實驗旨在加強「內在效度」，對於刺激與反應的因果關係有較透澈的瞭解，但其「外在效果」低，所得結果缺乏代表性，不能推論到自然環境的現象。明白研究方法對結論造成的影響，將有助於我們理解以往文獻，因此不嫌詞費，特在本節打個岔。

三、揭開電視廣告的效力之謎

一九六〇年初期，不但柯拉伯（Klapper, 1960）對文獻的綜合整理指出，傳播媒介的直接效果微乎其微，更有鮑爾（Bauer, 1964）在推波助瀾，大力鼓吹「受衆」的積極主動性。傳播媒介似乎真找不出什麼「效果」——也就是說媒介很不容易「改變受衆的態度」。

這是個可怕的僵局，尷尬的場面。一羣羣受過嚴格科學訓練的專家學者居然束手無策，找不出媒介的「效果」❷，讓大家面子難堪，覺得

---

❷ 當然，不是真的找不到「效果」，而是當時學者走入死胡同，硬把「效

到底所爲何來？如果媒介眞是那麼不值得研究，倒不如趁早向它告別，貝勒遜的氣話 (Berelson, 1959) 正一語道破這種心情。其實，許多傳播道上的過客也眞是紛紛辭別，囘歸他們原先所來自的領域。這種悲觀的氣氛，與早年拉查斯斐或賀夫蘭的樂觀精神，恰形成強烈的對比。

學者們的沮喪與失望是可以理解的。特別當學術研究的發現與一般人的常識相牴觸，學者難以自圓其說，其苦悶更不言可喻。一般人總以爲媒介的力量大而深，學術研究却不作此想；其實，相信不少學者私底下也肯定媒介的力量，但惱在似乎無法用科學證明出來。

更要命的，是廠商和廣告商絲毫不被學術研究的發現所嚇阻，反而大幅度地利用媒介做廣告，廣告量不斷地直線上升。正因爲媒介的實際力量太顯著了，以致有些不肖商人不擇手段作不實的廣告，（如誇張產品的優點，利用兒童缺乏判斷力的弱點推銷產品），逼得美國政府採取一連串道德約束的行動，社會有識之士也大聲疾呼要戢止惡風。——媒介果眞像學者所說的那樣無能，那麼商人何必拿錢去塡無底洞，政府又何必大驚小怪？（還有誰比商人和政客更加精打細算呢？）

顯然廣告透過媒介建立了產品的好形像，使產品得以暢銷。這個力量實在微妙得不可思議。平常，誰肯承認自己「耳朵軟」，願被瑣碎而無聊的廣告「牽着鼻子走」？但是，只要翻一下廣告商的賬目，便發現投資在媒介上面的廣告費愈來愈多，其中以電視廣告的投資量最驚人。今天我們都籠罩在電視廣告的生活環境裏，我們對電視廣告多半無好感，更少「介入感」(involvement)，但它却對我們發生意想不到的效果。這是一個弔詭，何故？瓜葛曼 (Krugman, 1965) 寫的一篇文章——「電視廣告的影響」，幫助我們解開這個謎。

果」與「態度變遷」畫上等號。其實「效果」的範圍很廣，當時大家鑽入牛角尖却視而不見了。

他指出，正因爲電視廣告的內容多半無聊而瑣碎，人們更不必架起「視覺的防禦」，於是讓它學了忘，忘了又學，如此重覆不斷，日積月累，終於像摻泥沙、挖牆脚似的，改變了我們的「參考架構」。換言之，我們在學習廣告的資訊時不必費心，不必緊張，不必有「介入感」，但久而久之卻會把信息納入長期的記憶系統，以至於對產品和商標的「認知結構」起變化，重新在我們心目中調整這些產品的商標的顯著性（有什麼東西存在）及其特徵。

這個「認知結構」的改變像觸媒劑，在眞正購物時施展壓力。例如，平時我們不太注意感冒有那些成藥，只是受到了電視廣告的疲勞轟炸，不知不覺也知道有某種牌子存在。直到有一天，感冒病倒了，去藥舖買藥，面對林林總總而價錢相當的牌子，無所適從，這時往往便會在潛意識裏選擇廣告上聽熟悉的牌子。因此，「認知結構」的改變帶領了行爲改變。

接着，旣然買了某牌感冒藥，過些時「也許」會引起態度的改變。照「認知不和諧」的說法，這是因爲人人都得「合理化」，替自己的行爲找種種解釋，才能心安理得，使自己覺得買對了東西，因此自然地對該產品和廠牌會產生好感。

總之，這是個認知——行爲——態度變遷的模式，適用於無「介入感」的產品。傳統的認知——態度——行爲變遷模式，也許較適用於人們有高度「介入感」的事物（如創新傳佈）。紐約麥廸森大道（卽全球廣告公司滙集的大本營）的廣告技倆，對於一般「低介入感」的產品，做得有聲有色，替主顧大賺其錢；但對於「高介入感」的事物，如冷戰、世界和平，便無驚人的業績了。

四、媒介效果的「階層」(Heirarchy-of-effects)

瓜葛曼 (Krugman, 1965) 提出「低介入感」模式，解釋了許多以前解釋不通的現象。此後，最有系統研究認知、態度與行為之間的關係者，是史丹福大學企業管理研究所的一羣心理學家 (Ray, 1973)，他們使用實驗室、問卷調查、電算機模擬等等方法，企圖發現在那一種情況下，傳播效果是怎麼發生的。我們現在把他們的研究發現約略歸納於表8-1。

表 8-1 傳播效果階層論 (hierarchy-of-effects)

	學　習　階　層	認知不和諧階層	低介入感階層
影響過程	認知── 態度── 行為	行為── 態度── 認知	認知── 行為── 態度
介　入　感	高	高	低
各種選擇之間的區別	高	低	低或不重要
傳播來源	傳播媒介為主，人際管道為輔	人際管道為主	廣播電視為主（但不以此為限）
舉　　例	創新傳佈；大選（全國性）；貴重物品（電視機、洗衣機）	（中共節育政策）	電視廣告；小型（地方性）選舉；廉價物品（肥皂、牙膏）

來源: 參考 Ray (1973)

質言之，瑞伊 (Ray, 1973) 希望透過（一）介入感，（二）傳播來源，和（三）選擇性的區別是否顯著等三個因素，來說明在不同情況下，媒介會產生那一種「效果階層」——也就是說，媒介會如何影響認知、態度和行為的改變，孰先孰後，照着什麼「階層」去運作⑧。現在

分述如下：

（一）「學習階層」(learning hierarchy)　是態度研究傳統的典範，認為人類的行為是相當理性的，總是先求認知結構的改變（取得新資訊），然後影響到對事物的判斷（態度），最後才決定如何改變行為，採取適當的行動。

事實上「學習階層」平時發生的機會不高。受衆一定要對主題（新資訊）發生高度的「介入感」，興趣極濃厚，而且選擇性分明，這才能利用大衆傳播，輔以人際網絡，依序改變人們的認知、態度與行為。大衆傳播媒介所處理的訊息多半不屬於此類，而學者却偏用這種「理性」的眼光來看問題，怪不得老找不出媒介的效果。

第七章所介紹的「創新傳佈」研究是「學習階層」的好例子。新事物、品種、思想讓人們熱烈地參與，採用創新的好處和老方法—比總是很明顯（如新玉米混種可增加產量數倍）。所以，負責社會變遷的機構（如農會）便可用媒介讓人們先認識它，對它發生興趣，培養好感，嘗試採用，最後乃決定長期使用。正如羅吉斯 (Rogers, 1971) 所宣稱的，傳播媒介在創新傳佈過程的初期，幫助人們知道新東西的存在，力量最大；但到後期決定要不要用時，却是人際網絡比較重要。

「學習階層」表現得最明顯的應該在教育（學校、軍隊）的封閉環境裏，但在一般傳播的情況中，除了特殊突出事件（如全國性總統大選，或購買貴重的物品）以外，頗為少見。

（二）「認知不和諧階層」(dissonance-attribution hierarchy) 這階層基本上是六十年代費廷吉「認知不和諧論」，及七十年代之間研究事因探溯 (attribution theory, 即將社會現象追溯到它發生的因素) 的

---

❸　這裏籠統地用認知概括注意力、知識、資訊、消息、理解；用態度概括興趣、評估、感覺、信仰；用行為概括動機、行動、作法。

延伸。它的說法正好與「學習階層」相反。

　　總之，人們最先改變行為，次則改變態度，最後才改變認知。所以
會這樣，是因為人們對主題或事物雖具有高度的「介入感」，可惜各種
選擇之間幾乎無法辨別，反正選那一條路子或方法都看不出利弊得失，
或根本沒有選擇，人們於是憑「非媒介」（主要是人際網絡）作為消息
來源，對刺激作出反應。在這當中，「學習」的效果很少，即使有也只
是找有利於自己的意見，而對矛盾的意見聽而不聞、視而不見，甚至刻
意加以歪曲。既然如此，傳播媒介的主要功能何在？答案是：媒介的功
能並不在於「決定前」提供認知（消息）以作參考，而是在「決定後」
（行為與態度都已改變後），設法幫當事人減輕「知行矛盾」的痛苦。

　　必須聲明的：這個「階層」的實證資料頗為缺乏，費廷吉的「認知
不和諧論」固然燦然可觀，但其貢獻畢竟不在於直接探討傳播媒介的效
果，而瑞伊的實驗證據似乎也不足以解釋這個「階層」。這裏我將試舉
一例以說明，但真正的證據還待以後的研究才能建立。

　　中共為現實需要，不得不屬行生育控制的政策，訂出種種嚴格的辦
法處罰違規者，同時又弄了一些條例獎勵生育少的人❹。事實上，每年
生育人數先依據全國需要擬訂，再依配額分給人民公社屬下的各生產大
隊，再分配給生產大隊內的已婚婦女。有配額的人才有資格生育，若今
年不想生，則可「讓生」，把配額借人；不按規定生育者，或強迫墮胎，
或不發配糧。這是典型的「報酬與懲罰」的社會控制的手法。人們只得
聽命，不能違抗，他們別無選擇。問題是生育乃婦女衷心關切之大事，
「介入感」必高，選擇性却小。她們只好在團體壓力下照章辦理（改變

---

❹　生第三個孩子，雙親的月薪減一成，直至這孩子十四歲為止。不遵守政
　策的幹部、工人、辦公室職員，兩年內不准升級。只生一個孩子的家庭有獎金，
　產婦休假較長。

行為），如果自己的意願與團體規定相牴觸，則必須把其間的矛盾合理化，對行為（如照章墮胎）提出有利的解釋，以減輕內心的痛苦。這樣，她們便會專挑有利於行為的消息，逐漸改變自己的態度。最後，更因此而改變認知，進一步瞭解節制生育對國家對家庭的益處。

這個例子只是權宜的，暫時的，用來幫助說明，殊無科學地位。將來還得等更多研究發現才能建立它的可靠性。

（三）「低介入感階層」（low-involvement hierarchy） 依照瓜葛曼（Krugman, 1965）的說法引伸，人們對媒介（特別是電視廣告）的信息「介入感」極低，根本無所謂，故對信息沒有建構認知的防禦工事。加上電視廣告不休止的疲勞轟炸，使得人們逐漸改變認知結構，等到人們熟悉某種產品的牌子，叫得出它的名字，真正購買時便會去買它（改變行為），反正什麼牌子（選擇性）都大同小異或無關緊要，當然就抓自己腦子裏比較熟悉的牌子了。事後，人們又得改變自己的態度，把行為合理化一番（覺得自己買對牌子，判斷力不錯）。一言以蔽之，「低介入感階層」先是改變認知結構，次為改變行為，最後為改變態度。

這個「階層」最常出現。人們對主題、訊息的「介入感」低，而選擇性既不分明也不重要，媒介（特別是電視廣告）便因此發揮它潛在的效力。舉例言之，「學習階層」包括創新傳佈、大選、貴重物品（電視、洗衣機），「低介入感」則包括小選舉（如地方性）和廉價物品（如牙膏、肥皂）。

瑞伊提出的這套理論洵非定論，但其證據可觀，開拓我們新的視野，使能更清楚地瞭解媒介在不同因素下如何透過不同的「階層」產生「效果」。這個「效果階層」實際上是對於三種現成理論的綜合、排比和疏解，使一些困惑（如媒介效果）獲得了比較完整的線索。

第 九 章

傳播媒介的勸服效果(三)：小結

我們化了兩章的篇幅述評以往一些比較重要的研究，到底有什麼心得？對於未來的研究能提供什麼線索？我們將在這一章總結傳播媒介的勸服效果，旨在鑒往知來。

首先，我將以狄弗勒 (DeFleur and Ball-Rokeach, 1975) 為藍本，探討傳播媒介與勸服的關係。然後，對以往過分偏重個人層次心理過程研究的角度提出批評，接着約略地提出一些社會文化模式的例子。我們能不能在「山窮水盡疑無路」的關口，闖出「柳暗花明又一村」的境界，就得靠以後共同的努力了。

一、傳播媒介與勸服

狄弗勒等人 (DeFleur and Ball-Rokeach, 1975) 認為傳播媒介與勸服之間的關係，可以用「心理動力模式」(psychodynamic model) 和「社會文化模式」(sociocultural model) 來探究。前者是微觀的，後者是宏觀的，兩者相輔相成，並不必互相排斥。

從以往的文獻明顯看出，「心理動力模式」一向是佔着主要的地位，「社會文化模式」幾乎從來未被正視。心理過程的分析自有其一定的成績與價值，不可輕加抹煞，但社會文化過程未能均衡發展，未始不是一項欠缺。因為這兩個模式各站在不同的層面看問題，景觀互殊，如果顧此失彼，便無法捕捉全面。我們強調，未來的傳播研究必須多在社會文化層面入手，讓媒介與社會文化結合，從而探討媒介扮演的角色與功能。

現在，先逐一介紹這兩個理論模式。

甲、心理動力模式

早年的傳播研究建立在「個人差異」的基礎上，認為有效的信息旨在改變個人的內在心理結構（例如態度、動機、學習、認知），從而改變其外在行為，以符合傳播者的願望或目標。說穿了，這是一個理性的模式，假設人有能力排除非理性的因素，根據冷靜合理的判斷，從種種考慮達成最妥善的決定，所以在勸服的過程中，必須先改變個人的認知，然後改變其態度，最後才改變其行為。狄弗勒用以下的圖解說明之：

心理動力模式的應用很廣，影響很深。例如，學者在研究創新事物傳佈的過程時，發現有五大步驟：認知——興趣——試用——評估——採納，這一連串的過程似乎都是合乎理性與邏輯的，因為人們首先靠傳播信息得知創新事物的存在（認知），開始對它感興趣，並從試用中斷定利弊得失（態度），最後決定取捨（行為）。不管是推廣新的稻米種子，介紹新數學教法，或實行家庭計劃，都遵循這一條規律。姑且拿節育來說，總是用盡種種信息，或大或小，或莊嚴或詼諧，或理智或感情，

或威脅或利誘，爲的是要說服婦女，讓他們明白節育的重要性，接受小家庭的觀念，終至切實身體力行。至於那一類信息最有效，完全得看對象和信息的性質而定；節育的信息可大至國家經濟建設（人口多，抵銷經濟成果），或家庭福祉（子女多，敎育難），乃至於個人身體的保健（以前曾用「恐懼訴求」嚇臺灣鄉下婦女，謂多生子女易老，弄得丈夫變心；其道德性暫不論，這信息却的確產生極大的嚇阻力），無非在觸發或改變內在的心理結構，以達致特定的外在行爲。

　　心理動力模式的目的，便在於捕捉、解釋這一串變的過程。其實，「態度」是不可直接聽聞的，它是個概念只能以間接的揣測得知，用以幫助我們瞭解勸服的內在「動力」。宣偉伯 (Schramm, 1973: 195) 提出四個類似的步驟：

　　1. 某君把感官的開關開向一羣符號，並開始處理這些符號所代表的資訊，

　　2. 接着，對內在的印象或價值結構，會產生影響，

　　3. 也許配合其他要素，便觸發了行爲的過程，

　　4. 最後，某君採取外在行動。

在這四個步驟中，第二、三項都是心理學家們說的「黑箱子」 (black box)，供我們推論行爲變遷。態度的變化無法直接觀測，只能間接推斷。

　　引申言之，密西根大學社會心理學家卡萊特 (Cartwright, 1949)，早年研究美國戰時公債的銷售時，便強調信息必須引發人們感官的注意，被接納爲認知結構的一環，並配合動機，才能讓人採取適當行動。他歸納出以下四大通則：

　　（一）欲影響一個人，則信息（資訊、事實等）須抵達他的感

官。他根據總印象來決定刺激的取捨。他使用一些類目（categories）來概括刺激的性質，使其認知結構穩定，免受不願有的變動。

（二）信息抵達他的感官之後，得被接納為其認知結構的一部份。他根據較廣泛的類目，來決定信息的取捨。同時，又用一些類目來概括信息，使認知結構免受不願有的變動。要是信息與他的認知結構相牴觸，他便會：（甲）排拒這個信息；（乙）歪曲信息，以符合認知結構；（丙）改變認知結構。

（三）如欲說服他採取某種行動，便得使他看出這個行動是達成目標的途徑。唯有符合認知結構，他才會把這個行為看作是達成目標的途徑。愈能達到多項目標的途徑，愈會被採取。但如果認為這個行動無法達到希望中的目標，或背道而馳，他便不會採取這個行動。此外，縱使這個行動可以達到希望中的目標，他仍會選擇其他較易、較廉或更好的行動，以達到同一目標。

（四）在特定的時間內，恰當的認知和動機結構必須控制一個人的行為，他才會採取行動。達到目標的行動途徑規範得越具體，動機結構愈能控制行為。

卡萊特所臚列的通則，代表了社會心理學「均衡理論」（balance theory）的早期努力。均衡理論在過去三十年的社會心理學佔最顯著的地位，文獻非常豐富。基本上，它假定人的內在心理結構必須求取認知、態度與行為的平衡，如果它們之間彼此不和諧，那麼態度或行為必須改變一項，使它們恢復平衡狀態。

本世紀初，刺激──反應（stimulus-response）的學說開始支配學習行為的解釋。但作為思想的動物，人類行為畢竟錯綜複雜，不能與白老鼠、狗等低級動物等觀，學者乃深感刺激與反應之說太簡單。心理學家

爲了瞭解人的機能 (organism) 內部發生的情況，發展出「態度」的概念，借以聯繫認知（刺激）與行爲（反應）的關係，形成一套比較完整的解釋。

更擴大言之，「態度」只是用以瞭解刺激與反應的過程中之一環，事實上還有許多其他因素足以影響刺激反應的過程。心理學家便要敲開這個「黑盒子」(black box)，探索不能聽聞目擊只能間接推斷的因素。用圖解的方式，便是：

$$刺激(S)\longrightarrow 機體(O)\longrightarrow 反應(R)$$

這個 O 代表上面所說的「黑盒子」，包括態度、動機、慾望、預存立場等等。

社會心理學在態度的研究，一脈相傳，有相當豐碩的成績。例如魯溫 (Kurt Lewin) 的行爲磁場說 (field theory)，借用物理學的磁場，解釋人類行爲受「生命空間」的影響；海德(Fritz Heider)、紐堪(Theodore Newcomb) 等人的均衡理論；以至於費廷吉(Leon Festinger) 的「認知不和諧論」(cognitive dissonance)，都已構成社會心理學的基礎知識❶。在傳播研究的領域裏，由賀夫蘭 (Carl Hovland) 所領導的耶魯大學態度變遷研究計畫，便旨在探討傳播者特徵（可信度）和信息的特徵（恐懼訴求、論據表現的次序、明白性或含蓄性），基本上也屬於這個「黑盒子」的範圍。

由於歷史因素使然，傳播研究受到社會心理學的指導，遠比從社會

---

❶ 坊間各種社會心理學書籍均有詳細介紹，限於篇幅，不贅。與傳播研究有密切關聯者，McLeod and Chaffee (1973) 根據以上理論作若干延伸，可供參考。

學汲取的靈感多❷。傳播研究一直是在社會心理學的陰影籠罩下成長的。
旣然態度與行爲的探討在社會心理學佔着支配性的角色，傳播研究自然
也跳不出這個格局，「心理動力模式」的文獻頗豐富，我們無法（也無
意）逐一評介，只能選擇兩個最具影響力的研究來說明：一是賀夫蘭所
領導的耶魯研究，探討傳播信息與態度變遷；二是哥倫比亞大學由拉查
斯斐領導的一脈相承的研究（他們發現兩級傳播途徑中的「意見領袖」），
以及其後發揚光大的創新事物傳佈過程的研究❸。

儘管心理動力的研究質量甚爲可觀，却不意味傳播的勸服效果已有
確鑿的定論。事實上，許多研究仍然失之籠統，未能指出內在動力結構
改變的「條件」——在「什麼」情況下，有「那些」因素會影響「那些」
人的「什麼」態度。而且，內在心理結構的改變也不一定要遵循認知
——態度——行爲的途徑，在不同的具體情況下，也可能採取認知——
行爲——態度改變，或行爲——態度——認知改變的途徑(Ray, 1973)。
態度或價值更有主從之分，外緣者易變，核心者難變。有時候，無心或

❷ 爲什麼有這種特殊歷史發展，目前尚無人研究。上一章我們提及，傳播
研究在四十年代卽與芝加哥學派斷絕聯繫，哥倫比亞大學發展的典範 (para-
digm) 成了一枝獨秀。雖然芝大與哥大的傳播研究先驅都是社會學家，但其
典範有顯著的分歧：哥大較近社會心理學，主要的焦點在發現媒介與受象之間
的中間因素（如意見領袖團體壓力）；芝大則把傳播媒介視爲社會組織，探討
媒介組織與社會的關係，其理論的典範則受到職業社會學、集體行爲及「象徵
性互動」學說 (symbolic interaction) 的影響甚深。我初步的看法認爲，芝加
哥學派對傳播研究影響力的式微，是「社會文化模式」枯萎的主因；至於芝派
典範何以失傳，值得關心「知識社會學」的人追索。

❸ 哥大研究及創新傳佈（都是社會學家的成果）所以被歸類爲「心理動力
模式」，是因爲他們最關心媒介所產生的內在態度結構改變。反之，「社會文
化模式」旨在解釋傳播媒介的信息如何塑造一個世界觀。以往，有許多社會學
家分析的主體其實還是心理因素（或社會心理因素），而不是社會文化層面，
這個分野不可不辨。

偶然學得的資訊（與傳播者的原意不相干），反而比精心設計的勸服運動發生更大的作用。

　　總之，傳播效果的研究一向是遵循着「心理動力模式」發展的，對於個人或小型團體的理解，確有不可抹煞的貢獻，但它所遺留下來的問題頗多，有待將來不斷的努力。同時，「心理動力模式」所能看到的視野畢竟有其局限，並不能滿意地解釋媒介組織的社會效果，以及媒介組織與整個社會文化價值的建構有何關係。這一點，「社會文化模式」似乎不失爲可行的途徑，可以與「心理動力模式」互相增補，以提供一個比較完整的瞭解。

乙、社會文化模式

　　以上，「心理動力模式」旨在分析傳播信息所產生的內在心理結構的變化，傳播的效果亦即在引發特定的態度與行爲。但「社會文化模式」則認爲，傳播媒介所以能產生強大的效果，是因爲它發出的信息建構一個社會現實，提供人們一種世界觀；人們日積月累依據媒介提供的「參考架構」(frame of reference)，來闡釋社會現象與事實，而這種影響的過程當事人自己有時也不一定知道。狄弗勒 (DeFleur and Ball-Rokeach, 1975) 的圖解爲：

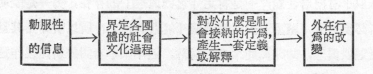

　　質言之，媒介所建構的世界觀或社會現實，對受衆形成了現成而最有力的解釋；媒介提供信息，告訴受衆什麼是社會上所贊同或認可的規範、信仰與價值，人們受到這一套「定義」或「解釋」的約束，儘量「

從衆」，遷就社會文化所共同認可的行為，極難跳出這個大圈套。也就是說，傳播媒介的信息可以透過社會文化的過程，嚮導、界定、修改個人的價值與行為，個人甚至壓抑信仰，以求迎合社會規範而不自知，沒有人願意被視為歧異分子，而被團體所拒絕。

這是傳播媒介的長期性效果。傳播媒介所建構的世界觀，不但凌駕了受衆的預存立場，而且左右了受衆對世界的解釋，使之在處理或吸收新資訊時，一定要參證媒介信息所建構的世界觀。除非社會文化情況有重大的改變，這種過程便不斷地進行，媒介所提供的解釋也通常不會遭受攻擊或懷疑。

過去數十年的傳播研究，奉「心理動力模式」為圭臬，而與「社會文化模式」脫節，所探討的傳播效果多半是短期的、顯著的、可以衡量的，很少去發現媒介長期的、潛伏的、而未必可以用量化衡量的效果。這是未來值得努力的一個方向，也是我們必須向社會學及人類學借鏡之處。

李普曼（Lippmann, 1922）提出「塑型化」（stereotypes）的觀念，傳播媒介組織（及其他社會機構）把外在的客觀現實，化為我們「腦中的圖畫」。一般人的感官經驗極有限，對於許多事情的解釋，只能透過媒介所塑造的象徵世界去瞭解，而無法一一透徹求證或思考。李普曼的說法似乎有兩層含義，一是肯定「客觀真理」的存在，另一是說明新聞記者必須透過「塑型」去理解這個「客觀真理」，所以新聞充其量只是儘量逼似真理，却非真理本身。當然，近年來學者對於新聞製作過程有更精闢的分析（見第二——四章）。

很多卓然有成的專欄作家，發表「權威」的意見，所謂一言九鼎，主要因素是他們透過媒介，界定、建構、塑造社會現實與世界觀。在資本主義的「自由意見市場」固然如此，在一些極權國家更是如此。難怪

在蓋世太保的宣傳字典裏，格外強調要嚴格控制消息發佈的技術。中國的一句成語「衆口鑠金」，只要人人都說曾參殺人，完全聽不見反面的聲音，久之假可亂眞，謊言獲得「眞理」的地位。當今以傳播科技之精，這種混淆黑白是非的危險更大。

今天中共當局也毫不留情揭穿「文革」的騙局，但當時爲什麼許多中外學人都信以爲眞呢？原來，「四人幫」全面控制新聞工具，壟斷新聞，大搞「假（話）、大（話）、空（話）」，儘在象徵層次上泡製革命的假相，人們無從核對它的可靠性，乃逐漸吸收那一套壟斷性的世界觀，有時連自己也未必知道，直到「四人幫」垮臺，一切瘡疤被揭出來，才發現在表面的熱情與理想之下，原來骨子裏封建透頂。再說，也就是這一套別無分店的「世界觀」一旦被摧垮後，國內人民對中共的媒介更不信任，才有所謂「三信（信任、信心、信仰）危機」的出現。這一點，相信不從社會文化的角度來觀察，不容易有眞切的瞭解。

二、「心理動力模式」的再商榷

「心理動力模式」不是錯，不是沒有用，但它有一些問題，本節便要從社會心理學的觀點，再一次嚴格地討論這些問題。

「心理動力模式」觀察的焦點在於態度，以態度連繫認知與行爲；它假定人是理性的，從知到行有一定的內在邏輯。其實，態度和行爲之間未必有什麼關聯；或者說，它們在某種情況下有關聯，但在其他情況下則否。

知行不合一，這是普通常識，但學者却把人過分理性化，假定知後必行。中國人露骨地罵人「滿口仁義道德，實則男盜女娼」，表示是講一套做一套的僞君子。因此王陽明要提倡「知行合一」之學。

若干年前，有一部電影，叫做「誰來晚餐」，諷刺一位平素同情黑人處境的白人，臨到自己女兒要嫁黑人，却大力反對。六十年代美國學生暴動，許多號稱自由前進分子儘管倡言男女平等，却命女人煮飯，男人則聚合商討進攻教室的大計。此外，拉匹爾 (LaPiere, 1934) 在普遍反華的三十年代美國社會，約請一對有頭有臉、衣冠整齊的華人夫婦乘車旅遊，結果只在兩處當面被拒絕，百分之四十的旅館對他們還算禮貌；但他們回家之後，寫信給二百五十家旅館預訂宿位，却有九成回信說不歡迎華人。

簡言之，口頭上的表示是普遍、一般性的態度，但行為則非具體不可。籠統的態度容易支持或改變，而實際行動則難(Fishbein, 1967b)。許多態度研究完全靠紙上談兵，看對象是否支持一個籠統的立場，所以即使發現態度改變了，行為却通常不受動搖。例如各種家庭計畫研究結果顯示：有七成至九成的人贊成家庭計畫的措施，但真正要他們上醫院接受結紮手術時，肯聽從的人只剩下一成 (Schramm, 1973: 217)。

何況，有一種人一問三不知，對某些問題並沒有真正的「態度」，他們的口頭答案是被研究者逼出來的。要是所問的「態度」對他們根本無關痛癢，那麼他們的答案就更可疑了。在美國大選的研究中顯示，有一羣選民在歷次選舉中的態度相差很大，沒有規則，也沒有統一性，他們善變，既無資訊做為判斷的依據，又未建立明確的態度，在問卷調查時只是隨心所欲給個「答案」而已；這些「答案」當然靠不住，用它來預測投票行為更是風馬牛不相及 (Converse, 1970)。

什麼是態度？據估計至少有三十四種理論，來探討這個介乎刺激與反應之間的「概念」(Suedfeld, 1972)，可見態度研究的複雜、蓬勃與混亂。這裏，我想用羅基奇 (Rokeach, 1968) 的定義：態度是「信仰的持久性組織」，由事物和情境構成。這個定義有兩點值得注意：（一）

情境的因素；（二）信仰的「組織」。

　　——情境的因素：態度不能在社會眞空下發展，傳播行爲必須在社會結構下透視。因此，光看事物的刺激不夠，應該兼顧人們對事物與對情境的反應，以及事物與情境之間的聯繫。前面所擧的拉匹爾（LaPiere, 1934）一例顯示，在不同情境下（當面求宿或寫信）人們對事物的反應可能不同。

　　——信仰是有組織的，分中心與外緣兩個層面。「中心的」信仰指一個人的終極價值（例如自由、平等），代表信仰與信仰之間緊密的聯繫，最顯著，最重要，最難改變。一旦「中心的」信仰改變了，則像牽一髮動全身，也會改變整個價值系統的衍生的「外緣」部分。「中心的」信仰的其認知基礎，卽是用感官經驗和因此引申與抽象化者，幼年成長時的許多經驗往往屬之。過去的傳播勸服研究常忽略情境與信仰的組織這兩大問題。

　　最後，認知——態度——行爲改變的單線式模式，並無其必然性，而只是一種可能性。在不同情況下，我們還可以發現（一）行爲——態度——認知改變，與（二）認知——行爲——態度改變的途徑（Ray, 1973）。更有學者指出，傳播媒介的效果主要在於改變認知結構，而不是態度結構；而媒介的認知功能主要在於建構一個社會現實，讓人們知道在社會環境之中有些什麼東西存在，什麼最重要（見第十與十一章）。

三、社會文化模式：例子與展望

　　傳播媒介在整個社會發展的過程中，扮演一些重要的角色——如勸導、教育與娛樂。但我們一般人平日從媒介所學到的，却是偶然的，沒有

計畫的，不經意的。我們的直接感官經驗太窄，譬如以井窺天，故須靠傳播媒介來提供社會的印象，確立各種現象之間的關係，聯繫一羣「社會事相」以形成「意義」。我們通常就是這樣學習到社會價值、信仰和道德標準。距離我們直接經驗愈遠的事件，傳播媒介的影響力愈大。例如我們從未去過美國或烏干達，但我們知道雷根當選美國總統或阿敏在烏干達政變中被推翻，以及這兩件事對我國的利害得失如何，傳播媒介扮演最重要的「中間」角色——它替我們畫了一張世界政治的「地圖」，雖然這張「地圖」充其量只是逼眞「地理」，但對我們的世界觀却提供了不可或缺的索引。

「社會文化模式」在抽象層次肯定媒介有能力建構社會現實，使人們有析事的參考架構。它着眼於媒介的長期效果，往往要靠歷史性、文化性的全面瞭解，這是與「心理動力模式」大異其趣的。

現有的研究之中，採用「社會文化模式」爲主導取徑者少而零碎，不足以明確地指出在什麼情況下，傳播媒介會如何解釋社會現實，描繪印象，或提供規範。這裏不妨舉幾個「社會文化模式」的例子以說明之。

第一，哈特曼與哈斯班 (Hartman and Husband, 1974) 研究英國學童對有色人種移民之印象：一般人對有色人種的移民無直接親身接觸的經驗，多半賴媒介獲得主要的資料，媒介並沒有鼓勵種族歧視，但它使人肯定移民是一個眞正的「客觀的」社會問題——特別是住在與移民隔絕的地區的學童，只能靠媒介來解釋「移民」現象，比住在跟移民有親身接觸的地區者，更容易認爲移民製造社會問題，導致社會紛爭。

第二個例子：柯恩與楊 (Cohen and Young, 1973) 研究英國的傳播媒介如何處理、報導「歧異分子」（如吸毒者、左派暴徒）的新聞：他們並未發現直接或明顯的「效果」，但媒介所提供的消息告訴羣衆一些社會規範的分寸與界限，什麼是社會普遍許可的，什麼是不見容於社

會的。此外，媒介還有大肆渲染誇張「歧異事件」的傾向，它無疑是社會控制的工具。

第三個例子：葛伯納（Gerbner et al., 1976）研究美國電視的暴力節目使學童看了以後對世界充滿恐懼。這一套研究已做了十多年，最近很多人對它們的結論提出反證，但它們的基本假設毋寧是相當接近「社會文化模式」的（詳見第十章）。

六十年代美國社會動盪，國會撥出巨款研究媒介如何報導暴力與色情。在心理動力的層次上，並不容易找出媒介的短期「效果」。即使以社會文化的層次來說，也是見仁見智，有人認為媒介大量報導暴力，使整個社會對暴力見怪不怪，擴大了社會對暴力的容忍度，但也有人認為媒介增長社會暴戾之歪風。儘管衆說紛紜，從社會文化層次來看，媒介的長期力量——提供消息，鑄造個人與社會的印象——殆無可疑。

如前所述，目前的研究尚不足以建立一些通則，解釋在什麼情況下媒介會怎麼建構那些社會現實。社會文化層次還是個相當籠統的概念，充其量是一種分析的角度，今後應該疏解其確切的定義和指標，建立各種因素之間的關係，並在研究方法方面兼容並收，除了實驗和問卷調查以外，野地觀察和個案研究也都應該受到鼓勵。

四、『人・信息・媒介』

宣偉伯的著作替傳播研究創樹了典範和指標。這裏只打算對他的一本書——『人・信息・媒介』，提出一些初步的觀察。

『人・信息・媒介』把人擺在第一位，無形中肯定了人在吸收媒介信息的主動性，這一點承傳了所謂「頑固的閱聽人」之說，在個人心理層次是說得通的，在社會文化層次則未必。

其次，這個書名缺乏「社會」，也許「社會」本身被視爲當然，被視爲背景，宣氏只注意到人、信息和媒介的三角關係，但似未把它們納入社會的架構裏邊，我們不容易瞭解社會如何影響媒介，媒介如何影響社會。

另外一樣被忽略的是傳播者，此書也只把它視爲當然，所以但問媒介信息對人產生什麼「效果」，少問媒介組織製造什麼產品，它的職業規範、專業意理和組織行爲對信息的製作有什麼影響。

宣氏既以「效果」爲主，但却只侷限於個人心理層次的效果，很少探討社會文化層次的效果。大體上，他所尋找的效果可以說是短期的，微觀的，態度性或行爲性的。就光拿個人心理模式來說，此書資料頗爲陳舊，頂多代表了六十年代以前的傳播研究，至於七十年代以來的大變化幾乎都沒有發揮❹。

一個學科必須不斷地內省，才有進步。這裏我把宣偉伯當成試金石，我們要跨在他的肩膀上向前邁進。

---

❹ 再版校注：宣氏所著此書的第二版（一九八二年）已略介紹七十年代的研究，但對社會文化模式仍甚忽視。

第 十 章

傳播的社會效果(一)：
選舉·危機·暴力

一、媒介是社會控制的利器

一九四八年，哥倫比亞大學兩位著名的社會學家拉查斯斐和墨頓 (Lazarsfeld and Merton, 1948) 發表了一篇鏗鏘有聲的經典文章——「大眾傳播、大眾口味、有組織的社會行動」。

當時，一些傳播研究的先驅學者經歷第二次世界大戰的浩劫，驚魂甫定，對希特勒無所不用其極地操縱傳播媒介的往事記憶猶新，因此不自覺地誇大媒介的負面功能。他們譴責媒介使人們長期變得頭腦簡單，弄得人們只會被動地跟着媒介的內容隨俗媚世，順從社會的行動規範。他們又抨擊媒介競逐低俗趣味，降低了社會的文化水平，破壞人們審美口味。

光是騰空來講，媒介的確可以為所欲為，它既可透過報導評論賦人或事以地位，強化社會規範，也可以麻痺人心，傳播先驅學者的筆誅口伐似乎成理。但是，媒介畢竟必須在社會制度裏落實，不能騰空存在。

除非在極特殊的情況下，媒介其實極難全力發揮其潛在的力量。

所以，媒介在「理論上」有什麼效果是一回事，「實際上」有什麼效果是另外一回事。先驅學者們對媒介有「一朝被蛇咬」的心理，往往太高估它作惡的本事。媒介之為善為惡，不是光騰空講就算數的，而得實事求是，配合社會制度的因素，才能作持平的觀察。

現在，不妨暫時騰空來看看媒介有什麼社會功能，然後再將社會制度一併考慮。騰空來說，媒介有三種社會功能：

（一）提高人、事的地位或身分 (status conferral)：一件事、一個人、一個問題，本來是默默無聞，鮮為人知的，但經過媒介的暴露以後，立刻引人注目，取得一種特殊的地位。難怪廣告術的秘訣之一是用名人推銷商品，人愈有名，他推銷的商品也跟着沾光而愈有名。政客們千方百計要給名記者訪問，無非是想藉媒介抬高身價。

（二）強化社會規範 (reinforcement of social norm)：公共道德和私人態度常有差距，透過媒介的報導，可以縮小這差距，個人多半會放棄自己的態度，跟隨社會規範走，不敢隨便踰越。

（三）麻痺人心的負功能 (narcotizing dysfunction)：一般人讀報，看電視，得到一些膚淺的、被動的知識，便自以為深切瞭解了社會問題，以致強不知以為知，甚至以「知」代「行」。他們覺得相當自滿，因而跳不出與媒介的「第二層接觸」，始終提不起勁來解決社會問題，結果培養出普遍的政治冷感。媒介竟因此成了最有體面的廉價社會麻醉劑，吸食者中了毒也不知道。

這三種社會功能是騰空來講的，並未考慮到媒介的主權、結構和實際運作。拉查斯斐和墨頓認為，如果要有效地利用傳播媒介，去完成社會目標，便首先得滿足三個條件，否則不易奏效。那三個條件呢？

首先，媒介的主權是被壟斷的，它們宣傳的價值、政策和觀念都是

獨佔性的，沒有人唱反調，這樣媒介才可為所欲為。極權國家的領導人最明此中竅門了。

其次，媒介只能處理一些疏導性的問題。凡是根深蒂固的態度，或是與自己有密切關係的行為，絕非傳播媒介所能改變。正如大禹治水，只能疏導，不能堵塞。媒介只能有疏導的作用，對於強硬的態度或行為多半無能為力，但為了達成社會目標，却常須改變現有價值系統，光靠疏導是不夠的。

第三，要是傳播的內容旣不是壟斷性的，所處理的問題又不是疏導性的，那麼便必須輔以人際網絡的親身接觸了。共黨國家利用傳播媒介傳達中央政策，靠地方幹部領導各種團體（如小組討論、閱報班），把媒介的內容加以消化，讓團體成員納入意識型態的框框裏。希特勒亦此中能手。但民主國家却作不到這一點。

綜上所述，在民主社會裏，意見不能壟斷，而必須容忍異見，兼容並收，媒介之間的效果也常互相抵銷。媒介所要負擔的社會目標又不止於疏導性的，而得改變人們的預存立場。何況媒介又不易獲得地方團體和人際網絡的輔助，當然無法發揮它「理論上」的功能了。

露骨的說，媒介的角色往往是長期性，潛移默化的。它的主要作用在於加強旣有秩序的安定，而不是處處站在權力的對立面，批評旣得利益階層，要求社會改革。在一般資本主義國家，媒介本身受大商業利益的操縱，與旣得利益結合，當然不會向社會的一些基本問題提出質疑。

維持旣有社會秩序本身便是一種極重要的社會效果。顯然，媒介的社會功能在於進行「社會控制」，而非「社會改革」。後來有一批學者（如 Lerner, 1958）却將媒介的功能浪漫化與理想化，認為是第三世界現代化的中心動力。其實，第三世界的社會結構往往更僵固，更難變通，媒介所受的控制更嚴酷，只能做統治者的傳聲筒，與鼓吹「社會改革」

的角色相差何曾以道里計？

　　許多衛道之士憂心忡忡，大力指責傳播媒介（尤其是娛樂節目）降低了社會上的文化口味和審美標準。拉查斯斐和墨頓認為不必大驚小怪，因為從另一個角度來看，從前文化是少數有閒階級的專利品，現在傳播媒介至少把文化普及化，使社會上多數人沾益。

　　文化口味是否降低了？這個問題複雜萬端，恐怕不易有滿意的答案。從歷史的觀點而言，文化口味是否一直降低，還是媒介普及後才低落？媒介出現後是不是使它更降低？媒介是否逼得文化精英放棄了曲高和寡的作風，以至於彼此競逐大衆口味，或者是文化精英並未改變他們的嗜好，而媒介只是把中下層人士的文化水平提高？傳播媒介和大衆口味到底是一種惡性循環的關係，抑或可以變成良性循環，利用媒介來提昇大衆口味？

　　對於這些問題，拉查斯斐和墨頓在三十年前沒有提出滿意的答案。今天，我們還是沒有滿意的答案。五十年代許多學者為傳播媒介塑造的文化究竟有何價值進行激辯，但多半各說各話，對問題的瞭解並無多大幫助。

二、傳播媒介對選民有舉足輕重的力量嗎？

　　從四十年代開始，哥倫比亞大學社會學家們在拉查斯斐的領導下，研究傳播媒介的效果，便一直以選舉為主要的對象。之後，密西根大學社會研究所承其餘緒，做了很多選舉的調查研究。各項研究的結果一再顯示，媒介對選民投票決定的影響力微乎其微。例如，諾蘭參議員競選加州州長時，在投票前兩天，曾用廣播作二十四小時馬拉松拉票，但研究發現在被訪問的五百六十三位聽衆之中，居然只有三個人動心（兩個

轉向諾蘭，一個背棄他），朋友仍是朋友，敵人還是敵人，並沒有化敵爲友，拉到自已的陣營裏 (Schramm and Carter, 1959)。這是因爲受衆只主動接觸符合預存立場的材料之故。

在從事勸服運動時，傳播媒介常引不起人們的興趣。人們在運動結束後，還是一問三不知，與當初沒什麼兩樣。最著名的例子是：聯合國初創之時，曾在辛辛那提市利用電臺播出一個口號——「聯合國促進和平，你促進聯合國」，每週播一百五十次，運動結束後，有一半的市民竟然根本記不住這個口號，只有三分之一的人知道聯合國宗旨(Star and Hughes, 1950)。

媒介無力改變選民的態度或行爲，一般人對政治不怎麼關心，對這方面的媒介內容也不感興趣。研究指出，在選舉過程中，只有百分之十至三十的選民熟悉媒介在討論些什麼人物或問題，百分之二十是「什麼都不知道的人」(Know-nothings)，剩下的百分之七十至八十是所謂「一般的」選民。會改變態度或行爲的，通常便是這百分之二十「哈也不知」的人 (Sears and Whitney, 1973)。

「哈也不知」者耳朵軟

「一般」選民佔百分之七十以上，他們對政治的「介入感」不高，無興趣理會媒介怎麼說，反正在競選活動揭幕以前已經決定投誰的票，故競選期間媒介的信息難於發揮勸服的功能。他們常依黨籍投票支持本黨人士，否則便抓住一些膚淺的因素（種族、長相、離婚）來作決定。

比較起來，另有一批活躍的選民，約佔百分之十至三十，表面上似乎積極吸收媒介的內容，也熟悉媒介所討論的問題與人事，但這並不代表他們心胸廣或眼界大。顯然他們對政治的「介入感」高，但他們吸收新消息的目的並不爲廣泛瞭解多方面的觀點，而在於印證、鞏固預存的

立場與偏見，以及搜集與人辯論的「武器」。稱這批人為死黨、死硬派，並不為過。他們的傳播行為實是「選擇性的理解」，新消息只要符合其立場和偏見則予吸收，要不然，不是視而不見則是故意曲解。

那麼，到底那些人易變呢？

剩下大約百分之二十的人「啥也不知道」，他們對政治的「介入感」既低，又無強烈的預存立場，只要有新消息傳抵他們，他們可能就會受時尚所左右，隨波逐流。這批「啥也不知」的人耳朵最軟，最容易受媒介影響「變節跳黨」，這在勢均力敵的選舉中常能決定勝負之局。在美國，這種「變節跳黨」不是永久性的，他們通常只受到短期因素的誘惑，例如民主黨人崇拜英雄而投票給共和黨候選人艾森豪，過後便又回歸本黨的陣營去了 (Converse, 1962)。

所以，傳播媒介最能對政治冷漠的選民打主意。英國的研究證據也跟上面所說的大致類似而互有增補。一羣學者(Blumler and McQuail, 1970; McQuail, Blumler, and Brown, 1972) 研究一九六四年大選中電視所扮演的角色時發現，約佔百分之三十六的死黨們忠心耿耿，不但專看支持本黨的電視節目，拒看反對黨的節目，更特別喜歡閱讀黨性突出、壁壘分明的報紙言論，這些人可以躲在自己的陣營裏，找大批材料自我安慰，美化本黨的優點❶。

反之，容易變心的選民（約佔百分之二十六）吸收的電視競選節目遠比「死黨們」少，但效果反而顯著得多。原因是這批人對政治冷漠，看電視多出於習慣，平時不肯主動吸收政治消息，競選期間的電視儘管充滿他們不感興趣的政治資訊，但他們却又怎麼也不肯放棄電視節目，以至於在無心之中接觸了不少電視的選情報導與評論。這批人政治水平

---

❶ 這批學者使所謂「媒介使用與動機滿足」(Uses and gratification) 的研究再度獲得重視。其理論基礎假設及批判，見 Blumler and Katz (1974)。

不高，不足以判斷論據是否充分；旣出乎無心，對於政治信息的心理防禦工事又脆弱，兩個因素加起來使他們易於被拉攏變心。

綜合來說：對「死黨們」，選舉是「高介入感」的刺激，勸服的方式必須符合「學習模式」，使他們依照旣存的認知與立場去找材料，鞏固自己的態度和行爲。而對那一羣「啥也不知」的人而言，選舉充其量是「低介入感」的刺激，他們有政治冷感，對政治信息不必建構心理防禦工事，反而讓媒介的內容趁機長驅直入，改變他們的認知結構甚至投票行爲，這是相當符合「低介入感模式」的 (Krugman, 1965)。

認知與態度

以往的研究結論只道媒介的「效果」有限，當然這得看「效果」的定義是什麼。若光講態度與行爲的改變，媒介眞的只能對少數人（大約百分之二十）起作用；而在一場驚險的選戰中，這批少數人的決定恐怕就能左右勝負了。對於大多數人而言，媒介的「效果」不在於改變態度或行爲，而在於改變認知的環境，使他們接受新資訊和新知識。（詳見下一章，這裏只點到爲止。）

媒介改變認知（資訊）的力量大，改變態度或行爲的力量小。最有力的證據來自馬庫魯與帕特遜 (McClure and Patterson, 1974)，他們把認知和態度分開來測量，發現在一九七二年美國總統大選期間，儘管電視新聞對於選民的「認知」和「態度」都未產生顯著的變化，但電視廣告對選民的「認知」却有一致的、戲劇性的影響（見表 10-1）。

這張表所測量的，是多少人因爲透過尼克森作的電視廣告（攻擊麥高文的立場），而對麥高文（民主黨候選人）的軍費立場有所瞭解。正號代表的是選民被「拉」過去尼克森的廣告信息。詳讀表 10-1，可得兩點結論：第一，改變認知（事實層面）易，改變態度（對事實的贊成或

反對）難，許多選民因爲「暴露」於尼克森的電視廣告，而「相信」麥高文對軍費的看法是如何如何，但他們未必對麥高文的軍費立場起反感。第二，接觸媒介的多寡與認知改變的程度成正比，電視看得愈多，愈易受電視廣告改變認知結構。

表 10-1　電視廣告對選民的影響

		對麥高文的軍費立場之瞭解（認知）	對麥高文的軍費立場之贊成與否（態度）
觀看電視程度	少(%)	+11	+1
	多(%)	+29	+1

來源: McClure and Patterson (1974)

爲什麼電視廣告遠比電視新聞更具效力呢？原因是電視上的政治廣告簡單生動，又不斷重複那幾句，容易被人牢記，同時廣告本身是一種「低介入感的學習」(Krugman, 1965)，人們毋須建築心理上的防禦工事；反之，電視新聞語焉不詳，稍縱卽逝，不易給人留下深刻的印象。此外，美國的電視新聞必須保持平衡客觀，給各候選人大致相等的報導時間，但電視廣告則無此限制，可以全力鼓吹自己這方的優點。

三、傳播媒介有澄清局勢的作用

以往的文獻一再指出，傳播媒介沒有什麼「效果」。這可能一方面是因爲「效果」的定義太窄，一方面是因爲研究技術不夠精密。但還有一個更基本的因素：平時社會過程十分穩定，傳播媒介只是社會過程的一部分，它的效果隱沒於社會過程之中，不易自顯，所以只是「貢獻性

的因素」。

反之，一旦社會過程出現了危機，一些習以為常的行為秩序因此被破壞，這時種種社會團體為了控制、化解危機，把社會秩序帶回穩定的狀態，便會絞盡腦汁，發展出種種傳播新策略，於是傳播媒介乃突出了它的力量。換言之，在社會危機出現之時，資訊的流通率必定會大幅度增多增快，以滿足人們對資訊的「飢渴」，這樣人們才能監督或守望環境，解決社會系統的需要；單純的人際傳播已經不夠用，必須借助於現代傳播媒介，以穿越種種原有的阻礙，直接安定人心❷。

在美國甘迺迪總統遇刺殞命的悲劇中，電視扮演澄清局勢的角色（Schramm, 1965a）。甘迺迪英年遇刺，他所突出的英雄形象被粉碎了，人們悲痛逾恒，全國不分男女、老少、種族，無不陷入徬徨、哀痛、焦慮之中。在他被刺半小時之內，醫生尚未宣布他死亡，全國已經有半數人口透過電視曉得這件事。一小時內，全國百分之九十的人都曉得。當天下午，百分之百的人都曉得。資訊流佈之快，無以倫比❸。其後三天半，全國各大電視網幾乎擱下一切旁的新聞，全力以赴報導甘迺迪出殯的消息，而且有高達全國半數的人口連續不斷的觀看電視報導。連平時對政治不熱心和「一問三不知」的人皆一掃而空。

宣偉伯認為，傳播媒介（尤其是電視）在這幾天發揮了奇蹟式的效果。首先它提供消息，讓驚惶失措的社會大眾知道發生什麼事，如何發生，為什麼會發生，替他們解答心中一連串的疑問。然後又配合種種解釋，讓局勢逐漸明朗化。接着，開始把受創傷的國家元氣重新補足，鼓

❷　其實，Klapper (1960) 已經提到這個理論上的可能性，後來的學者往往忽略這點，只着重媒介「強化預存立場」的功用。近年，Davis (1977) 又重新提出這種看法。

❸　這是一個「高介入感」的消息，其流佈的過程一開始即出現極陡的曲線，而非一般 S 型累積曲線。參見第七章、

舞大家將眼光放在新總統身上，將注意力移到新的問題，接受新的挑戰，使整個國家又回復到正常的軌道上，向前勇往邁進。

局勢沌濁之時

在社會危機出現之時，媒介固然有定心丸的作用，在一般局勢沌濁不清之時，媒介也有澄清的作用。選舉初期，各方豪傑出馬角逐白宮寶座，這時選民對候選人的聲望、立場、背景都知道得很少，傳播媒介成了一般人獲得知識、塑造印象的主要來源。美國黨紀鬆弛，何況以黨籍決定投票的傳統也逐漸削弱了❹，媒介在澄清局勢的作用當更突出。特別最近幾屆總統選舉，自從「水門案」爆發後，美國領袖人才出荒，卡特對福特，卡特對雷根，他們的才能普受舉國的關注，雙方乃不惜花大把錢，聘請專家設計形象，透過電視媒介的包裝「呈現」給全國觀衆。

拿甘廼廸與尼克森的一九六〇年電視辯論爲例，人們對甘廼廸的能力、資歷、宗敎信仰（天主敎）在在都有疑慮。他是政治舞臺的生手，頭角初露，主動向當時的副總統（兼共和黨總統候選人）尼克森挑戰，尼克森自恃辯才無礙，一口氣答應下來，上電視辯論。不料數場辯論的結果對甘廼廸大爲有利。其關鍵倒不在於他把對方的支持者「拉」走多少，而在於爲許多半信半疑的本黨（民主黨）人士清除了心中的疑慮，以致放心地投他一票。

研究結果顯示，經過辯論，民主黨人士對甘氏印象好轉者，多於對尼氏印象好轉的共和黨人士；共和黨人士對甘氏印象好轉者，多於民主黨人士對尼氏印象好轉者；而獨立人士則多對甘氏印象好轉。綜合三十一項研究的結果，沒有證據足以顯示辯論改變選民的態度或行爲，但却影響了半數公衆對候選人的印象 (Katz and Feldman, 1962)。

❹　這方面文獻可參考 Campbell et al. (1960), and Nie et al. (1976)。

　　大抵上，佔下風的候選人比較熱衷於電視辯論，想利用電視建立好的形象，甚至作孤注一擲的打算。一九七六年，福特總統之所以願意「移樽就敎」，和無籍籍之名的挑戰者卡特上電視辯論，乃是因爲福特聲望極低，他的總統職位原不是靠眞本事得來，而是歷史的偶然，即「水門案」爆發後的折衷人物；因此明知辯才極鈍，也被迫應戰❺。一九八〇年，卡特的聲望岌岌可危，所以只得應戰辯才無礙的雷根，非所願也，實不得已耳。一九七九年英國首相卡拉漢（工黨）在民意調查獲得的支持遠遠落後於保守黨對手戴卓爾夫人，戴氏斷然拒絕卡拉漢提出電視辯論的要求。（同樣的，一九八〇年卡特爭取民主黨黨內候選人地位穩操勝券，故對愛德華‧甘廼廸參議員提出電視辯論的要求置之不理。）

卡特不是雷根

　　這裏有一段插曲。一九八〇年十一月三日時代雜誌列出一張表，舉了七個支持卡特的理由，另七個支持雷根的理由，其中有一項說人們支持卡特是因爲「他不是雷根」，反之亦然。這不止是俏皮話，而是對領導危機的無可奈何。民意測驗的結果顯示兩人的聲望互有起落，高達百分之十三至二十的選民在最後關頭還猶疑不決，不曉得該投誰的票，怪不得專業民意測驗者小心翼翼地宣佈：「太接近了，無法決定鹿死誰手！」

　　殊不知雷根最後獲得壓倒性勝利。爲什麼？因爲後來兩人上電視辯論，雷根原是好萊塢老演員，場面應付裕如，談笑風生，掃空人們對他好戰、無能的印象，他更主動攻擊卡特的政績（「問問你自己：跟四年前比，你的日子是否過得更好？」）結果這些「未決」的選民紛紛倒向雷根。這些巨大而微妙的變化，其實雙方候選人僱用的民意測驗專家都

❺　關於此次辯論的研究，見 Kraus (1977)。

掌握到了，因為他們訪問的次數多，故比商業性（公開）民意測驗公司更準❻。

四、電視與社會暴戾

我們常聽到一些聳人聽聞的事件，把電視定為罪魁禍首，認為它是社會罪惡的根源（至少也是幫兇）。一九七一年由於電視播放一個節目，描寫在某個高度時預先佈置的炸彈因氣壓的緣故而炸毀客機，一個月內澳航接到相同的威脅，勒索五十萬美元。

前些年美國佛羅里達州，曾有位古巴移民後裔的高中生開槍打死人，他的辯護律師怪這是從電視學來的禍。

巴勒斯坦游擊隊刼機事件經過電視實況報導，似乎像吹了一陣流行性感冒，病菌傳染到全世界各地，有一陣子刼機案此起彼落。

矛頭總是指向電視。

電視當然有它的科技特性，可以鑽隙覓縫，穿越文字的障礙，用畫面生動地傳達經驗。但光怪電視也不完全公平。其實，從前社會上有識之士也責怪過電影、連環畫、廣播，今天輪到電視──因為它最新，最惹眼。

美國在六十年代經歷「第二次革命」。甘廼廸兄弟、金恩牧師遇刺，反越戰示威，民權種族運動，學生運動，婦女解放運動，一連串新的大變革逐一登場，攪得天下大亂。平時無所謂，這時社會大衆的眼光便轉向傳播媒介，一來要防止它助長暴戾之風，二來要利用它平抑暴亂。一九六八年，詹森總統任命「全國暴亂原因及防止委員會」，屬下設有「大

---

❻ 事後，臺港之間有人寫文章說民意測驗無用。其實不然。民意測驗技術上的可靠性已不容置疑，這次的失誤是因為選前數日形勢變化太大，而民意測驗又未及時加以「捕捉」。如果選前最後關頭再做民意測驗，其預測當可無失。

衆傳播與暴力工作小組」，翌年發表一篇報告 (Lange et al., 1969)。

一九六九年，美國聯邦衞生、教育及福利部部長請求國會授權，任命了「電視與社會行爲科學諮詢委員會」，撥款一百萬美元，資助二十三項研究，於一九七二年匯集研究成果，凡五册，這是有史以來對電視與暴力的關係所做最廣泛的探討。

是不是問錯了題目？

這五册報告對電視與暴力的關係提出什麼明確的答案？ 沒有 。學者、電視界人士、政客和社會人士衆說紛紜，莫衷一是。各報告往往加上層層的「但書」，不敢遽下斷語。有人認爲其間有因果關係，電視的暴力節目使觀衆模仿犯罪行爲，助長社會上暴戾之風；有人認爲這個關係只適用於「某些人」；也有人覺得必須有「社會情境」這個關係才會顯現出來。例如宣偉伯 (Schramm, 1973: 164) 說，電視對眞實生活的暴力是「貢獻性的因素」。這是個夠含糊的結論了。

這個題目牽涉到人和社會道德，當然不可能像白老鼠一樣拿去做社會實驗，故因果關係殊不易用直接證據建立，而必須使用間接證據推論，但因此會引起種種不同的解釋。

其實，整個問題恐怕都問錯了。看電視的暴力節目，會不會導致兒童的某些反社會行爲？ 在日常生活中，我們很難把特定的效果從種種社會因素中抽離出來；即使電視上的一些情節未必與某些特定的效果（如反社會行爲）有關，但這些情節却有看不見、潛在的效果，日積月累，塑成一個型式，對整個文化却大有影響 (Bogart, 1972-73)。換言之，從短期來看，也許看不出電視對暴力行爲的影響，但從長期來看，也許便可以察覺暴力節目有力地鑄塑了民族性格。如果和我們在前面幾章所說的聯繫起來，那麼我們應多探討長期的社會文化效果，而不要把眼光侷

限於短期的心理效果。

必須指出的是：電視與暴力的關係本身不可能發展出獨特的理論，實際上它只是整個媒介效果研究的一個環節，必須仰賴旁的理論作依據。這項龐大的研究受社會重視是因為政治和社會的理由，而非學術上的貢獻。這一點，先從狄弗勒 (DeFleur and Ball-Rokeach, 1975: 218-236) 便可探得線索——他們把這五互冊的研究歸納成四種理論，彼此之間互有矛盾，關係緊張，並不能明確的指出「在什麼情況下」那一種理論成立。這四種理論是：（一）取代性的參與；（二）侵略性的線索（即「刺激」效果）；（三）觀察學習（即「模仿」效果）；和（四）強化。現在逐一引介。

（一）取代性參與

這種說法的大意是：人們日常生活中有挫折感，一旦爆發可能會引起侵略性行為，但若透過別人的侵略行為「感同身受」，作替代性的參與，則可舒解自己的挫折感 (Feshbach, 1961)。例如看到電視暴力節目主角（間諜、私探）採取暴力手段，自己「心嚮往之」，跟着投入情節過程，因此等於替自己出了一口怨氣。

此說基本上建立在「個人差異說」的基礎。換句話說，個人在還沒看電視節目之前已有積悶或敵意要發洩，看電視節目後便趁着發洩，純粹為滿足個人心理上的需要。後來，理論經過修正，認為低階層人士比中階層人士更需要發洩這種積悶，因為後者的家庭教育較好，可以有效地控制情緒的發洩(Feshbach and Singer, 1971)。於是這個理論乃推進到「社會範疇」說的應用上面。

假定此說成立，則暴力節目不但不應取締，反而是造福人羣，多多益善，是減少社會暴力的利器。可惜此說所得到的支持證據十分不足。

（二）侵略性的線索（刺激）

這是「刺激──反應」學說的應用，大意說人們若接受侵略性的刺激，便可能從中獲得線索或暗示，從而在生理上和情緒上增加侵略行為的反應 (Berkowitz, 1962)。

在下面這幾種情況下，最容易獲得侵略性的暗示：

──在暴露於侵略性材料的時候，如果挫折感愈大，愈容易從中獲得暗示。

──如果電視主角的侵略行為愈合理（例如出於報復或自衛），愈可能獲得暗示。

──如果電視的描寫與觀眾發怒的情況愈相似（例如同名、同性質的職業），則愈易獲得暗示。

──但若電視節目指出暴力行為製造人家的痛苦災難，進而激發觀眾的「罪惡感」，則可能制止他們的侵略傾向。

假定此說成立，電視節目便得妥善選擇，多選足以抑制暴力的節目，少選足以助長暴力的節目。在實驗室所得到的發現常支持這種說法，但把它用來解釋日常生活却常是不恰當的。

(三) 觀察學習（模仿）

這種說法的大意是：人們觀察電視節目的侵略行為之時，在若干情況下，會跟着學習或模仿具有侵略性的電視角色 (Bandura and Walters, 1963)。

前面說的侵略性線索之說，着重於自發性的刺激反應。但觀察學習之說却認為學習所得的侵略行為不是自動發作，而必須有適當的情境配合才行。例如一個人期望侵略行為會獲得報償，若電視所描寫的情境適與觀眾看完電視後的情境相似，或者一同看電視的人同聲讚揚電視主角的侵略行為（「有種」，「有本事」，「有道理」），那麼這個人便獲

得社會支持，而去模仿電視節目的侵略行爲了。

假定此說成立，那麼我們便應當控制暴力如何被描寫，以減少模仿的機會。

此說也有許多實驗結果加以支持。

（四）強 化

這種說法是「社會關係」說的延伸，大意是：傳播媒介的信息（包括犯罪性節目）必須透過一連串「過濾」的程序，才能抵達社會大衆。這些「過濾」的機構包括文化規範、社會角色、心理特徵、家庭或同事。它們合起來「洗刷」、削弱了傳播信息的力量，所以暴力性電視節目既不顯著增加也不顯著減少觀衆侵略的傾向 (Klapper, 1960)。

但少數心智不穩定的人例外。 例如某些血氣方剛的青少年， 與師長、父母、朋友缺乏穩固的關係，既不受團體的約束，又得不到明確的指導，所以可能會逞強去師法暴力節目的主角，採取侵略性行爲。

前三種說法多半靠實驗室的證據，來研究傳播媒介的短期效果。第四種說法却強調實地調查，分析社會團體的壓力發生什麼作用，比較注重社會關係的因素。

假定此說成立，媒介對犯罪的描寫並非受衆犯罪的原動力，充其量只能加強他們現有的犯罪或侵略傾向。社會適應良好的人即使接觸這類侵略性節目也無大礙，但對於適應不良的社會分子（尤其是原已具有侵略傾向和挫折感的人），這類材料不啻是提供一種激勵劑，不能不懼。

五、電視與「卑鄙的世界」

除了以上這四種理論以外，最受矚目的還有賓州大學傳播學院(Gerbner et al., 1976, 1977, 1979) 的一系列研究計畫。他們自從一九六七

年以來，逐年抽樣統計美國電視裏戲劇節目的「暴力指標」（卽描述暴力的內容之多寡）及「電視內容的形象」，並且還分析電視所造成的「象徵環境」對觀衆產生什麼影響。

他們的結論非常簡單、明瞭而駭人：由於美國電視是個充滿暴力的世界，電視看多的人久而久之受到影響，比電視看得少的人更易覺得世界是卑鄙的，可怕的，不安全的。

賓大這套研究計畫十多年來特別引人重視。它的結論斬釘截鐵，與一般媒介效果的研究大相逕庭，使得關心電視的社會效果人士大為震驚。而且它又不啻向當今電視公司的社會責任下挑戰書，使得從業者非小心翼翼地去處理、應付不可。一般社會研究常是抓住某段時間而已，賓大研究則持續十幾年不中斷，應該足以建立比較可靠的結論。然而，必須指出的，是最近有許多學者對賓大研究的步驟、方法、定義指出嚴厲的批判，甚至搜集了反證來推翻賓大研究的結論。

我們所以要在這裏介紹賓大研究，有兩個道理：其一是如前所述，它在過去十多年享有盛名；其二，它的一些假設不但與「社會文化模式」（第九章）頗接近，並且指出了媒介有建構世界觀（第十一章）的功能。卽使它的結論不一定成立，基本的構思仍然值得參考。

電視像宗教儀式

賓大研究有以下四個主要的基本假設 (Gerbner and Gross, 1976)：

第一，電視是美國社會文化的中心機構，其作用在於延續或維持傳統的想法、信仰和行為，而不是去改變、威脅或削弱它們。（這一點類似本章第一節所說的「麻醉負功能」。）電視建構了社會現實，提供了一貫的「圖畫」，讓人知道有什麼存在，什麼是重要的，什麼與什麼是相關的，什麼是對的。（換言之，電視所建構的「象徵世界」與眞實世

界不同，但却影響人們對眞實世界的解釋。）

第二，研究「電視世界」必須看整體，不是看孤立的成分。不能把新聞、廣告、特別節目硬性從整體分割出來觀察。唯有從整體才看得出「象徵世界」怎麼組織社會上的共同假設或定義。我們不應該支離破碎地去分析傳播信息如何改變人們的思想、態度和行爲，而應該探討它如何穩固旣有社會秩序與文化規範。（這一點是與傳統的「心理動力模式」大不相同的。）

第三，美國的商業電視，就像其他媒介一樣，提供了整體的、有機的世界形象，它是由各種新聞和戲劇組成的，根據同一套市場規格製作的。

第四，電視觀衆是不選擇的，反正日以繼夜的看，管它是什麼節目。看電視已經成爲一種儀式，就像宗教一樣；要有什麼不同，只是人們對電視這個儀式看得更勤而已。

暴力統治的世界

根據賓大研究，電視提供的「象徵世界」與眞實世界頗有出入，前者往往誇張暴力的可能性。 表 10-2 列出兩個世界「走樣」的程度。這張表顯示，電視看得多的人比較容易高佔：

- 每週介入暴力的可能性。
- 男人中做執法與破暴工作的比例。
- 暴力罪的比例。
- 陌生人進行致命暴力案的比例。

此外，賓大研究 (Gerbner et al., 1977) 又發現，電視看得多的人易於覺得：

- 大多數人不可信任，跟人打交道非小心不可。
- 大多數人有機會時一定會佔便宜，不會求公平。

・人們多牛只顧自己，不願助人。

・世界是卑鄙的，可怕的。

總之，這項研究一再強調，電視提供一貫但歪曲的圖畫，誇張了暴力的比重，致使電視多看的人耳濡目染，而不自知，也因而覺得現實世界是充滿暴力的，卑鄙的。

賓大研究歷年來不斷發表報告，指出電視所建構的「暴力世界」對觀衆產生的影響極大，卽使控制性別、年齡、敎育及種族因素，其關係仍然保持相當穩定，無重大改變。換言之，電視的效力是眞的，不是假的，不能被其他因素輕易解釋掉。

賓大研究享譽十多年，謗亦隨之。近些年，有許多學者對它提出嚴重的批評。這些批評大致分爲三方面：第一是對它的內容分析提出質疑，認爲分類的定義武斷，所抽的樣本不夠代表性 (Comstock et al., 1978: 64-84)，電視界人士對此尤有意見[7]。

第二種批評是針對暴力的「象徵環境」。電視節目的虛構情節中雖然暴力充斥，它建構的「象徵環境」未必便是「暴力所統治的世界」。其實，電視上所表達的思想與符號，深埋於美國文化之中，並非電視獨力「創造」的；對美國人而言，「暴力」包含多種意義，不像賓大研究所說的因果關係那麼簡單。此外，先研究電視內容表現的形式還不夠，必須深入瞭解節目製作的公式，才能明白電視如何組織思想。更重要的一點，「暴力」的解釋應該從觀衆的角度出發，而不單從研究者的角度出發 (Newcomb, 1978)。

第三種——也是最嚴重的——批評則是把賓大研究所用過的資料重新分析，發現它的結論全站不住脚。如果把一羣變項（年齡、居住區、

---

[7]　見 Journal of Broadcasting (Summer, 1979) 有哥倫比亞電視公司研究部門人員和賓大學者的辯論。

看電視時間、收入、敎育、性別等等）用統計原理予以同時控制，則發現電視內容對觀衆的世界觀並無多大影響；也就是說，它們之間的關係大體上可被這一羣因素解釋掉 (Hughes, 1980)。更奇怪的是「不看電視者」反而覺得世界最可怕，這個發現與賓大研究正好完全相反，此外還有許多驚奇的發現 (Hirsch, 1980, 1981)。這些分析對賓大研究的資料可靠性提出致命的打擊，不得不使人對它重新估價❽。

表 10-2 「電視世界」與「真實世界」

問　題（下邊加線者代表「電視的答案」）	「眞實世界」	「電視世界」
1. 在每一週，你介入暴力的可能性是<u>十分之一</u>或百分之一？	每百人中有零點四次（一九七三年警方資料）	有百分六十四點四的主角介入暴力（一九六七～七六年研究）
2. 所有男人中，有多少的工作與執法和破暴有關？百分之一或<u>百分之五</u>？	百分之一（一九七〇年美國普查）	所有男主角的百分之十二（一九六九～七六年研究）
3. 有多少犯罪案是暴力罪（如謀殺、強姦、搶刼、攻擊）？百分之十五或<u>百分之二十五</u>？	百分之十（一九七四年美國統計摘要）	佔所有電視犯罪主角中的百分之七十七（一九六九～七六年研究）
4. 是否大多數致命的暴力發生於<u>陌生人</u>或是親戚朋友？	百分之十六的殺人罪發生於陌生人，百分之六十四發生於家人或朋友（一九六九年全國暴亂原因及防止委員會）	百分之五十八發生於陌生人（一九六七～七六年研究）

來源: Gerbner et al., (1977)

---

❽ Wober (1978) 用英國的資料也未發現相同的結論。Hawkins and Pingree (1980) 所用美國資料則予部分支持。

　　即使綜合以上三方面的攻擊，賓大研究在實證上不一定站得住脚，但它的基本假設仍然不必輕廢，至少可做爲構思的素材，進一步去小心求證。至少，它主張從整體宏觀來探討媒介的效果，是相當可取的，這一點我們在上一章已經說過，下一章還要詳細介紹。

第十一章

傳播研究的社會效果㈡：
「議題設定」・「知溝」

一、「議題設定」：傳播媒介建構未見的環境●

傳播研究在過去數十年路子愈走愈窄，逐漸走向死胡同，直到最近
十年學者們從沉思與反省中覺悟到，傳播媒介的效果不在於改變個人的
態度與行為，而在為人們建構社會環境。正如李普曼說的，這其實就是
把「外在的世界」化為「腦中的圖畫」。

如果我們不把「傳播」兩字釘死在媒介，那麼本世紀初社會學家古
利 (Charles Cooley) 便說過，現代傳播的成果將「使人性伸張，……
使社會能夠建立在人類較高的官能，在理智與同情的基礎之上，而不是
依靠權威、階段或煩瑣的慣性。它們代表自由、遠景與無窮的可能性
❷。」這種樂觀的看法與第一次世界大戰以後對媒介的恐懼形成強烈的

● Agenda-setting 這個名詞在中文苦無適當譯詞，或譯為「議題設定」，
勉強達意，但仍不如轉述原意，即「建構未見的環境」為佳。

❷ 引自 Wesley (1976)。

對比。

近幾年，傳播媒介的「認知」功能受到還原、重視。其中一項比較有成績的研究角度，稱為媒介的「議題設定功能」(agenda – setting function)：

> 報業多半不能告訴人們想什麼 (what to think)，但它告訴讀者
> 該想些什麼 (what to think about) 卻出奇地奏效。

這個假設原是柯恩 (Cohen, 1963) 在研究華府外交記者時最早提出的，而經馬堪與蕭二氏 (McCombs and Shaw, 1972) 予以實證支持。

馬堪與蕭二氏比較在一九六八年美國總統大選期間，全國性媒介和北卡羅萊納州首府的地方媒介在三個星期內報導資訊的異同，並探討這些報導如何影響當地選民對選舉的認識。他們所使用的研究方法有兩種：

——首先，他們用內容分析的方法，把媒介所報導有關選舉的各種主題分成三大類，計十五項，以衡量媒介對各類報導所賦予的比重。這些主題是：（一）政策問題（外交、法律與秩序、財政、公共福利、民權、其他）；（二）選舉本身（民意測驗、競選發生的事件、選情分析）；（三）候選人對其他候選人的評論（韓福瑞、麥斯基、尼克森、艾格紐、華里斯、李梅）。內容分析的結果顯示，多半的報導都是以選情分析為主，很少討論政策問題。

——他們又抽樣訪問當地一百位居民，皆是到最後關頭仍未決定投票給誰者。這批「未決者」往往是游離分子，最容易受媒介所左右（見第十章），故是探測媒介效果最敏感的標竿。

馬堪與蕭氏要這一百位居民作出獨立判斷，列舉心目中認為最重要的選舉主題。他們發現選民的判斷與媒介的報導非常一致，相關係數高

達．967，所以

> 讀者不但（從新聞報導）獲悉某一特定問題，還從新聞報導對
> 該問題所賦予的分量與地位，獲悉該問題有多重要。

換言之，媒介為受眾建構一個認知環境：受眾不僅從媒介獲知重要的問
題，而且依照媒介的指引賦予問題以意義。

現在用圖表來解釋，假定環境有 a、b、c、d、e 五種重大問題，新
聞媒介對它們的顯著性（salience）之高低有一定的評價，而受眾對它們
的顯著性又有一定的評價：

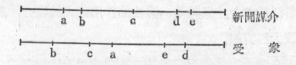

由於新聞媒介替人們的腦子畫鮮明的「圖畫」，提高人們對問題（環境）
的顯著性，使之對事件（或問題）的存在及其重要性獲得新認識；理論
上，如果媒介的報導「完全」影響人們腦中的「圖畫」，兩者全然一致，
相關係數應該高達 1。當然，這只是理論上的可能性，實際上很難有這
麼高的契合度。所以，我們的研究通常是在發現 0 與 1 之間的或然率，
或然率愈高表示兩者的關係愈密切（Wesley, 1976）。於此，必須補充
說明：馬堪與蕭氏發現媒介與受眾對選舉問題的評價之相關係數竟高達
．967，實待存疑，因為他們使用十五項問題的分類失之於粗疏，致使相
關係數「膨脹」，而高估了媒介建構的環境與人們腦中的「圖畫」之相
似性。

「議題設定」與「選擇性理解」

馬堪與蕭合著的這篇文章，發表後立即引起重視，此後有不少學者

根據這條線索繼續探討。平心而論，這篇文章本身在理論上和方法上都相當粗糙，在某些關鍵處也缺乏充分的證據。它的主要貢獻毋寧在提出一些有趣的問題。在這裏，我們想對它提出兩大質疑。

第一，假定媒介報導與人們腦子裏構成的圖畫極為吻合，這究竟代表媒介建構現實的力量，還是因為人們「選擇性暴露」、「選擇性理解」所使然？

換言之，人們可能專挑支持自己預存立場的資訊，不理會（甚至歪曲）對預存立場不利的資訊。例如英國政黨報紙壁壘分明，有些工黨黨員可能只看工黨報紙，對黨的認同使他們的立場（即對各種問題的評價）與報紙的報導深為吻合。果其然，黨性的作用遠大於媒介，媒介建構環境的能力應該大打折扣。

但原作者企圖否定後面這種說法，而肯定媒介建構環境（至少是政治環境）的力量。他們根據數據（表11-1）說明，儘管一九六八年美國三位總統候選人（尼克森、韓福瑞、華里斯）所強調的問題南轅北轍，但選民心目中對這些問題的評價，孰者為主孰者為次，却與新聞媒介整體報導的重點深切吻合——不但對自己擁護的候選人如此，對所有的新聞亦然。也就是說，新聞媒介「整個」報導與「本黨」新聞報導的型態大致相同，可見黨性所引起的「選擇性理解」的作用不大❸。表11-1證明：媒介的確有強大的力量去建構社會現實，超乎我們直接經驗以外的環境，更是如此。

「議題設定」？「反映」？

第二，假定新聞媒介報導與人們對事件的評價吻合，到底是誰影響

---

❸　見 Comstock et al. (1978: 321-323) 第七章。該章論述電視對政治與購物行為的影響，McCombs 為執筆人。

表 11-1　新聞媒介報導的問題重要性與選民心目中問題
重要性之關係（一九六八年美國總統大選）

	相　關　係　數			
	主　要　新　聞		次　要　新　聞	
	所有的新聞	本黨的新聞	所有的新聞	本黨的新聞
哥倫比亞電視公司				
選民（韓福瑞）	.83	.83	.81	.71
選民（尼克森）	.50	.00	.57	.40
選民（華里斯）	.78	.80	.86	.76
全國電視公司				
選民（韓福瑞）	.57	.76	.64	.73
選民（尼克森）	.27	.13	.66	.63
選民（華里斯）	.84	.21	.48	— .33
紐約時報				
選民（韓福瑞）	.89	.79	.97	.85
選民（尼克森）	.80	.40	.88	.98
選民（華里斯）	.89	.25	.78	— .53
地方報				
選民（韓福瑞）	.84	.74	.95	.83
選民（尼克森）	.59	.88	.84	.69
選民（華里斯）	.82	.76	.79	.00

來源：McCombs and Shaw (1972)

誰？這牽涉到因果方向的爭執。

　　照一般的說法，媒介替人們建構社會現實，應該左右人們腦中的「圖畫」才對。但也有人認為，媒介在報導時對各問題所賦予的顯著性可能反映了受眾的看法。前者主張媒介為因，後者則主張媒介為果❹。

　　「反映」之說（即人們的看法影響媒介的報導）可能較適用於地方

❹　McCombs and Shaw (1972) 雖力辯「反映說」之不可能，惜未提出
充分證據。

214 大衆傳播理論

媒介。因爲地方媒介的老闆和主筆往往是當地權力結構的核心分子，小鎮人們思想又保守單純，不願家醜外揚，故「社會衝突」的消息可能會被壓制下去，先在幕後私下解決，除非萬不得已，不在媒介上面揭露❺。

在全國性大都市，反映輿情的可能性不能說沒有，但諒必銳減。因爲大都市媒介以「扒糞」爲要務，很少會故意扣發重大消息。以美國總統尼克森捲入「水門案」爲例，起初華盛頓郵報只在裏頁的尾巴刊出一條不顯眼的消息，當它是闖入民主黨黨部辦公室的普通竊案，後來愈挖愈深，事件急轉直下，「水門案」爆發，幾乎動員所有的媒介（包括電視），全國人民的注意力因而轉移到此事的發展，急着想知道它的前因後果。最後，尼克森被迫辭職，以平民憤。在這一件特例上，顯然媒介建構環境的力量大於人們的「選擇性暴露」，或大於媒介「反映」民意——至少在報導初期，民意對「水門案」尚未形成一定的褒貶，記者們鍥而不捨，打破沙鍋問到底，暴露出許多醜聞的內情，才引發民憤，所以在這時期與其說媒介「反映」民意，不如說民意是媒介的部分反應。

再說，對於複雜萬端的全國性問題，民意常是很難凝聚的，或者是不易捉摸的。這似乎也削弱了媒介反映民情之說。方豪舍(Funkhouser, 1973) 比較六十年代美國媒介如何報導一些事件，公衆視這些事件爲重要「問題」的程度有多深，以及這些問題實際上有什麼演變。他以美國三大新聞雜誌（時代、新聞周刊、美國新聞與世界報導）爲指標，發現它們雖與公衆心目中的「問題」若符合節，但與各事件在受衆心目中成爲「問題」的時間早晚不同。例如越戰、校園騷動、都市暴動這些事件總是暴發並且鬧到頂點一兩年之後，公衆才把它們視爲重大「問題」。相對之下，有些切身的事件（如經濟不景氣）却很快的便被公衆視爲大「問題」。

❺ 參考 Tichenor et al. (1980), Donohue et al. (1975)。

綜合以上，似乎可以得到兩個結論：（一）雖然受衆「選擇性理解」始終是可能的，但媒介建構社會現實的力量似乎更大；（二）除了若干特殊情況（如地方報紙報導衝突事件），媒介建構環境的力量頗大，反映民情之說似乎難於成立。

媒介的「議題設定功能」，成爲七十年代最熱門的研究題旨之一。可惜大多數研究都未批判性地對這個理論概念進行分疏，盡視之爲當然，只在零星的實證圈子打轉，所以成果並不特別豐碩❻。經過這麼多零星而無系統的努力，我們仍不知道「在什麼情況下」媒介有「那一種」建構社會環境的力量。許多概念都還相當含糊，伸縮性頗大。總之，整個探索還在起步階段，如果率爾逕自以爲思想已經臻於成熟精密的境界（一般不用心的研究者往往如此），不僅自欺欺人，而且非常危險。

二、誰爲誰畫圖？畫什麼圖？

上一節提到因果方向的問題：到底媒介爲人們建構社會現實，還是媒介反映民情？我們認爲前者的可能性較大。這個問題蘇音與波爾（Siune and Borre, 1975）予以嚴格而具體的「考驗」。

他們研究一九七一年丹麥大選期間，各政黨如何使用電視廣播，宣傳黨的政策立場，以影響選民的認知結構。他們在選舉前、選舉中、選舉後，分別向一千三百名選民提出一個問題：「那個問題你認爲是今天最重要的，是政客們必須照顧的？」由於競選期間各政黨全力使用廣播電視，候選人憑三寸不爛之舌宣揚政見，且不斷接受記者訪問，彼此又在三次電視辯論交鋒，使得選民的認知結構有顯著的改變。在選舉前，選民們認爲社會問題最爲重要，居屋次之，接着是經濟、稅收和環境等

---

❻ 這方面的研究可閱 McCombs and Shaw (1978)。

問題；但在選舉後，歐洲共同市場成為首要的問題，經濟次之，接着才是社會問題、居屋、稅收。選民腦中政治環境的「圖畫」顯然深受媒介影響。

尤有進者，蘇音與波爾還為三種不同的理論假設提出實證：

（一）「持久性效果」(persistence effect)：選民心目中認為重要的政策問題，在選舉前後始終保持很高的一致性。

（二）「反映」(reflèction) 或稱為「代表性效果」(representation) 或「鏡子理論」：媒介的報導反映了選民心目中的「圖畫」。

（三）「勸服效果」(persuasion)： 媒介的報導影響選民心目中對各種政策問題的顯著性。這種勸服的效果多半是認知性的，而非態度性的。

「鏡子理論」的破碎

把這三個假設畫成表 11-2，全部用相關係數來表示，以測量那一種說法比較對，或可能性比較高。顯然，「鏡子理論」破碎了，因為選民在選舉前的看法與選舉中傳播媒介 (X_1X_2) 的關係微不足道。「持久性效果」或預存立場 (X_1X_3) 相當強，但站得最穩的還是媒介的「勸服效果」(X_2X_3)。

必須說明的是，選舉中傳播媒介的內容 (X_2) 包括三項，即政客們對問題發表的言論，廣播電視記者對問題的報導與評述，以及受眾在選舉期間透過媒介對問題發表看法。這三項對選舉後人們的認知結構 (X_3) 都有深遠的影響。

由於一般的研究只是橫切面的，只有一個時間點，不易看出問題的變化或問題與問題的聯繫。蘇音與波爾採用了三個時間點，使因果方向大白，媒介建構社會現實的力量似可肯定，「反映」說難於成立，而「選

表 11-2　傳播媒介建構社會現實的力量 (1971 年丹麥大選)

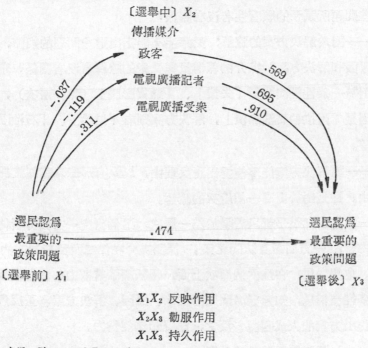

〔選舉中〕X_2

傳播媒介

政客 ────── .569

電視廣播記者 ── .695

電視廣播受衆 ── .910

$-.037$

$-.119$

$.311$

選民認爲
最重要的 ─────── .474 ──────→ 選民認爲
政策問題　　　　　　　　　　　　　　　　　　最重要的
政策問題
〔選舉前〕X_1　　　　　　　　　　　〔選舉後〕X_3

$X_1 X_2$ 反映作用
$X_2 X_3$ 勸服作用
$X_1 X_3$ 持久作用

來源: Siune and Borre (1975)

擇性暴露」則仍未可忽視。

好了，旣然媒介替我們建構未見的環境，替我們畫腦中的圖畫，但這幅畫的性質和內容却顯得很模糊。這裏，我想舉出五點來談:

（一）政策問題的複雜性

政策問題有如剝筍，一層包住一層，複雜萬分。邊頓與佛瑞齊爾 (Benton and Frazier, 1976) 把它界定爲三個層次，隨着所需的認知能力逐級升高[7]:

────一般性問題的瞭解: 如「政府無能」、「人口過多」、「失業」，

────────────

[7]　這種研究方法可以參見 Edelstein (1973)。

這些廣泛而一般性的問題，媒介是否報導給人們知道，其報導量與受衆對這些問題所賦予的顯著性有沒有關係？

——對於解決方案的瞭解：受衆能不能指出這些問題的細節，分析它的原因和解決方案？媒介的報導量與受衆的瞭解有沒有關係？舉例而言，對於一般性經濟問題「失業」、「通貨膨脹」（第一層次），問題的原因是「阿拉伯石油加價」，解決方案則有「退稅」、「石油限額分配」等。

——對解決方案能不能提出正反理由，以及有那些人或團體提出這些理由。這是屬於更高一個層次的瞭解。

一般的研究幾乎都只着眼於第一層次。這個研究一方面分析傳播媒介的內容，一方面調查訪問受衆，探測媒介在第二及第三層次的「效果」。他們發現，在這兩個層次上面，報紙顯示其威力，讀者從報紙獲知許多經濟消息，知道經濟問題的細節、原因、解決方案、正反意見，以及提出方案的人或團體。反之，電視却無能爲力。

（二）報紙與電視孰強孰弱

一般來說，平日報紙較具直接效果，但電視却可戲劇化地提高某些特殊事件的顯著性。電視新聞平日傳播政治消息但聊備一格，然而遇到特殊情況（如大選、以色列選手在慕尼黑參加世運被刺、尼克森訪問中共），經過電視視覺的表現，却有意想不到的效果。

（三）全國性與地方性問題

美國是個多元的社會，全國性和地方性問題往往爭着搶奪人們的注意。傳播媒介建構環境的功能，在地方性問題上面遠比全國性問題爲弱。這是因爲地方性的政治問題（如犯罪）顯而易見，不必靠媒介來「建構環境」；同時地方上人際網絡較強，會冲淡媒介的力量；尤有甚者，地方媒介對全國性政治問題的報導往往多於對地方性問題的報導 （Palmgreen and Clarke, 1977)。

此外，在威士康辛州首府麥廸森有兩家報紙，其中一家連篇累牘報導「水門案」（批評政府不誠實），但却引不起一般讀者的興趣，媒介建構社會現實的能力只得到部分證實，不可一概而論。同時，若干受到影響的讀者，通常是「介入感」低，動機低，必須仰賴媒介供應資訊者 (McLeod et al., 1974)，這和第十章提到的一些研究類通。

（四）「第二手現實」(second-hand reality)

媒介的效果主要在於認知，不在於勸服。這種認知學習的過程常是無心的，意外的，無計畫的。傳播媒介建構的環境其實是認知的環境。這個環境擴大我們的視野；一些我們日常生活接觸之外的範圍，大抵上要靠媒介提供「第二手現實」，但它與「第一手現實」畢竟是有距離的。

以電視爲例，它的作業有一定的程序，要滿足一定的需要。它的報導得符合一些預先設計的期望，事件的首尾次序必須井然不紊，然後工作人員加以刻意安排、組織，配上視覺效果的經營，才能爭取觀衆的注意力，結果這個「第二手現實」較之「第一手現實」更走了樣。例如，一九五一年麥克阿瑟被杜魯門解職，從韓國戰場返美，途經芝加哥，市府當局替他安排英雄式遊行節目。芝加哥大學社會學家們乃在遊行所及之處，佈置觀察員，目擊的「現實」與電視報導所提供的「現實」果然迥異其趣：電視鏡頭所照的，表現大批瘋狂羣衆熱烈歡迎麥帥英雄；但實地目擊的，却是稀疏零落的羣衆，其好奇心遠勝於歡迎之忱，麥帥座車一幌卽過，人們根本看不清他的面目 (Lang and Lang, 1953)。

與其說電視「反映」現實，不如說它「建構」現實。不但電視爲然，其他媒介亦復如此。

（五）值得追索的問題

媒介在建構社會現實有何功能？我們的瞭解至今還停留在原始的階

段，有很多問題必須進一步追索。現在舉其犖犖要者如下：

——媒介所建構社會現實有不同的層次，各有其複雜性，不可以混爲一談。各問題的「顯著性」（salience）定義不明，各問題也不能含混地等質齊觀。「事件」須具備那些條件才會「顯著」，成爲重要「問題」？各類性質歧異的「問題」（如經濟、政治），媒介有什麼具體的「效果」？

——許多外在因素可能介入，促使媒介的內容與人們腦中的「圖畫」相吻合。這些因素包括選擇性理解、預存政治立場、黨派認同、政治興趣、個人動機、人際網絡等等。人際網絡愈活躍，媒介的力量是否愈微弱，或兩者相輔相成，在那一種情況下出現什麼關係？（最嚴重的因素是「選擇性的理解」，時間序列分析法 time series 可解決部分方法上的困難。）

——何者爲因，何者爲果，雖有若干證據支持媒介爲因，但目前似尚難有定論。

——媒介環境的豐富與匱乏可能影響到媒介的力量。媒介太多，會不會導致資訊互相矛盾，致而抵銷力量？資訊豐富會不會增長受衆「選擇性的理解」？媒介報導有許多是重覆多餘的，它們互相競爭，拼命模仿，製造大同小異的資訊，對受衆的認知結構有什麼影響？

——媒介報導與受衆認知之間的「顯著性」的消長有何關係？例如，越戰經過許多年才成爲媒介報導的主題，「水門案」只要六個月便成爲頭條新聞，而經濟不景氣、通貨膨脹却立刻是媒介的熱門主題，何故？

三、一窩蜂・單調化——「鏡子理論」的破滅

我們在第二章卽已提到新聞製作過程的「守門人」理論。其實，在組織的層次上，我們未嘗不可以把新聞機構建構社會現實的過程和「守

門人」聯繫起來。

以往，有人認爲事件本身的重要性，即足以決定新聞內容，新聞機構不過像一面鏡子，反照現實而已。怪不得六十年代暴力充斥時，美國電視動不動便被罵爲一面「醜陋的鏡子」。

傳播媒介如果眞像一面鏡子，那麼它至少要符合四個假設 (Epstein, 1973: 13-25)：

（一）凡是重要事件自然會被反映到媒介上面，新聞如何選擇與製作反而不相干。這是與大量證據相反的（見本書第二——五章）。

（二）新聞有「立卽性」，事件發生後隨時報導出來。這一點只能當做理想，卻非絕對事實，電視必須顧及技術條件，不可能百分之百有「立卽性」。極權國家的新聞控制更不用說了。

（三）凡是有重大意義的事件必可在媒介反映出來。研究發現，美國各廣播網的新聞之中，有九成是靠派駐五大城的十個新聞組拍攝的。有許多稿子根本只是抄電訊稿照本宣讀一番。又如美國捲入越戰時，戰訊成爲最搶手的新聞，無日無之，戰事終止後，越南變得無足輕重。

（四）旣是「鏡子」，是被動的，人毋須做出決定。但這忽略了「意志」的成分，早已被大量的研究所否定。

總之，在探索新聞機構建構新聞的過程，我們要多方面整體觀察。消息來源、老闆、記者與受衆的價值系統及其錯綜複雜的關係固然重要，傳播機構本身的限制更不可忽視。此外，記者羣之間建構環境的現象，也構成整幅圖象的重要一環。這裏，我只打算舉一個個案說明之。

『巴士上的哥兒們』❽

自從一九六〇年美國總統（甘廼廸對尼克森）以來，白修德每隔四

---

❽　本節曾於一九八〇年九月十一日與十六日在香港明報「學苑漫筆」欄發表。

年總要寫一本「總統的誕生」之類的書，致有「美國政治生命記錄者」的美譽。但是，一九七二年大選（尼克森對麥高文），這份頭采却給一位初出茅廬的傢伙搶走了。他的名字叫做葛饒思，當時剛從哈佛畢業，替「滾石雜誌」寫稿。他混上了總統候選人隨行的採訪車，佯裝什麼都不懂的樣子，骨子裏却老早打好了算盤。果然，後來出了一書 (Crouse, 1972)，譯名叫『巴士上的哥兒們』（用粵語譯做『巴士仔』更傳神），記載隨車採訪的政治記者之眾生相，栩栩如生地刻畫他們的動態、偏見、背景和生活，許多大牌記者的洋相給出盡了。這些被挖苦的記者，事後才曉得原來這傢伙懷裏藏了一架袖珍錄音機。

這本書只有三百多頁，影響力却出乎意外的大。不但早已成了美國新聞系學生的必讀材料，一九七六年大選各大報和廣播電視網的主管也都捧讀此書。為什麼這麼要緊？因為葛氏無情的揭發記者們「一窩蜂」的羣眾心理，以及吃軟怕硬（對麥高文狠，對尼克森忍）的窘境。記者和一般人一樣，也想沾點勝利者的光，所以一旦被派去搭某人的採訪車，便可能不知不覺地同情起被採訪的對象，希望他能夠贏。但這却正犯了大忌，因為記者本來應該做冷靜的旁觀者，現在却積極的介入了政治程序。近幾次大選期間，各新聞機構特別要求屬下特派隨行的記者保持客觀，甚至還不惜經常半途換將，派不同的人去採訪，免得處久混熟了，記者對被採訪者產生同情的依賴。

照理說，能被派採訪總統候選人，必定有兩手，記者團想必臥虎藏龍。但葛書却極盡諷刺之能事，描寫記者圈的龍尾是一批批飯桶，不能獨立採訪；龍頭寫什麼，其他跟着依據畫葫蘆，常要看大牌記者怎麼做，才覺心安。大牌記者因此樹立無形的權威，這便是葛氏所說的「一窩蜂式的新聞」(pack journalism)。卡特的弟弟比利還曾刻薄地建議記者們去領失業救濟金。其實記者自尊心很強，愛惜羽毛，大多數應不會做出

如此失體面的事。

葛饒思對記者們搞一窩蜂式的新聞，極盡挖苦之能事。其實，他高估了個別記者之間的「一窩蜂」，而低估了各新聞機構的「一窩蜂」。在美國，有許多報章、雜誌、電視臺，對政治不願或不敢下獨立的判斷，乾脆拱手依賴通訊社和少數幾家大報供應消息，甚至強把這些價值標準加諸自己的記者，以至於剝奪他們自由發揮的潛力。

過去七、八年，有些電視臺和新聞雜誌的記者即使辛苦挖到獨家新聞，也是英雄無用武之地，因為編輯老爺寧可相信紐約時報和通訊社的權威，不願相信自己的記者。他們抱着「但求不漏，不求獨家」的心理，權威沒登，自己就沒信心登。到頭來，往往把「獨家」奉送給權威性的媒介，叫它先登，然後自己的稿子才有見報的機會。

由於電訊交通的嶄新革命，許多地方性的新聞單位乾脆放棄職守，把採訪全國性新聞的差事，完全委託給幾家通訊社和大報代勞。稿源既然得之容易，索價又廉，何不樂得輕鬆？因此，有人說，反正地方性新聞機構資源有限，人才缺乏，讓雄厚的通訊社和大報去「霸佔」全國新聞，對讀者也不見得是壞事。問題是各地區應有特殊的見解和利益，如果大家不認真開拓獨特的採訪領域，不提供區域性的闡釋，那麼區域性報紙似乎大可關門，而着力改善大報的銷售系統才對。

這樣做有何危險呢？危險在於全國大小城鎮的報紙可能漸趨同一單調，多采的地方風格漸漸無存——而人類社會畢竟要同中有異，異中求同，要不然是何等的索然！

全國性的報刊通訊社也還是不能恢宏氣度，深入瞭解各區域報紙的觀點，作有計畫的分析和追蹤。這是市場的壓力使然。卡特入主白宮以後，紐約時報開始比較注重亞特蘭大的報紙（卡特所來自的州府），但對其他卓然的區域報仍甚輕視。新聞報導的同一化——「一窩蜂式的新

聞」——可說是美國新聞界當前的一大隱憂。

四、知識鴻溝的擴大：資訊未必均衡擴散

西方資本主義經濟發展有一個基本假設，即在社會經濟全盤發展以後，其成果自然會向社會各階層擴散，或者像漏斗一樣向社會下階層滴。有人稱之為「擴散效果」(spread effect) 或「向下滴效果」(trickle-down effect)。但究竟經濟成果是否一定向下滴、向外擴散，讓社會上每個階層分享呢？這就因國而異，沒有一定的答案；在有些低度開發國家，經濟即令有些成長，却被既有利益階層吞併，反而加深貧富懸殊的現象 (Berger, 1976)。

跟這個想法平行的，則認為傳播科技革命使各種媒介大量普及，以至於造福全體社會分子，原來只能望而興嘆的人如今也分享到利益。因此，許多傳播學者以樂觀而浪漫的態度，大力宣傳傳播科技的「潛能」；例如電纜電視被視為有極大的「社會潛能」，足以讓全民分享資訊(Parker and Dunn, 1972)；甚至有人宣稱傳播科技可以幫助社會解決溝通的問題 (Pool, 1974)。

我們曾一再提醒，「潛能」終究是一種假設，一種預測，一種可能性，却未必是事實。而且「潛能」是善是惡似乎兩邊都說得通，既可誇大它的優點，當然也可以誇大它的缺點。要緊的是實證的結果支持那一種說法。

資訊的富與均

如上所述，傳播科技一向被視為「民主化」的工具，因為它不但使社會每個角落和階層接受更多的資訊，並使資訊的分配得以均衡。正如

經濟發展的道理，必須注意到財富和資源的公平分配。不論在物質上或精神上，社會資源不但患寡，更患不均；不均必然導致社會的動亂，更動搖了民主的柱石。在西方民主的理論裏，基本上假設人權平等，機會均衡，希望透過每個人理智的判斷，擁有豐富的資訊（不讓知識或經濟貴族所獨佔壟斷），共同對於公共政策作出明智的決定，這是「服從多數」和「保護少數」的基礎。可見資訊的生產與分配極其重要。

若干學者對於傳播科技革命的社會功能頗有保留，他們擔心資訊量的全面提高未必會「向下滴」。一羣明尼蘇達大學的學者 (Tichenor et al., 1970) 提出了所謂「知溝」(knowledge gap) 的假設❾：

> 傳播媒介的資訊傳入社會制度之速度若加速，則社會經濟地位較高者獲得資訊的速度比社會地位較低者為快，是以兩者之間的知識鴻溝擴大而非縮小。

這個假設主要原是針對公共事務、科學新聞和印刷媒介而提出，並不是放諸四海而皆準的。

導致「知溝」擴大的主要因素是「社會經濟地位」；他們又用了「教育程度」作為「社會經濟地位」的指標。質言之，教育的高低導致「知溝」的擴大（見圖 11-1），何故？

造成「知溝」的「元素」

根據作者「事後」的分析，教育其實包含了以下五種特徵：

---

❾ 「知識的鴻溝」省略為「知溝」。一般把 generation gap 譯為「代溝」，今從之。所謂知識、資訊其實有許多種分類，如（一）純事實或深入分析，（二）硬性資訊或軟性資訊，（三）「是什麼」的資訊或「怎麼做」的資訊。這裏所提的假設並不可以概括各種資訊和知識。此外，資訊和知識應有繁簡之別，但此處不予細分。

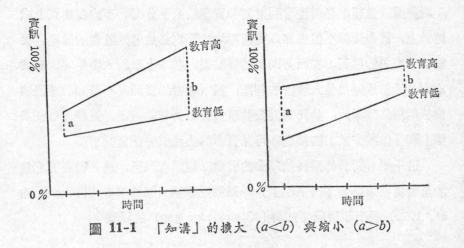

圖 11-1 「知溝」的擴大 ($a<b$) 與縮小 ($a>b$)

（一）**傳播技巧**：教育程度高的人有較強的閱讀和理解力，容易消化公共事務和科學消息；教育程度低的人則否。

（二）**資訊存庫**：教育程度高的人有較豐富的資訊存庫，一有新的資訊馬上可以放入事件的背景去觀察，從而瞭解部分與整體的關係。

（三）**人際網絡**：俗云「物以類聚」，教育程度高的人生活圈子廣，人面熟，有較多的參考團體和人際接觸，所來往的又多半是教育程度較高的人，自然喜歡討論公共事務。

（四）**選擇性理解**：人們都憑着信仰和價值，去吸收、解釋並記憶所接觸的資訊；教育程度不同的人會自動接觸不同的傳播內容，這是心理學家所謂的「實質的選擇性」（de facto selectivity）。怪不得教育程度高的人吸收公共事物資訊的速度快，因爲這些材料正符合他們的口味。

（五）**媒介的選擇**：教育程度高的人往往利用印刷媒介來瞭解公共事務和科學新聞，教育程度低的人則否。

綜合言之，前四種指涉受眾（教育程度高低）的特徵，而第五種則是專指媒介的特徵。明尼蘇達大學的學者們從四項資料——包括新聞傳

佈、時間上的趨勢、報紙罷工和野地測驗——的分析，證實了資訊的鴻溝因為教育程度而拉大。這個結論也已從其他研究獲得佐證，例如美國公共教育電視臺製作兒童節目「芝麻街」，原先的構想是要幫助低層社會兒童提高語文和運算的基本能力，豈料後來發現還是中產階級的兒童獲益較多，吸收較快，反而把他們和低層階級的兒童之間的差距拉大 (Cook, 1975)。

動機與「知溝」

近年來，有人開始做翻案文章，對原來的「知溝」假設提出質疑。原來的假設以「社會經濟地位」（尤其是教育）作為解釋「知溝」的核心，但現在有學者認為關鍵不在於教育，而在於「動機」與「興趣」。換言之，如果動機較強，興趣較大，知道吸收某種資訊對他是有用的，那麼這批人一定會努力去吸收資訊；反之，動機不強，興趣較弱者，便不積極去吸收資訊，結果當然拉大兩羣人的「知溝」(Ettema and Kline, 1977)。極端一點來說，只要動機弱，或覺得資訊無用，那怕是教育程度再高，也無濟於事。知識分子和農夫之間對有關農業品種的知識鴻溝可能會擴大，而不是縮小，便是這個緣故。

五、「知溝」縮小：一些修正

話說回來，「知溝」畢竟不能也不會無止境地擴大，否則在知識的王國裏，豈不終將兩極化，分裂成為「極有知識」和「絕無知識」的兩個獨立圈圈，各自為政了？果真到這個地步，人類將永無寧日，傳通的活動亦必跟着崩潰瓦解。

所以，「知溝」固然可以擴大，一定也可以縮小（圖 11-1）。它的

擴大與縮小對社會變遷與政策設計都有重要的意義。

明大的學者們 (Donohue et al., 1975) 根據後來發展的理論和證據，修正了他們自己提出來的「知溝」假設。明白說，在四種情況下，「知溝」會縮小不會擴大：

（一）如果傳播媒介所報導的問題足以激發整個社區的關注，則資訊可以穿越教育階層的屏障，作合理分配。舉例而言，都市重建、社區現代化、住宅遷徙、公害的處理、就業機會等等措施在在關繫着社區福祉，與社區分子的切身利益攸關，當然會引起他們密切注意，乃至不分教育程度的高低，積極吸收資訊。

因此，有切膚之痛的地方性問題引人注目，從而促進討論，縮小「知溝」；這在複雜多元化的社區裏更是如此。反之，若媒介所報導的問題與地方無密切的關係，人們對之頗為冷漠，知道與否無所謂，則可能隨着教育程度的高低而擴大原有的「知溝」。

社會衝突要「恰到好處」

（二）在「社會衝突」的氣候下所形成的問題，經媒介報導後，可能縮小「知溝」。

社會和諧和社會衝突是社會控制的不同方式。「社會衝突」在一定的程度內，對社區民衆的積極參與具有建設性的功能，而不完全是破壞性的。對內部而言，社會團體之間發生「適當」的衝突可以彼此督促，互相制衡，使社會制度不至於老化、僵化、腐化；對外部而言，攘外以安內，利用對外衝突培養敵愾同仇的情緒，安撫內部不安的因素，使社會制度不至於崩潰或惡化。

「社會衝突」過猶不及，有害無益，所以必須適中。如果社會制度完全處於和諧狀態，絲毫沒有「衝突」的因素發生，新資訊恐怕無法傳

入。但若社會制度承受的「衝突」太多太大，却可能使溝通的行為全部崩潰；結果，原有的「問題」反而變得不重要，為它所引發的「衝突」却成為新焦點，這就失去了溝通的本義。

當「社會衝突」恰到好處之時，傳播媒介報導的「問題」受到普遍關注。例如，政府機構施加壓力，命令某社區管制當地工廠的廢料，否則決將勒令它關閉，而該廠偏是當地最大的僱主，一旦閉廠勢必造成大規模失業；區民一方面希望工業廢料可獲適當處理，以維護環境衞生，一方面又害怕政府機構管制太嚴，使他們丟了飯碗，所以處在兩難之中。這種「社會衝突」危及社區的基本利益，鬧得滿城風雨，媒介也跟着大量報導，使得人們溝通的行為加劇，「知溝」因而縮小。

到底什麼才算是「恰到好處」的「社會衝突」呢？這並無一定的公式可循，而要以實證的方式檢驗之。但無論如何，「衝突」的質量是否恰到好處，必須以社會結構為依歸。一個多元化的社區對「衝突」的容忍度總是大得多。

家醜要不要外揚？

（三）清一色、單純的小社區比龍蛇雜處、多元化的大社區更容易縮小「知溝」。

在多元化的都市社區裏，無論是職業地位、就業市場、政府設施、宗教或其他社會機構，都比較分明，分工細密，有各種正式與非正式的資訊來源。除非是像經濟恐慌這類嚴重的事件經過媒介報導，人們才會普遍關注，否則大都市的人通常不會為了一般的事件「大驚小怪」，也不會積極地爭取這些資訊。所以，在複雜而多元的大都市裏，知識（或資訊）的鴻溝比較難填補。

反之，小鄉鎮的人口單純，背景大同小異，又很少有專門性的傳播

媒介，人們通過一般性的傳播管道，一週到令人關切的問題，惹起街談巷議，資訊立刻傳遍。例如某城只此一家大工廠，別無分店，多數人靠它謀生，若有個風吹草動，便無人不曉，可見傳通行爲之活躍。

再者，在小鄉鎮，人際關係密切，人們堅持家醜不可外揚，卽是西諺所說要「把最好的一隻脚擺出來」，傳播媒介必須隱惡揚善，以維護社區和諧的形象⑩。誰都不願把社區的醜事揭出來，「衝突」不幸發生時寧可幕後斡旋，設法在私下解決。除非實在鬧到白熱化，不可收拾，否則決不會輕易在媒介上公開揭露。

對照之下，大都市的傳播媒介却極力要求「公衆的知權」，拼命「扒糞」，揭發社會黑暗面，它愈是報導不同的意見，愈能替社會提供囘饋的功能，以促進「社會衝突」的解決。大都市的傳通行爲通常以媒介爲主，不像小鄉鎮裏人際溝通那麼頻繁 (Donohue et al., 1972)。

（四）媒介不斷重覆報導某一件事，促使社會公衆對該事件的注意，則「知溝」可能因此縮小。但對某些特殊問題，媒介若只浮光掠影式地報導，卽不再繼續追踪，等到公衆的注意力消退，則「知溝」也可望跟着縮小。

以上這四個情況足以使「知溝」縮小，而不是擴大。對這個題目的研究前後歷十餘年，其主要發現已經綜合整理成書 (Tichenor, Donohue and Olien, 1980)。這裏所介紹的只是一些理論通則，實證資料則從略。必須指出的是我們不應把它當做定論，其實其理論上可以發揮或修正的地方仍多。例如明大學者的資料完全取自明尼蘇達州的十九個社區，所

---

⑩ 小鎮的醜事經媒介宣揚引起衝突的例子所在多有。一九七六年美國總統競選期間，福特總統競選總部主任曾在陸軍部長任內利用職權圖謀私利，經克羅拉多州維爾城（福特滑雪渡假的場所）一張名不見經傳的報紙揭發，引起全國的矚目，被迫辭職。可是當地商家却怪那張報紙不給面子，愛鬧事，破壞地方的名譽，聯合抵制它，不給它廣告，最後報紙只好停刊。

研究的僅限於六項公共事務問題（包括核能廠位置、煤礦和煉鐵廠的環境污染、地區發展中心的成立、廢水排除與河湖污染，以及電線桿跨越農地和住宅），這些社區和問題的概括性仍待其他研究予以實證，這也是值得繼續研究的方向。

六、「傳播效果的鴻溝」：理論的延伸與政策的意義

根據「知識鴻溝」的假設，羅吉斯 (Rogers, 1976) 加以延伸成為「傳播效果鴻溝」(communication effects gap)：

> 以變遷為主旨的傳播，經過一段時間以後，社會經濟地位高者與社會經濟地位低者之間的差距往往會擴大。

這個延伸有三個要點。第一，傳播效果的鴻溝不僅止於認知（知識、資訊），態度和行為層次都可能產生鴻溝。第二，鴻溝的現象不僅止於傳播媒介，並且包括了人際的接觸。第三，不僅教育程度高低會產生「知溝」，其他因素（例如社會地位、經濟能力、種族、居住地）也可能製造鴻溝。

羅吉斯從他一貫的「創新傳佈」的角度，來解釋傳播效果鴻溝為什麼會擴大。他指出，「在上者」資源較豐富（例如有較大的耕地面積），可以使用新知識與新技術，故較樂於接納以變遷為主的傳播內容；在第三世界的「綠色革命」往往造福富農而不是貧農，便是這個道理 (Roling et al., 1976)。羅吉斯認為，以變遷為主旨的信息，與「在上者」在各方面（經驗、利益、背景、立場）都比較類似 (homophilous)，較易被他們接納；但在社會制度外緣求生的邊際分子，不但不被人際網絡所容納，傳播媒介的信息對他們又無實質的意義，下情不能上達，溝通的管

道阻塞，難怪傳播效果鴻溝要拉大了。

羅吉斯並且提出了六項政策性的策略，以期縮小傳播效果的鴻溝：

（一）盡量使用傳統性的傳播媒介（例如歌詠、說書、相聲、話劇），使社經地位佔劣勢的人也可以享受到傳播內容的利益，不必因為缺乏資源，受到現代傳播科技的掣肘，而杜絕了傳播信息之惠。

（二）盡量在被社會遺忘的羣衆中挖掘意見領袖，讓人羣中的自然領袖脫穎而出，並在他們的身上下工夫，讓現代化的一些政策落實。

（三）負責國家（或社區）發展的機構應該深入羣衆，擇其優者，予以適當訓練，成為輔導員，再回到羣衆中工作。他們與羣衆背景相若，經驗共通，彼此較易溝通，遠比從上頭派下來的人有效。（後者易頤指氣使，或被視為高高在上，或與當地環境隔閡，以致脫離羣衆。）

（四）在社會發展的活動中，盡量讓這羣人參與實際的策畫與執行。

（五）建立專門機構，負責和這羣人工作。例如印度於一九七〇年創立「小農發展處」，為小農提供貸款和農業消息。

（六）製造並傳佈一些對「上者」是重覆無用但對「下者」是新鮮有用的資訊。

這六個策略當然不能放諸四海而皆準，凡是政策都必須因時制宜，因地制宜，沒有現成的公式。學理的原則只能提供實際的參考，但實際政策若無學理的依據亦易迷失方向。羅吉斯所提的策略，似乎不僅僅是社會制度的「修補」，在某個程度也是社會制度的「翻新」；但如何使社會上層結構在保護既得利益之際，願意放棄部分權利，與下層羣衆共同分享，卻非易事。這裏我們可以看出羅吉斯所面臨的困境。

「傳播效果鴻溝」的研究也還在起步階段，目前只有部分的實證研究 (Galloway, 1977; Shingi and Mody, 1976)。整個「傳播效果鴻溝」

的觀念雖是有趣的，也富有重要的政策意義，但究竟在什麼情況下，會產生什麼「傳播效果鴻溝」，爲什麼如此，這些問題並未有滿意的解答。我們必須抱着批判的精神，處理已有的文獻，嚴肅地探討其理論基礎與假設，然後將之證明、修正或推翻。

七、傳播科技與資訊流通

在第五章已詳論傳播科技與資訊流通的問題，這裏再作回顧，並聯繫「知溝」的討論。

中國人一向講求順其自然，但西方人却一向嚮往征服自然。這造成了西方人對傳播新科技的崇拜，對它抱着濃厚的幻想。許多人的樂觀看法，認爲傳播科技對個人、對社會却會帶來空前的利益[⑪]。

在個人利益方面而言，大致有以下七項：

(1) 傳播新科技增加資訊的總量。

(2) 資訊多樣化，多采多姿，不斷推陳出新，使之專門化，個人化，使個人獲得必要的資訊。

(3) 個人享有更多的選擇權利。現今的傳播科技操之在「人」，不在「我」，但新科技（例如電纜電視）却可發展成爲以受衆爲中心，個人更加挑精選肥，滿足其資訊的特殊需要。

(4) 新科技提高了使用者處理資訊的能力，例如電腦幫助我們儲存大量數據與資料，這是傳統的媒介所無能爲力的。

(5) 傳播新科技使回饋更有效，例如現在已發展出雙線式電纜電視，聽衆可以按電鈕表示對節目內容的意見。

(6) 傳播科技將來可能取代部分傳統運輸工具的功能，足不出戶，

[⑪] 本節參考 Parker (1973) 而討論。

憑電腦的按鈕可以處理金錢、郵政、稅捐、訂座等。

(7) 由於傳播新科技提高資訊的質量，使資訊的流通可以穿越現有的社會障礙。

對社會的利益而言，許多人認爲，傳播新科技是最好的經濟投資，因爲它不但增加資訊的總量，而且促使資訊平均分配，達成「均富」的境界⑫。此外，傳播科技還會全盤改變教育的觀念，革除傳統的束縛，個人旣可隨時隨地受教育，家庭、圖書館、工廠、村落無處不是學校。

最天眞的幻想莫過於麥魯漢的「世界村」，靠着電子媒介的發展把人與人之間的距離拉近，眞正達到「天涯若比鄰」的境界。

基本上，上面的說法是一種理想，一種可能性。但傳播新科技本身不能自主，落實於社會制度之時，常須靠大財團或政府的雄厚資本才能發展，政府並有專門機構管理傳播科技的運用，事實上很難完全發揮理論上的可能性。

傳播新科技能夠提高資訊總量，似無疑問，但會不會造成資訊上貧富懸殊的現象，却無定論。換句話說，傳播新科技會不會爲「知溝」的擴大推波助瀾，或者反而使「知溝」縮小，這對理論和政策都是相當重要的。就怕原來資訊程度較高的個人或團體，因爲有足夠的資源、動機和能力，把傳播新科技轉化爲一種新的資源，從而拉大原有的資訊鴻溝⑬。

另一個憂慮是傳播科技（如電腦）的精進，似乎增加侵犯私權的可能性。由於電腦處理資訊的能量大，許多個人資料都很方便地「餵」進

---

⑫ 據估計，全美國至少有百分之十五的經濟是投資於資訊服務（包括媒介、教育、電話電報、郵政、圖書館、電化教育、廣告、研究發展）。見 Schramm (1978: 4)。

⑬ 參考 Katzman (1974)。

去，但如此便很難防止濫用。怪不得美國有許多社會團體要求國會加以立法，節制若干私人資料的使用，到目前並未有完全令人滿意的結果。

　　傳播新科技與「傳播帝國主義」的關係，見本書第十三章。

第十二章

傳播媒介與國家發展：
一個學術典範之消逝

一、「經濟發展」的兩大假設

時人談起國家發展、社會變遷、現代化，總覺得籠統空泛，不容易抓住個中眞義。負責國家發展的官員們經常侃侃而道社會生活方式的革新、心理建設或精神文明有多重要，但眞正擬訂政策時，眼光却老釘住有立竿見影之效的物質建設，心理建設反倒徒有口惠而實不至；特別是在資源短絀而百廢待舉的第三世界，更多半以提高經濟生產力爲最重要（如果不是唯一）的主導原則，經濟發展的一些基本假設無形中支配着「非經濟」領域（包括傳播媒介）的發展目標與方向。

「國家發展」和「現代化」這些名詞，都是美國社會科學家受到美國政府積極鼓勵所創造的。第二次世界大戰結束以後，美國政府推出馬歇爾計畫，提攜西歐各國從殘垣廢墟之中復甦，同時又通過一系列雙邊或多邊援外協定，幫助亞非拉美第三世界的新興國家站穩脚跟。當時，美國外交政策彌漫着一種思想，認爲貪窮與愚昧是共產主義滋生的溫床，

而「經濟發展」正是對付它最有力的武器；剛剛掙脫殖民霸權的蹂躪而獲得獨立的第三世界國家，元氣原已奄奄一息，不得更復挫傷，故唯有在經濟上爭取長足的進步，讓社會充分地休生養息，才能保證不再陷入國際共產黨陣營的虎口。「已開發」、「開發中」、「未開發」這些名詞不但應運而生，更伴隨着美國在國際舞臺上的政經軍事獨霸而流行起來 (Tipps, 1973)。

質言之，「國家發展」的概念在六十年代期間最鼎盛，其宗旨在於促進經濟成長，或更具體地說，在於提昇國民平均所得。「發展」似乎是一個全盤性的「包裹」，經濟成長旣是目的也是手段，只要經濟順利地迅速成長，國家發展也就水到渠成。綜合來說，當時的思潮假定，經濟成長的目標如果完滿達成，便會出現兩個良好的後果：

(一) 一個社會的經濟財富一旦累積到某個水平以後，在豎的方面會自然而然地像漏斗一樣向下滴 (trickle down)，在橫的方面會向外擴散到整個制度，令社會上每個階層不論貧富一律受惠，分享經濟成長的一杯羹 (Berger, 1976)。甚至，有人 (像諾貝爾獎得主佛立曼教授) 根本主張，造產才是平均分產的最佳手段。

(二) 以經濟發展為樞紐，帶動其他「非經濟」(包括政治與文化) 領域的改變；經濟活了，政治文化俱活。怪不得有人俏皮的說，這是「好事全包」(all-goodies-go-together) 的假設 (Higgins, 1977; Packenham, 1973)。總之，經濟發展簡直被頂禮膜拜，被當作是打開第三世界人民廣泛參與政治渠道的一把鎖鑰，以此有效地抵制國際共產主義的蔓延。

這兩個基本假設大致上反映了自由派的期望或理想，但歷史的演變似乎並未照這如意算盤落實。

　　近些年，許多學者開始舉證來懷疑上面這兩個假設。就第一個假設來說，大量的證據顯示，一味追求經濟成長的政策，對「某些」第三世界的確大大地提昇了經濟總產量，但在另外的國家而言，却竟連這一點目標也變成奢求。特別令人悚然心驚的，是有些第三世界的國家領袖（如五十年代的印度）急功近利，主觀上幻想在短時間內迎頭趕上西方，竟罔顧其他社會條件能否配合，曾一度盲目地建築大水壩和大鋼廠，厚都市而薄鄉村，全面移植西方「資本密集」的經濟模型，弄得勞民傷財，一敗塗地 (Owens and Shaw, 1974)。

　　再退一步說，即使經濟財富全面增加並累積到某一基點，證據顯示它不一定就照理論預測的「向下滴」或「向外散」，甚至更加深了社會各階層之間的貧富懸殊。根據一項七十四個非社會主義國家的計量經濟資料分析 (Adelman and Morris, 1973)，發現二十多年來多數國家裏頭各社會階層之間的分配距離愈拉愈大，更加不平等，下階層的生活每下愈況，很難分享到經濟發展的果實。在亞非拉美，有千千萬萬貧無立錐之地的邊緣人物錯落在畸型發展的繁榮地帶之夾縫中討生活，織構成一幅活生生的人間諷刺畫。這種顧此失彼的經濟發展，令許多不幸的第三世界國家未見其利先蒙其害——曾經是巴西經濟發展政策的設計人佛達多 (C. Furtado) 稱這是「成長而未開發」(growth without development)。

　　再就第二項假設來說，經濟成長這把鎖匙能否打通社會公正與政治參與的大門，似乎也無必然的關係。有些國家的經濟發展誠然有驚人的表現，但促進社會公正與政治參與的脚步却遠瞠其後，而且為了專心一致的發展經濟，有時還不得不犧牲其他「非經濟性」的社會價值或目標；南韓、香港、臺灣和新加坡這幾隻「小老虎」的經濟業績有目共覩，這除了拜賜於政治社會局面的長期穩定，還得歸功於特定社會階層（如工

農）的普遍動員，暫時犧牲若干經濟性（如低工資）或非經濟性（如罷工）的權利。但是，有更多的國家在壓榨政治社會資源之餘，經濟卻又搞得一蹋糊塗呢？

明白這兩個假設，對於以下的討論很有用，因為傳播媒介與國家發展的文獻中，也隱隱約約地（有時則十分露骨）顯示出這兩種自由派的天眞假設。

二、傳播媒介與國家發展

「國家發展」這名詞和東西冷戰有密切的歷史淵源。這二十多年，一大羣傳播學者嘗試着理論體系的建立，以期解釋傳播媒介能在國家發展中扮演什麼角色。其中最卓然有成的，以我看有冷納(Lerner, 1958)、宣偉伯 (Schramm, 1964) 和羅吉斯 (Rogers, 1969) 等三人。這三個美國學者可謂志同道合：志同，因為他們都認為傳播是最根本的科技變化，所以要善用它來促進（西方式）民主國家的發展；這與美國外交政策的目標是不謀而合的。道合，因為他們一脈相傳，冷納最先奠立了理論基礎，宣偉伯把它發揚光大到較廣泛的政策架構去，而羅吉斯則聯繫傳播媒介與人際傳播在社會變遷過程中的功能。

回顧當年，冷納提出他的理論系統是相當偶然的事。五十年代初期，東西冷戰方興未艾，哥倫比亞大學應用社會研究所深入中東六國，分頭進行六項個別的研究，發現美國的媒介在宣傳的戰場上輕易取勝蘇聯。這六個國家是埃及、伊朗、約旦、黎巴嫩、敍利亞和土耳其，冷納當時只負責土耳其研究部分。後來，他費了很大的力氣，重新分析所有的研究報告，疏解現成的資料，並將原問卷的冷戰意味盡量沖淡，於一九五八年撰成一部令人大開眼界的書，名字叫做『傳統社會的消逝』，

立時聲名鵲起，被列入「現代化」研究經典作之一。這本書料不到竟支配了現代化研究的取向達十多年，連宣偉伯和羅吉斯的著作也是根據它的藍圖鋪陳的。撫今追昔，冷納當年寫這本書的材料十分薄弱，充其量是第二手的分析，按理要有大量旁證佐之；冷納敢站在不充分的材料基礎上面建立龐碩的理論架構，毋寧是一種了不起的大膽嘗試，但後來的學者却必須小心求證才行，倘若不此之圖，逕自抓緊他的理論，目之爲顚撲不破的眞理，那便不對了。

（一）媒介是現代人格的「魔術擴散者」

冷納的理論其實很簡單。他說：

> 增加工業化便會提高都市化；提高都市化便會提高（人民）讀書識字能力；提高讀書識字能力會提高媒介的使用；增加媒介的使用會促進經濟和政治生活的參與。

更具體些，他說，一個國家必須等到有百分之十已經都市化，國民讀書識字率才會有顯著的提高，這時都市化和識字率乃携手共進，直到兩者都達到百分之二十五爲止；一旦全國百分之二十五地區都市化，識字率就會躍升，媒介發展就會格外蓬勃和豐富。但這個假設已被後來許多實證研究所否定。

冷納以工業化爲國家發展的先決條件，因爲工業化吸引安土重遷的鄉民移往都市，這是一種「地理的移動性」(geographical mobility)。人們住到複雜的都市，職業角色和地位於是跟着丕變，不能再世襲傳統的模子，以致造成了「社會的移動性」(social mobility)，這是現代化生活形態的要素。抑有進者，社會改變的原動力是冷納所說的「精神移動性」(psychic mobility)，卽一個人能夠跳出世襲的傳統職位、角色、地位和身分，敢作「非份之想」，活潑地擬想其他職業的角色和地位；

冷納又把「精神移動性」稱爲「移情能力」(empathy)，當一個傳統社會裏頭具有「移情能力」的人多起來，量變引起質變，這個社會便會開始轉變，傳統逐漸崩潰，邁向現代。這是因爲「精神移動性使個人做廣而深的轉變，令社會變遷自行持續下去。」最重要的一點，冷納認爲傳播媒介是刺激、傳遞「移情能力」最好的工具；傳播媒介無遠弗屆，把「現代化人格」普遍擴散到社會各階層去，故有「魔術擴散者」(magic multiplier)之稱。等到傳統人格和傳統的生活形態消逝，現代社會彷彿即在眼前展現。

冷納認爲，「移情作用」旣然是現代化人格的具體表徵，如果人人有能力跳出狹窄的範圍去設想別人的職位、角色與立場，那麼社會變遷便指日可待。要使傳統社會長期呆滯下去則已，否則必須全民動員，做到連一介鄉巴佬也能、也敢衝破傳統宿命觀點的桎梏，澈底解放心靈，去想像各種不可思議的角色。記得冷納有一回問一位土耳其的農夫：「要是你當了土耳其總統，你要怎麼辦？」這農夫霎時吹鬍子瞪眼答道：「天呀……你怎能問這種事？我怎能……我不能……土耳其總統……全世界之主！」像這傢伙，在冷納的眼裏，便太傳統、太保守、太缺乏「移情力」，傳播媒介的使命便要改革這種落伍份子。如果我們把這種觀點推引到盡頭，國家發展旣然需要社會大衆拋棄傳統的包袱，培養有「移情力」的現代人格，最有效的捷徑自是要從大量建廣播電視臺和開辦報館入手。這種狹隘的「媒介決定論」有一陣子居然被許多人採信，雖然現在事隔二十年已經很少人把它全面當眞了。

（二）媒介能做的、能幫忙做的

一九六四年，宣偉伯在聯合國教科文組織的資助下，撰述『傳播媒介與國家發展』一書，思路清晰，文字暢達，態度樂觀，出版不久即風行一時，被第三世界決策人士尊奉爲國家發展的一部「聖經」。持平而

論，宣氏在實際政策的影響比冷納有過之無不及，儘管他的理論架構只是冷納的延伸。反正他們兩個人都將傳播媒介的功能浪漫化、理想化，宣氏甚至開列了一張清單，指出在國家發展的過程中，媒介能做什麼，能幫忙做什麼。宣氏之所以被第三世界的決策官員如此推崇，相信與他對媒介的功能寄以無保留的信任有關，使得決策官員誤以爲迷津已被指點。他們後來才發現問題並沒宣氏想的那麼簡單。

根據宣氏，媒介可以做的事有：

一、擴張視野，使傳統社會的人民把眼光放在將來以及現在的生活形態，並通過媒介喚醒國家意識，促進國家的整合。

二、把公衆的注意力集中於重要的國家發展項目。

三、提高人民的抱負，拒絕被命運擺佈。

四、爲國家發展創造有利的氣候。

五、與人際管道接合。

六、賦人與事以地位。

七、擴大上下溝通的政策「對話」。

八、執守社會規範，使人不敢輕易逾矩。

九、形成文化口味。

十、改變比較不重要的態度，疏導強固的態度。

這張清單可以不斷加長下去，大抵上反映當時傳播研究的一般常識，規範性多於敍述性，缺乏實證材料的支持。宣氏的樂觀而開朗的態度，未始不換得一廂情願、不切實際之譏。他和冷納所看到的盡是媒介的正面功能，但對媒介的負面功能（有些是顯而易見的，有些是預料不到的）完全忽略。

照宣氏的邏輯，媒介能夠做的是提供資訊，守望社會環境，替國家發展充當瞭望臺。超過資訊的階段，進入決定的過程，媒介卻只能從旁

協助。所以宣氏認爲，媒介能幫助人們改變根深蒂固的態度、行爲或價值，同時它能幫助做各種敎育和訓練工作。如實地說，宣氏把媒介的力量估計太高，似乎是孤立其他社會政治因素講話的。

(三) 傳播對農民現代化的衝擊力

一九六九年，另外一位以研究農業創新事物傳佈著名的學者羅吉斯，根據冷納和宣偉伯的理論架構，用統計方法分析了南美哥倫比亞五個村莊農民現代化的過程，寫成『農民們的現代化：傳播的衝擊力』，進一步肯定傳播媒介對國家發展的貢獻。

拿「媒介使用程度」爲例，羅吉斯把它視爲中間變項，本身一方面受自變項（前因）的影響，另一方面却影響他變項（後果）因此構成以下這張因果網絡圖：

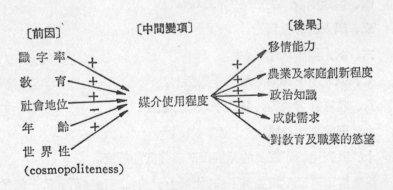

從這張表可見：識字力強、敎育程度高、社會地位高、年紀輕及具有世界性眼光的農民，使用媒介的程度較高；而農民接觸媒介的程度也和移情能力、創新精神、政治知識、成就需求，以及對敎育和職業的慾望成顯著的正比。依據相同的步驟，羅氏把特定的因素輪流按訂爲中間變項，逐一分析它和前因後果的關係。

我對羅吉斯的研究至少有三點批評：

　　首先，他企圖建構完整的理論以說明傳播媒介對第三世界農民現代化的衝擊力，但他所憑藉的資料基礎却只是哥倫比亞五個村莊的兩百五十五名農民，抽樣人數太少，缺乏代表性；即使他大量援引其他國家孤立的實證資料，仍然無力建立結論的概括性。不但這樣，羅吉斯似乎將傳播過程眞空的抽象化，而抹煞了文化政治經濟因素對傳播的具體影響。

　　其次，羅氏所用統計分析的模型似乎太過機械化。就拿上面這張表來說，總共有十一個變項，什麼是前因，什麼是中間變項，什麼是後果，應該有（11！）種排列組合；爲什麼偏偏看中「媒介使用程度」爲中間變項，一定要有理論上的根據，不可以任意想當然耳。相信羅氏心底必定有一套直覺的理由，却未形諸邏輯性的文字解釋，頗難令人很表面地就此折服。

　　第三個批評是因果方向的混亂。旣然前因、中間變項和後果之間應該有理論上的聯繫，光有統計數字並無力「自顯」理論。事實上，一個相關係數容許多種互異的解釋，孰對孰錯，孰優孰劣，多半由理論來裁斷。再拿「媒介使用程度」和「移情能力」來說明，到底是媒介的暴露增加移情能力，還是移情能力高的人多接觸媒介，倘若沒有理論的指引，就落得跟雞生蛋、蛋生雞似的糾纏不清。羅吉斯儘管把若干因素輪流設爲中間變項，仍無法解決孰因孰果的僵局。

　　總括地說，在六十年代期間，雖有大量文獻出現，「證明」傳播媒介是國家發展的動力或觸媒劑，但揆其理論架構大率不出冷納、宣偉伯和羅吉斯的規模，而宣、羅二氏又是冷納的延伸。他們只管稱道媒介的好處，殊不知媒介在第三世界多半淪爲社會控制的工具和保守的力量，很少擔當社會改革的先鋒。

三、挫傷的年代

冷納原來的理論建立在空中樓閣，至少是一種理想化，企圖將西方的一部分特殊經驗強迫推銷給第三世界。只是碰到冷酷的現實時，冷納的說法經不起實證的考驗卽立刻暴露無遺，不得已乃提出「挫折」之說略加補充。但這個「挫折」之說對他充其量是「但書」，是注脚，他認爲小疵不掩大瑜，始終無意全面放棄原來的理論架構。站在我的立場，却認爲「挫折」之說是具有關鍵性的一點，譬如下棋，一子錯，餘盤皆敗，對於原理論的正確性必須大打折扣，而不光是個微不足道的修正而已。

冷納 (Lerner, 1963) 說：五十年代是慾望高漲的時代，六十年代則是挫折高漲的時代。

五十年代，脫離帝國主義殖民統治的亞非拉美各國，對遠景充滿無限的憧憬與幻想。這以前，以爲「萬事皆備，只欠獨立」，現在已經獨立建國，自然有很多希望、慾望與幻望。但獨立歸獨立，現代化歸現代化，它們不久便覺悟到百廢待舉，道路荆棘，却又束手無策，弄得很快就心灰意冷，早被挑動的心弦此時大受創傷，是爲一場「挫折日漲的革命」。

冷納以爲社會變遷是個人變遷的總和。除了地理上和社會上的移動性以外，最重要的莫過於「心理的移動性」（卽移情能力），冷納說「心理移動性」的擴佈是「現代史——甚至是世界性宗教興起與傳佈以來——最了不起的性格變化」。而傳播媒介更是「心理移動性」的「魔術擴散者」，刺激傳統社會的人民不斷幻想一幅新遠景。殊不知社會進步的步伐永遠趕不上慾望的上漲，慾望容易激發很難滿足，結果人們反而產生嚴重的挫折感，而且慾望愈高，挫折感愈深。換言之，慾望這東西過猶不及；缺乏慾望，逆來順受，接受命運和現實的擺佈，固然個人和

國家都不會進步，但慾望失去適當的平衡與節制，挫折必深。

到了六十年代，這場「挫折日漲的革命」逼得冷納不得不擔心會構成全世界（西方式）民主成長力量的威脅。所以，必須在社會穩定的架構下，設法利用傳播媒介合理地動員人們的精力（而不過分刺激他們的慾望），引導他們去積極參與政治，並將他們凝聚爲推進民主的力量。慾望若泛濫成災，如脫韁的野馬失去控制，必深深威脅社會的安定。

四、批判『傳統社會的消逝』

在這一節，我將針對執牛耳的冷納之理論分兩方面作一批判：一是先把他的模式拆開成爲組成部分來討論，二是把它們合併還原，看是否符合邏輯論證和實證資料。

首先，再次把冷納的模式簡化成這個表：工業化——都市化——讀書識字率——媒介發展（即現代人格的魔術擴散者）——政治參與。接下來，逐一看這五個組成的單元。當然，一個理論本應以整體看待，將它拆得四分五裂是不公平的；但我想藉此指出一點，即冷納的眼裏似乎老看不到社會過程的潛在性負功能（除了「挫折感」以外），只看到顯明的正功能。

（一）工業化：

工業化造成環境污染和能源浪費，已是當今「先進」工業國家最頭疼而束手無策的社會之癌。某些漫無計畫、盲目步塵歐美追求工業化的國家（如巴西、墨西哥和五十年代的印度）先後深受其害。這麼說並不是主張因噎廢食或捨棄工業化的目標，但它的害處却不能閉眼不看。

（二）都市化：

跟工業化一樣，造成了貧民窟和犯罪等嚴重副作用。

（三）讀書識字率：

許多第三世界的教育內容是與社會需要和文化背景脫節的，教育訓練人們讀書識字，開眼界，提高慾望，但假定社會條件配合不上，學非所用，或失業問題重重，則教育不但不是穩定社會的力量，反而是鬧事動亂的根源。總之，教育和讀書識字是現代化的必要但非充分條件。

（四）媒介發展：

先開報館、建電臺，未必可以貢獻現代化；要緊的是媒介由誰控制？內容和國家發展有沒有密切聯繫？證據顯示，第三世界的媒介通常是傳達當權者意志的應聲工具，維護既得利益，而很少鼓吹社會改革。此外，外國進口的資訊是否有麻醉作用？是否刺激不必要的慾望？是否跟國家發展的宗旨背道而馳？這些問題都得一併考慮。

（五）政治參與：

冷納簡直認為政治參與即是國家發展的終極目標，而他的政治參與便是「投票」。今天，政治學家幾乎都同意，「投票」只是政治參與的一個指標，而不是唯一的目的。就近取譬，美國投票率遠落西歐各國之後，這到底象徵美國人民的政治冷漠感（這是冷納斷不能同意的解釋），抑或他們滿意現狀，又有投票以外的途徑表達民意，而覺得不必太計較有形的投票呢？再說西方以外的社會制度有它特殊的參與方式，不能說沒有投票就沒有參與，或有投票便有參與。

我無意替工業化、都市化、教育、媒介發展和政治參與抹黑，只是覺得冷納一味強調它們的「光明面」，等到理論落實時便發現多不切實際。

現在再就冷納的理論作整體的觀察，提出五項批評。

（一）過程：照冷納的說法，現代化是單線的、直型的過程，必須歷經工業化和都市化等種種步驟，最後才會達成政治參與。但下少第三

世界國家並未經歷這些過程，便直接跳到投票；它們的投票也許有名無實，但它們從西方經驗中挪借投票制度，却反映投票未必保證充分的政治參與，另一方面也可見冷納的現代化序列和步驟並無必然性。

（二）現代化的途徑不止一條，而有多條。不管學者們對「現代化」怎麼下定義,大多數却同意西方式現代化不是唯一的路子。穆爾(Moore, 1966) 根據歷史材料的分析指出，英美式經過歷史演變而有資本主義革命，日德式從上到下而有法西斯革命，蘇聯由下到上而有共產黨革命，殊途同歸，達成「現代化」的目標。這裏我們毋須對各種現代化的途徑作孰優孰劣的價值判斷，但現代化不止一途殆無疑義。

顯然，冷納患了嚴重的「社會達爾文主義」（即物種進化，適者生存）的謬誤。他露骨地宣稱西方模式具有世界的通性，可以當做一面明鏡，照亮第三世界該走的道路。他說 (Lerner, 1967)：

> 西方模式彰顯了若干成分和序列，都具有世界性的關聯：故西
> 方模式的意義在於它是個發展的模式 (developmental model)，
> 有概括性，而不只適用於所謂「西方」的地理區。

又說：

> 誠然，西方模式實是亞洲開發計畫不可免的基準，因為沒有其
> 他模式可以作此用途。

說穿了，他的意思是：國家發展有一特定的軌跡，西方只是早走一步罷了，第三世界非亦步亦趨不可，這個軌跡有其必然性或不可避免性，不管喜歡不喜歡，都得照它的軌跡發展下去。冷納並斥責一些主張有「非西方模式」的人爲缺乏耐心，爲「文化本位主義」。

其實，那有這一套「不可避免的」歷史發展法則呢？社會史學家狄

利 (Tilly, 1975) 指出，西歐國家形成的過程並非歸因於政府不斷的合
理化，政治參與不斷的擴大，或對大衆不斷的安撫；相反的，這過程是
榨取性、壓迫性和強制性的——是西歐各國爲了鞏固中央統治權，建軍
和抽稅意想不到的後果。可以說西歐模式只是幸運而已，並無歷史發展
的必然性，更非世界各國唯一可走之路。

怪不得有人批評冷納只投射美國中產階級一廂情願的偏見。不錯，
凡是理論必有普遍性，但也不能完全抹煞特殊性；他採用中東一些頗有
侷限性的資料，竟企圖導出放諸四海而皆準的結論，這是很難立於不敗
之地的。

（三）冷納的「現代」與「傳統」是分離對立的，這在他的書名『
傳統社會的消逝』表現得淋漓盡致。其實，沒有傳統，那有現代？傳統
與現代之間原是有機的關係，何必一定對立？傳統有許多面，我們務求
作具體客觀的分析，取精用宏，古爲今用；現代不能直接自外移植，不
與傳統接筍必無法生根。冷納似乎看不到傳統與現代有創造性綜合的可
能；現代化不但未必使傳統某些部分消逝，而傳統文化的精華部分更可
推動現代化❹。

（四）第三世界的發展通常是自上而下，有目標，有計畫，集體性
的，由精英分子發動領導的，總希望爭朝夕，在短期內奏效，以迎頭趕
上西方。當然這個願望不是一蹴即至的，但第三世界的發展與西歐經過
數百年緩慢的演變是迥不相同的 (Portes, 1976)。

（五）冷納企圖用一個簡單的心理因素——「移情能力」來解釋總
體社會變遷，忽略了社會結構和國際依存的錯綜關係，所以導致了偏頗
不全的結論。

---

❹　關於傳統與現代的有機關係，請參閱金耀基（一九七八）、張灝（一九
八一）、余英時（一九八二）。

如上所述，「移情能力」在現代傳播科技的推波助瀾下，很可能加速加深人們的挫折感。第三世界愈具「移情能力」的知識分子愈可能不滿現狀，紛向歐美「移情」，楚材晉用，對於母國的現代化貢獻往往微乎其微。

冷納又視社會現代化為個人「現代化人格」的直線型集體總和。其實，社會作為一個整體，應該大於個體的總和，而不等於個體的總和。這道理很簡單，只要想到三個和尚沒水吃的故事即明白，故即使人人獨善其身，合起來未必兼善天下；大家具備「現代化人格」也不保證社會的現代化。「移情能力」必須受社會結構與國際關係的制約，一旦把它們帶進來考慮，冷納的解釋更加捉襟見肘了。

奇怪的是冷納和一般社會學家偏喜歡從個人心理來尋求社會的解釋。直到六十年代後期，研究的方向才逐漸注意到社會層次。很多人覺得，問題的癥結和焦點不在個人，而在社會結構的呆滯僵硬而不公平；該怪的不是缺乏移情能力的「傳統」個人，而是不公平的社會制度，致令個人無法獲得適當的機會發揮移情能力。例如冷納所譏諷的那位土耳其農夫答不出「當總統該怎麼辦」的問題，除了顯然缺乏移情力之外，追根究底，更因為這問題與實際生活毫不相干——求果腹唯恐不及的人，怎麼會幻想黃袍加身的抱負？莫說升斗小民不敢想或不曾想，因為想了徒增煩惱和恐懼，說不定許多當權者也只是因緣附會，隨機會或關係節節高升，在發跡以前，何嘗想過他掌權時的身分角色呢？再說，到今天拉丁美洲仍有半數人口沒有貨幣收入，還停留在以物易物的原始經濟型態，文盲多，三分之二的鄉村連電源也根本付之闕如，而全國傳播媒介又給少數大都市的財閥所操縱。在非洲情況更慘。傳播媒介對這些普羅大眾毫無意義可言，「國家發展」不是空口說白話嗎？

除了社會結構的因素，國際上強國與弱國的依存關係對國家發展也

具有決定性的作用。若干小國寡民（甚至一些大國）的政經文化命運操之在人，被剝奪或自願放棄媒介的自主權，恰對冷納的理論作出無情的諷刺！

五、小　結

傳播媒介在國家發展中的角色是過去二十多年頗受學術界和第三世界決策者注視的題旨。學者在摸索答案的過程中，已經數易其解釋的焦點，若大略依照時間順序排列，最初從人格心理着手，後來逐漸轉移到社會結構，目前則集中於國際強國與弱國的依存關係，即所謂「文化侵略」、「傳播帝國主義」和「文化主權」的爭論。

冷納當初所提出的一套理論假設影響力極大，但目前似乎被攻擊得體無完膚。問題是現在找得出足以取代它的位置的學術新典範嗎？沒有。一九六七年，冷納和宣偉伯在夏威夷東西中心召開一次會議，一派樂觀；一九七六年，他們又召開第二次會議，想法變得保守而悲觀(Lerner and Schramm, 1967; Schramm and Lerner, 1976)；相隔十年的檢驗，兩次會議的語調見解竟有天壤之別，可見學術的探討常走迂迴路。在傳播媒介與國家發展的主題上面，原來具有支配性的學術典範已經式微，今後得吸收這個敎訓，重新開始建構另一個（或多個）更好的典範。但目前，就像宣偉伯無奈的說：「回到原來的跳板去！」

第十三章

傳播帝國主義(一)：理論

一、前言：政經衝突中的文化認同

第二次世界大戰結束，附帶的成果是亞非民族的新興獨立，掙脫十八、九世紀以降西方資本（帝國）主義的殖民統治，建立單獨的政治結構，不復由遙遠的「首都」君臨——這一段歷史象徵五十和六十年代對政治帝國主義的奮鬥。

但是，帝國主義的勢力畢竟陰魂不散，國際政治還是大吃小，許多所謂的「獨立」國家無法自立自主。東歐各國淪入鐵幕。而西方世界又挾持政治、軍事的餘威，榨取弱小國家的經濟命脈，多國公司直接、間接操縱亞非南美弱國的市場，剝削他們的生產原料，浪費宇宙上有限的資源，終於激引當前南北半球之間所謂「經濟帝國主義」的衝突。

夾在政經衝突當中，使局勢益形複雜的，便是當全世界各國不論大小強弱，民族主義昂揚，積極爭取文化的認同與尊嚴，所以在八十年代裏，「文化帝國主義」果將掀起國際政壇的大風浪，亦是不足爲奇

的。

值此文化（傳播）自由與自主之爭方興未艾，本章希望能夠解剖「文化（傳播）帝國主義」與「資訊自由暢通」兩派學說的本質，辨析其基本論據之所在與偏失。我希望追求中庸之道，不偏不倚，指出一條新的理論方向，一個新探索的起點。中庸之道表面上卑之無高論，實際上卻正最難把握，價值也千古不易。中庸絕不是俗話說的「和稀泥」，生吞活剝，不求甚解。相反地，它必須透過愼思明辨，從不同的學說當中歸納出一條道路，在理論上站得住脚，在證據上有確鑿的把握，在政策上切實可行❶。

首先，我將討論經濟剝削的主要論據，並且對所謂「經濟依存」論提出批判。接着，進入「文化帝國主義」的正題，檢驗馬克斯主義者的觀點，比較「文化帝國主義」與「傳播帝國主義」的分野，透視非馬克斯主義的觀點。近年來有所謂「產品生命循環」理論，目的在抗衡帝國主義之說，我將分析「產品生命循環」與國際資訊交流的關係，縷述兩派學說之得失。此外，我亦將約略討論「社會傳播帝國主義」，以別於資本國家的傳播帝國主義。本章旨在作理論之評介，至於第三世界國家在新聞政策上的因應措施，則留在第十四章討論。

有一點要聲明在先的，就是本章主要以電視作爲實徵分析的對象，目的則希望跳躍出局限的實徵現象，對「傳播帝國主義」的理論與邏輯結構作抽絲剝繭式的探討。所以儘管在經驗層面有相當大的局限性，但在理論層面，則希望理出脈絡，直窮問題的的癥結，以解釋「傳播文化帝國主義」與資訊交流。

---

❶ 本章根據 Lee (1980) 第二章撰成。Lee (1982b) 可合併參閱。

二、經濟剝削的四大論據

　　列強瓜分中國的狼心與醜史震撼了英國紳士霍卜生(J. A. Hobson)的心弦，於一九○二年完成了一部宏著『帝國主義』。之後，有一系列的理論家根據它引伸或修正，其中最重要的當然是列寧。列寧在一九一七年發表『帝國主義——資本主義的最高階段』(Lenin, 1952)。儘管七十年來時變境遷，這本書至今仍是若干新左派學者的聖經。列寧認爲，資本主義發展到最高最後的階段，必然會在生產與資本集中的基礎上，形成壟斷統治，銀行資本和工業資本融合爲一，產生金融寡頭，最後勢將在資本主義國家之間建立壟斷同盟，進行瓜分世界的勾當。十九世紀末二十世紀初，資本主義簡直就是殖民主義的同義詞。此說把深陷於困境的馬克斯主義救活，不僅恢復它的生機與活力❷，而且當今有些新馬克斯主義者向列寧挪借了很多的理論，來解釋第三世界何以遲遲不得開發。

　　福蘭克 (A. F. Frank) 和華勒斯坦 (I. Wallerstein) 將列寧的帝國主義之說加以通俗化，舊瓶裝新酒，換上了所謂「中心」（或稱「都會」）和「邊陲」（或稱「衞星」）國家之間的「依存」關係（dependency，或譯爲「依附」關係）。大凡經濟高度發展的資本主義國家皆劃歸「中心」，其他國家皆劃歸「邊陲」，「中心」死命的剝削「邊陲」，

---

❷　馬克斯原來預言，資本主義國家內部矛盾尖銳化後，工人階級經不起資產階級無情的剝削壓迫，必然會站起來革命。沒料到先進資本主義內部也在起變化，用福利措施和溫和改良，熄滅工人革命的念頭。列寧的帝國主義把國內階級鬥爭投射到國際階級鬥爭，兩者連結一氣，互相依存，互相滲透，拯救馬克斯主義的危機。參見 Mills (1962)。

以至於「邊陲」不論在歷史上或現時都不得開發 (Frank, 1972; Wallerstein, 1974)。何謂「依存」關係？根據法蘭克所下的定義，「依存」也者，「無非是一個代名詞罷了，掩飾了征服、壓迫、疏離，和帝國主義式與資本主義式的種族優越，這些既是內在的，也是外在的。」(Frank, 1972: 9) 換句話說，依存指的是強弱、富貧、剝削與被剝削國家之間的殖民關係。這個定義其實頗為含混曖昧，却被許多人用來解釋經濟和政治發展，我想在此對「依存」的分析稍加檢討，以便進一步討論「文化帝國主義」的主題。

所謂「經濟依存」實際上有四大論據。第一，第三世界對先進資本主義國家的依存，適足以束縛自己，經濟乃不得發展。西方能夠繁榮是從第三世界強取豪掠的。法蘭克 (Frank, 1969) 宣稱，拉丁美洲的低度開發並非自古已然，而是近數世紀以來積極參與世界資本主義發展的過程才出現的；資本主義的「中心」國家勾結收買各地資產階級為其「同謀」，不客氣的大事掠奪剝削❸。華勒斯坦亦認為，如果西方沒有從「邊陲」搾抽經濟剩餘，獲取必要的原料，斷不可能在歷史上獲致迅速的工業成長 (Wallerstein, 1974)。

第二，西方用盡種種辦法，讓第三世界對西方的「依存」綿延不斷。第三世界跳不出圈套，無法謀求獨立自主。只要第三世界對西方不斷「依存」，西方便得以自肥不已。

第三，「依存」是當前國際經濟制度的重心特徵，也是新殖民主義的一種方式。明確的說，西方費盡心機去染指第三世界的經濟，插手干預它的遠景與發展。第三世界投資的方向以美國經濟、政治利益為主

---

❸ 有一點必須指出的，所謂「未開發」常常沒有明確的意思。究竟是絕對性？或是相對性（與「開發國家」比較）？「未開發」一詞有時含有輕蔑之意；近年來美國若干進行環境保護的壓力團體，便指控美國「過度開發」。

導；西方對第三世界設立種種的貿易障礙，提供所謂的「經濟援助」，而跨國公司設在第三世界的分公司故意哄抬外銷價格，簡直無所不用其極。

第四，因此第三世界與外在的資本主義列強的關係，必須一刀兩斷。法蘭克根本就認為古巴卡斯楚走「不依存」的路線，足為其他拉丁美洲國家的楷模。他的書——『拉丁美洲：不開發或革命』，意味兩者必居其一，不革命則必永遠處於不開發狀態，其宣揚社會主義路線的心跡昭然若揭。說起來，這一點新左派是和馬克思相牴觸的，因為馬克斯主張先進資本主義發展到極端時才會爆發革命，新左派却鼓吹第三世界（尚未開發）便可以革命，而且也必須革命。新左派事實上攙混了論據、預測和說教三種成分。在所有論據中以第四點最引起爭論。

三、對所謂「經濟依存」的批判

所有「經濟依存論」的文獻都是建立在兩個化約主義（reductionism）上面，一是歸根於「經濟層面」，二是「階級鬥爭層面」。換言之，第三世界對資本主義強權的依存，實際上反映了國外與國內統治階級的一致利益。馬克斯學派這種說法可以同時解釋國內、國際的權力結構與兩者之間的緊密聯繫，它並以世界系統的歷史觀透視歐洲國家的形成、國際衝突、以及社會變遷，頗得言簡意賅之妙。然而問題也出在把複雜的現象過分簡單化，空疏而不落實。

就馬克斯——列寧的「帝國主義」理論，以及當今所謂「依存論」來說，至少有四大缺點值得批判：（一）「依存」（dependency）未必是個有用的科學概念；（二）過分強調經濟決定論；（三）強調世界系統的分析，反而忽略了各國內在潛具的動力；（四）所謂社會主義路線，

未必能解決現存的問題。這些批判均與文化帝國主義之說息息相關。

第一，許多人用「依存」解釋第三世界未開發的原因，這概念彷彿可以一網打盡，無所不包。其實「依存」未必是一個有用的科學名詞。例如英國馬克斯主義學者羅爾大致上雖同情「依存」的觀點，但他指出大部分的文獻所追溯者，與其說是「依存」關係，不如說是「資本主義制度」所付出的代價。果如是，就應直接分析「資本主義」本身較便捷有力，毋需繞圈子去套「依存」的觀念。羅爾說，許多關於「依存」對開發的影響所導出的結論，只適用於某些特定實例，不能放之四海而皆準，「依存」這概念並不能幫助我們解釋第三世界何以低度開發。他認為，「依存」要成為一個有用的科學名詞，必須符合兩個起碼的要求：(一)在靜態言，能指陳「非依存」國家的經濟所沒有而「依存」國家的經濟所獨具的特徵；(二)在動態言，能彰顯這些特徵的確阻礙了「依存國家」經濟發展的方向與型模 (Lall, 1975)。

許多高度開發的國家（如加拿大、澳洲、紐西蘭、瑞士）對西方先進資本主義列強的依賴，比起第三世界國家猶有過之，這與新左派的學說是格格不入的。新左派學者往往視之為「例外」，草率地加以敷衍過去。例如，華勒斯坦把世界市場劃分為「中心」、「半邊陲」與「邊陲」三類國家 (Wallerstein, 1976)，這種分法未能滿足羅爾提出的兩項條件，用「半邊陲」框罩了一羣性質全然不同的國家（加拿大、澳洲、西班牙、智利、塞依爾等等），可謂自暴其短，怎能率爾採用作為科學概念？

第二，經濟決定論（與化約論）只對了片面，所以不能以偏概全。在某些地區（尤其是拉丁美洲）至少表面上經濟決定論尚說得通，但在別的地方，則唯有大力扭曲證據，才能套進理論的框框(Berger, 1976)。美國六十年代捲入越南戰爭，不能說沒有「經濟」的動機，但是掛帥的

因素應屬「軍事」的動機。因此狄利 (Tilly, 1975) 認為，迄今學界仍未發展出一套明確的「政治依存」理論。事實上「經濟依存論」無法解釋國家發展中的軍事行動、財務政策或文化自主，新左派死抱着經濟決定論，不肯承認政治及文化有其特殊的規律，這是一大缺陷。

第三、無保留的套用「依存」觀點，容易流為政治口號 (Portes, 1976)。其實，「依存」本身有質量的不同，不可不辨。同時，新左派往往以不變應萬變，把種種解釋套入馬克斯主義的演繹理論系統，沒有實證或邏輯的支持。他們過分誇大世界系統分析的重要性，反而忽視各國之間的巨大差別，更忽視各國有凝合內部力量抵抗外在影響的可能性 (Portes, 1976; Tilly, 1975; Eisenstadt, 1977)。

第四，新左派倡言，要撤出世界資本主義制度才能矯正「依存」關係。問題是走社會主義路線未必保證國家就能獨立；古巴即令斷絕了對美國的依存，卻逃不掉對蘇聯的經濟、軍事、政治依存，充其量以一種依存換另一種依存，那裏談得上獨立自主 (Berger, 1976:88)？如果國際資本主義制度存在着「經濟依存」，則社會主義國家存在着嚴重的「政治依存」──這一點新左派常常視而不見。

至於所謂社會主義模式，更不能毫無保留的採信。社會主義工業國家很少參與國際性開發機構，很少加入跨國援助計畫，我們未能掌握足夠的資料，無法了解它們的政策，亦無法判斷它們的政策如何推行。共產國家之間的關係常受戰略目標和軍事援助所支配，而共產國家更不能不靠權威、獨裁政體進行統治 (Bottomore, 1974)。新左派口口聲聲談革命，但萬一革命成功，還得囘到科技改良、教育訓練、資金累積及資源分配等基本問題上面，與資本主義的開發條件殊無二致 (Higgins, 1977)。

四、文化帝國主義：馬克斯主義者的觀點

以上所以不嫌詞費，分析資本帝國主義與經濟依存的論據，爲的是要闡明本文的正題——「文化帝國主義」。迄今，「文化帝國主義」的理論架構，似乎同「經濟依存」十分相近，自己並沒有發展出一套特殊而有系統的理論。若將以上對「經濟依存」所作的批判，轉嫁到「文化帝國主義」，亦頗契合。

芬蘭學者諾典斯專與瓦理斯認爲，資本主義社會的大衆傳播（即「資產階級新聞」）有三大功能：（一）掩飾社會裏面的階級仇恨；（二）維持社會既有秩序，把一切其他選擇的具體途徑一律革除，斥爲非法；（三）它本身即是商業的一支，高懸牟利爲鵠的。總之，大衆傳播是牟利和控制意識的重要工具，目的在於鞏固社會經濟的現狀(Nordenstreng and Varis, 1973)。

他們把國內的階級鬥爭投射到國際的階級鬥爭，開發中國家的統治階層與國際資本主義財團進行勾結，而與一般普羅大衆對立。他們認爲，國際傳播失衡不純粹是一種商業交易，更赤裸裸表現出資本主義國家一心一意從外面操縱第三世界的心靈。西方國家（尤其是美國）總設法把第三世界拖入世界資本主義市場，不讓他們跳出圈套，而且所施展的手段則甚高明，就像兜售鴉片一般，把上了糖衣的文化裝進表面上看似無害的傳播內容，浸之淫之，日子久了，第三世界被腐蝕而不自知。資本主義的內在矛盾逼得它走頭無路，向外擴張實乃勢所使然，理所必至，政治經濟文化如此，傳播亦然。

這種「文化帝國主義」的論據，倘若用「經濟依存論」兩相對照，便發現了無驚人之處。它們總是把國家分成數組權力層次，然後說「中

心」剝削「邊陲」。不過，在「大同」之下，「文化帝國主義」也有兩個「小異」的說法：一是把文化傳播帝國主義視為總體「帝國主義」的一部分，傳播產品（如電視節目）與一般貨品的交易平行；二是認為文化傳播帝國主義有自己的規律，與政治或經濟帝國主義多少有所不同。如果前一說法有理，則應致力發展「經濟依存」的理論，然後演繹出文化傳播的「特例」；如果後一說法有理，則應發展「文化（傳播）帝國主義」的獨有理論。

甲、「軍事——工業結合」

許勒是研究文化帝國主義的先驅學者之一。一九六九年最早提出傳播優勢的問題，出版一本書『大衆傳播與美國帝國』，探討美國軍事與工業兩大勢力結合的結構，以及它向外擴張、輸出「自由企業」制度的邏輯 (Schiller, 1969)。

此書有四個主要的論點：

（一）美國傳播勢力凌駕全球，是「軍事工業結合」 (military-industrial complex) 的結果。美國聯邦政府不僅密切地捲入文化侵略的過程，而且還委令國防部（而不是聯邦傳播委員會）直接間接控制之。直接上，國防部（五角大廈）統籌擬訂全國廣播政策，決定頻率頻道的分配；間接上，各大廣播關係企業（如美國無線電公司屬下的國家廣播公司 RCA–NBC）皆承接了大批的國防軍事合同。

（二）所謂的「美國帝國」也是「軍事工業結合」的表徵。許勒認為，美國傳播勢力所以能夠所向無敵，完全是直接拜賜於政府既定的軍事外交政策。反之，傳播則成為軍事與外交的利器與急先鋒，相輔相成，互為因果。

（三）美國的傳播優勢導致文化侵略，世界各國（已開發或開發中）

無不大量輸入美國的電視節目，而且一窩蜂的採用美式電視制度，爲商業利益服務，犧牲社會公益，使文化主權瀕於淪亡。

（四）六十年代，美國官方對迅速發展中的太空衞星採取一種居高臨下的態度，欺凌弱小的國家，龐大的美國傳播多國公司因此盤據了絕對的優勢。例如一九六四年國際衞星公司成立，美國至少掌握百分之六十一股權，其中最大的股東是美國電話電報公司。

質言之，許勒認爲，美國的大衆傳播是美帝國的延伸。在第二次大戰結束後，大多數國家在斷壁殘垣中復甦，或者剛剛擺脫殖民統治，對自由的爭取頗爲嚮往，但國力甚爲積弱，接受美國的影響是情勢使然。

這本書刺激了學者的興趣，厥功甚偉。英國社會學家坦斯多認爲，許勒的論據一方面太強，一方面太弱。太弱者，許勒所注意的電視侵略，只不過重蹈以往美國通訊社、電影、新聞雜誌及廣播事業的覆轍，當中的關聯與連貫十分重要，不可忽視。太強者，許勒使用的資料過時，主要是集中於一九六五年左右美國電視節目外銷的顚峰時期，其實此後卽漸走下坡，影響力沒有許勒說的那麼誇張；同時，許勒的邏輯也有不夠周延之處，比如他認爲電視使弱小國家喪失文化認同，電視那來這等威力？多數第三世界國家只有城裏的富佬買得起電視，它不過是點綴應景的玩具，跟普羅大衆的日常生活毫不相干(Tunstall, 1977)。「黑色非洲」的電視射程不及人口的百分之五，擁有電視機者不及人口的百分之一，便是明顯的寫照。許勒當年所透露的一些美國公司之內幕，原來是公共關係人員搞出的宣傳噱頭，許勒信以爲眞；有的根本只是紙上談兵，從未實現，有的實現後發現與原先構想相距十萬八千里。

傳播與文化優勢

許勒於一九七六年出版『傳播與文化優勢』一書，論點大同小異，

但他以先入爲主的政治立場取代了資料研判，立論大膽強烈而空疏（Schiller, 1976）。作者在一九六九年出版的書中，尚仔細分析若干統計數字與檔案文件，到一九七六年的書却不肯動手找材料，完全靠有選擇性地擷錄旁人的引語，支持預下的結論，不理會其他與結論相矛盾的證據，思想變得僵化敎條化，讀起來政治口號多過學術分析。

本書凡四章，主要論點是：

（一）文化帝國主義是世界性、多國性、獨佔性資本主義制度的一部分。美國獨霸全球，決定傳播的產品與內容，從這個世界市場撈取巨利，利用廣告刺激消費慾望，推銷資本主義的意識形態，把這個階級不平等的制度無限期的拖下去，搞得第三世界永不得翻身。

（二）第二次世界大戰以後，美國在國際傳播市場取得獨尊的地位，取代英國在新聞通訊社和海底電纜的原有優勢。美國使山的手段之一便是宣傳「資訊自由暢通」主義，聯合國並於一九四六年通過該案，成爲一種支配全世界的意識形態。

（三）文化帝國主義迫使第三世界國家輸入西方（美國）的科技文化，以致嚴重妨礙國家的獨立發展。

（四）傳播科技（如電視、衞星）不是中立的，科技產品的引進和使用都含有政治和思想的「毒素」，科技本身便是資本主義意識形態的具體表現。第三世界各國應該有選擇的輸入這些傳播科技，「採用全國性兼社會主義式的計畫」，嚴格控制人民的社會經濟生活，進而針對歷史文化大作翻案文章，提出反面解釋，以對抗資本主義的侵略。

在這本書裏面，許勒的打擊面已不單單止於電視和衞星，舉凡美國新聞教育制度、新聞職業規範、旅遊事業、科技，無不罵盡。無疑的，這些資本主義社會展現的文化活動，產生過若干不良的後果，但也相對的發揮某些積極作用。許勒但盡揚疵隱善之能事，則不無商榷之餘地。

他積心處慮，無情的攻擊「資訊自由暢通」的原則，認爲只利強國不利弱國，可惜却提不出具體可行的解決方案。

許勒鼓吹「全國性兼社會主義式」的計畫，盛讚古巴卡斯楚政權和智利艾燕德政權（已被軍人政變推翻）的傳播革命，足爲第三世界的榜樣云云。當然，第三世界有權而且應該擺脫資本主義的不合理控制，自力更生。但社會主義不是唯一的途徑。大眾傳播是整個社會生活的一環，擬訂傳播政策之際，必須直穿人與社會、個人與集體等中心問題的心臟，先得決定那個國家願付出什麼代價，追求什麼政策。許勒似乎覺得有「一種」理想的社會主義方式，這不外是烏托邦的想法。第三世界包含林林總總的文化背景、歷史淵源與社會結構，面臨各種殊異的問題，豈可用簡單乾枯的口號去籠統概括？資本主義的發展方式不止一端，社會主義及其傳播政策也有同歸的殊途。許勒所倡導的社會主義道路，如果要有說服力，先得證明它不會亂揮舞極權統治的大棍棒，打擊鎮壓，出賣自由，以鞏固當權黨政官僚的特權。這是絕對不可以打馬虎眼的。

乙、依存性的開發

老實說，「中心國家」與「邊陲國家」的單純對立與剝削，是種機械化和靜態的觀察法。最近有人提出「依存性的開發」(dependent development) 的觀念以解釋文化帝國主義，委實較爲合理、全面而動態。他們認爲，金融資本主義的多國關係企業亦提供機會給「邊陲」地區，使它實行工業化；換言之，「邊陲」地區一方面對「中心」依賴，另一方面從中獲取發展，依賴與發展互相平行。「邊陲」地區的資產階級與中產階級逐漸擴大，他們分嚐了甜頭，以致被納入「中心」國家的文化影響範圍之內，然而低下階級都愈形邊際化，地位不但沒有改善反而更低落。

　　而且，當地的文化工業爲求在經濟市場一爭長短，不得不適應「中心」文化的制約（conditioning），趨向單元化，自我風格與精神淪喪。有一點必須指出的，傳統的左派（例如諾典斯專或許勒）對於第三世界「文化解放」的遠景頗爲悲觀，但是提出「依存性開發」的學者却很樂觀，認爲資本主義的文化優勢旣然充滿了結構上的矛盾，就像一面反射鏡，最受壓迫者必將站起來爭取「文化解放」——這羣人鍛鍊經驗，學習文化上的組織技巧，激發意志，克服意識形態的兩極化，以表達被壓迫者的活生生現實，同時可以摸索出一條新的道路來(Salinas and Palden, 1979：30)。當然，這極可能只是一種「浪漫的謬誤」(romantic fallacy)罷了。

丙、各階級之間的合縱連橫

　　是的，「文化帝國主義」沒有自己的一套獨立理論，只是從「經濟依存」之說繁衍旁生的。第三世界上層社會人士的利益，與國際資本主義的利益緊密配合，兩者形成聯盟，使第三世界對先進資本主義國家產生長期的「文化依存」。但是所謂國內、國際上層社會與普羅大衆之爭，未免把事態過分簡單化，反而矇蔽了明智的討論。究竟誰是上層階級？即使大家的意見勉強統一，與其研究階級本身的單純對立，還不如研究階級與階級之間如何結盟。也許我們可以把「階級」的定義加以擴大，不僅僅局限於經濟生產工具的擁有者，還可用政治、經濟、文化尺度來衡量，因而有政府上層階級、知識分子上層階級、宗敎上層階級之分。他們的利益時而結合，時而乖離❹。

　　多數國家對電視的來臨未必衷心歡迎。在以色列、智利、沙鳥地阿拉伯、義大利、墨西哥、丹麥、瑞典等國，宗敎階級組織聯合的社會團

────────────────

節資料搜集自 Dizard (1966)。

體，一致共同抵制電視的開張，怕它褻瀆了道德標準和宗教儀典。例如
沙烏地阿拉伯前國王費瑟，本身是政教合一的人物，但在一九六四年批
准電視爲現代化的一部分時，亦經過其他宗教領袖的首肯與諒解，事先
嚴格限制電視內容的道德規範（比方前半年禁止放映女人）。前以色列
總理梅爾夫人，與正統的宗教領袖不謀而合，諄諄告誡國人不可率爾引
進電視，以免徒然帶來打腫臉充胖子的社會歪風。這些例證說明了各上
層階級可能貌離神合，或貌合神離，爲不同的原因而聯合或分離。

　　如果電視的出現威脅別的媒介的既得利益，傳播媒介的大老闆也會
聯合起來予以抵制。在美國、英國、西班牙、法國、墨西哥和臺灣，電
影事業的大亨都曾反對過電視；有些直到今天還在反對。報紙和雜誌的
老闆可能與電視結合，建立關係企業，利益一致（如菲律賓、澳洲及
數個拉丁美洲國家），但亦可與電視勢不兩立（如印度、希臘、北歐諸
國）。

　　形形色色的上層階級所提出的要求也可能互相矛盾。印度的知識貴
族作賤電視爲多餘的奢侈品，但都市裏的上層階級却深愛私有商業電視
的品味，而另一方面，印度政府則希望用媒介對內促進國家發展，對外
作爲宣傳的工具。各有各的打算，水火不容。

　　總之，透視各不同階層之間的連橫合縱，比光看單純的階級鬥爭更
有意思。所謂國際資本主義與國內上層階級的聯繫，即使有部分眞理，
也失之於簡。在加拿大反抗美國傳播帝國主義聲中，政府汲汲於獲取經
濟（廣告）主權的控制，與爭取文化自主的知識貴族正好連結一氣，但
與商業利益階級（如私有廣播電視業者、電纜電視主持人和廣告商）
的利益大爲格格不入，因爲後者的利潤直接依賴美國的國際傳播資本主
義。

五、「文化帝國主義」與「傳播帝國主義」

馬克斯主義者喜歡用「文化帝國主義」一詞，甚至乾脆用「帝國主義」一詞，不喜歡「傳播帝國主義」或「媒介帝國主義」。這在理論和意識形態上是其來有自的，因為馬克斯主義者採取一種比較總體而凌空的觀察，探討「媒介主權控制與社會權力結構的關係，媒介訊息所表徵的意識形態，以及這意識形態對階級制度的繁衍有何效果」(Curran et al., 1977: 10)。換言之，他們觀察強國與弱國、國內強弱階級之間的凌駕與剝削。他們執著於經濟與階級鬥爭兩大化約論，對於經濟、政治和文化的三角關係分析則一向頗為敵視 (Murdock and Golding, 1977)。

馬克斯主義者認為「媒介（或傳播）帝國主義」一詞過分狹窄，因為它只是文化帝國主義的一部分。許勒反對枝枝節節的去探討個別媒介或訊息有何影響；必也，則研究整個資本主義多國公司如何表達其信念或觀點，如何把人們框在既有的資本主義制度之中 (Nordenstreng and Schiller, 1979: 30)。究竟什麼是文化帝國主義？許勒的定義大約是如此：一個社會如何被引入現代世界系統，佔優勢的上層階級受到威脅利誘，其所籌造的社會機構，迎合甚至推廣了世界系統的權力中心之價值、結構，這些過程加起來的總和便是文化帝國主義。這一段定義詰聱聱牙，而且十分含混，很難以實證的方式檢查各媒介之間有什麼差異。當然，許勒認為，文化帝國主義是自明的真理，何須對各媒介作瑣碎的實證？

相反的，非馬克斯主義者喜歡用「媒介（或傳播）帝國主義」，不喜歡用籠統概括的「文化帝國主義」或「帝國主義」。他們通常認為，在工業社會的多元模式下，傳播媒介機構有相當程度的自主性。「媒介

帝國主義」是比較有用的分析工具，因爲它指涉的現象較具體，較便於作嚴格的實證 (Boyd-Barrett, 1977)。「媒介帝國主義」似乎不應該與「文化帝國主義」或「帝國主義」混爲一談，因爲它們之間因時因地因對象而有不同程度的關聯，而非一成不變。媒介固然是非常重要的文化範疇，但硬把媒介與敎育制度、家庭等等混淆在一起，却徒然有害無利。經濟、政治與文化的三角關係必須透徹研究才行，不可以一逕想當然耳。什麼是媒介帝國主義？假定一個國家不能自己控制本國媒介的主權、結構、分配和內容，而得處處掣肘於別的國家，對方又無互惠的誠意，這便是媒介帝國主義。凱玆與坦斯多的著作跟這條思路基本上大致接近。我個人也比較傾向於這個觀點，除非是具體地討論傳播媒介的文化意義時，否則便採用媒介（或傳播）帝國主義一詞。

六、傳播帝國主義：非馬克斯主義的觀點

非馬克斯主義者雖不否認美國傳播關係企業對外進行剝削，但是在他們眼中，各國內部的複雜因素毋寧更爲重要。這一點與粗糙的馬克斯主義者所持觀點是迥然不同的。具體的說，非馬克斯主義者有四個主要的看法。第一，他們認爲，美國媒介的規模經濟 (economies of scale)，可以大量生產，降低成本，在市場競爭上面佔有絕對的優勢。第二，他們認爲，每個國家的基礎條件有厚薄之分，對外依賴有輕重之別，不應該一視同仁，所以只研究外在的世界系統（外因）是不夠的，還須探討每個國家所存在的內在因素（內因）。第三，他們認爲，在一定的程度以內，每個國家都可能凝聚內在的力量，抵禦外在的影響，不是完全束手無策。第四，他們認爲，國際傳播的暢通對參與國的文化影響好壞兼而有之，並且需要逐一探討。

甲、規模經濟——大量生產，降低成本

　　非馬克斯主義者認爲，國際資訊失衡大抵上出於供求失調的緣故。他們不作興唱「文化帝國主義」或「國際陰謀」之類的政治腔調。

　　大凡市場活動都得觀察買賣雙方，才能有全盤了解。從賣方來說，幅員廣大、經濟雄厚的國家（尤其是美國）兼集人才、資本、設備和經驗之大成，在節目製作與輸出佔絕對的優勢，而且保持領導的地位於不衰。同時，節目是一種文化產品，大量生產，可以降低成本，拷貝的成本比起原價是微不足道的，所以好萊塢的美國傳播關係企業賣出的產品，價格遠比第三世界自製的節目要低廉得多，然而外銷所得却只是好萊塢的額外紅利而已。

　　從買方來看，以色列學者凱茲認爲電視節目大同小異，有兩大主因：（一）電視媒介爲了要日以繼夜的播放，必須有大量材料才能填補時間，因此對節目量的要求可謂貪婪無厭；（二）西方的製作和經營方式紛紛被第三世界效法 (Katz, 1973)。他認爲這是一種膨脹的供求關係，偏重於求的一面。具體的說，電視是美國商營無線電公司發展出來的，承襲了無線電時代的許多作風（這套作風又輸出到世界各地），舉其要者如下：

　　——不休不止的播放，日以繼夜，結果小國家無力供養足夠的人才，常有難以爲繼之嘆。

　　——一味追求最大多數的觀衆，電視成爲收視率的俘虜，彼此競逐低俗趣味，導致內容的雷同，缺乏新意。

　　——拼命爭取最新消息，電視新聞感受沉重的時間壓力，對於做透澈的研究與闡析，自然是有心無力的了。

不休不止的播放迫使電視臺非向外購片不可。凱茲在另一項十一國大規模的調查研究發現了確鑿的證據 (Katz and Wedell, 1977)。 英國社會學家坦斯多也發現，拉丁美洲和英屬白人殖民地（加拿大、澳洲、紐西蘭）有林林總總的電視臺，彼此作殊死戰，拼個你死我活，壓力極大，只好向美國買舊片 (Tunstall, 1977)。此所以澳洲、加拿大等富庶的高度開發大國，一反理論的常態預測，成為美國電視節目出口的大宗。

乙、內在動力

非馬克斯主義者十分注重第三世界各國的內在動力。反之，馬克斯主義者似乎只對世界系統的層次感興趣，對第三世界各國政治社會的差異反而不甚關心。

凱茲和坦斯多的研究，偏重於用內因追溯電視內容何以大同小異，他們的成績相當卓著。 坦斯多寫了一本書——『傳播媒介是美國的天下』，從一系列的歷史個案分析中，探索媒介內在結構的複雜根源，社會政治的安排，乃至於外國勢力的千牽萬引，以便解釋「媒介依存」的結果 (Tunstall, 1977)。 他以內因為中心，分析傳播資訊失衡的現象，顯然不為許勒所贊同。許勒批評他見樹不見林，「有時迷失於記載各國媒介經驗的過分細節當中」，不能撥霧見天❺。此外，凱茲與衞德爾合著的書『第三世界的廣播：期許與表現』，則站在第三世界的立場，觀察美國媒介霸權的角色；他們根據當初第三世界各國對廣播媒介所抱的期許，評估廣播電視的實際表現 (Katz and Wedell, 1977)。不論在程度上或種類上，「媒介依存」均有巨大的差別，而且在在受到內在動力（媒介內在結構、社會政治制度、文化傳統、經濟結構）以及外在因素

❺ 見 Schiller 刊登於 Journal of Communication 一九七七年第二十七期頁二二六～八書評。

（被「中心」強國自外強加者）交互滲透影響。不論內在動力或「媒介依存」，在程度與種類上均因國情有所不同，這一點常被馬克斯主義者輕描淡寫，一筆帶過。

丙、內在力量的自主性

非馬克斯主義者較願肯定內在力量有它的自主性，而且在社會改變的過程中能發揮深厚的潛能。

這一點與前述美國媒介的規模經濟（市場供求的功能）以及第三世界各國的內在動力息息相關。創新事物或思想（例如電視節目）的傳佈是一個隨機(random)的過程，亦卽是 S 型的累積曲線(Rogers, 1971)；但若自外加入結構上的阻因，則傳佈的過程便受到影響，不復依從隨機的軌跡矣 (Chaffee, 1975)。換言之，在毫無干預的情況下，市場功能通常是讓傳播高度開發的國家佔盡上風的。

不可等閒視之的，是第三世界各國（國際媒介市場的消費者）可能採取一些必要的行動來抵制外來的剝削。例如政府大可規定外來節目的最高比例，或者縮短電視播放的時間，以減少對外的依賴。這些在加拿大、泰國、馬來西亞、臺灣和澳洲等國家均已付之實施。第三世界在購買節目時，在一定程度內也可以挑精選肥，因爲「剝削者」之間短兵相接，競爭激烈，利益未必一致，關係更不是一成不變的。當然，第三世界國家（如印度、哥倫比亞）大權在握，大可把商營電視化爲政治、社會或教育用途，而不需要買太多的外國娛樂片濫竽充數。對若干馬克斯主義者，這些似乎都是癡人的囈語。

凱玆與薑德爾雖然同情第三世界的處境，却始終和美英立場站在同一條線上。馬克斯主義者指出，媒介能夠立下全世界文化從同的種子，故而世界各國最後不得不仰伏西方——凱玆與薑德爾指斥此說爲無稽之

談。節目日趨雷同究竟該怎麼辦？媒介能否眞正促進文化的表現？這些對他們來說也未有定論。至於封疆閉界，固拒外國新聞的影響，不但危險而且無效 (Katz and Wedell, 1977)。

內在的自主如何與外在的依賴取得均衡，本無固定的方式，但無論如何，終須透過歷史條件與當代因素相互配合完成。愛爾蘭代表了蕞爾小國的苦衷，旣不能沒有電視，又沒有條件維持電視，眞是進退維谷。愛爾蘭原先創立電視臺，日的在象徵國家的認同，但毗鄰的英國電視竟長驅直入，使愛爾蘭的電視顯得軟弱無能，終於有部長級官員提議乾脆由官方堂而皇之地引進英國廣播公司，充當愛爾蘭的第二座電視臺，此議雖然一敗塗地，但光從居然有人提出這種荒唐的建議來看，便曉得愛爾蘭實無內在自主性而言 (Carey, 1977)。

此類極端的例子，姑不置論。在一般的情形下，內在條件確可發揮相當大的力量，因時制宜，因地制宜，把媒介化爲我用，適應當地的情況與需要。尤有進者，凱玆和薔德爾根據在十一個國家實地調查研究發現，六十年代各國剛獨立或處於青黃不接的時期，大致師法美英法式廣播的形式與內容；後來各國的廣播逐漸適應當地社會；及至一九七〇年左右，各國又紛紛覺醒，確定了廣播電視追求的方向，擬訂明確的傳播政策，排除外國的直接投資，或增強政府的直接控制。各國政府採取的策略容有不同，但內在自主性的強靱則無二致，可見開發中國家在某種程度以內未始不可自求多福。（當然，這種轉變和覺醒與國際政治結構的重組息息相關，如美國在越戰鎩羽而歸，六十年代美國國內動盪，石油產國聯合抵制西方國家，第三世界在聯大抬頭活躍，在在使第三世界發現「美帝」的弱點，從而抓住弱點討價還價。）

丁、文化上的利益

　　非馬克斯主義者主張，國際傳播的自由暢通不全是壞事，其實也可能扶助本國文化的成長。人類學家有文化擴散的理論，鼓吹把外國文化的血氣吸入本國的機體，以滋補文化遺產。另外，在企業管理學的領域，還有一個「產品生命循環」的學說，容在下一節細述，這裏姑且點到為止。這個學說主張與外國媒介往來，學習先進科技，使第三世界能善用媒介，以促進本國文化的發展。

　　這兩派學說都宣稱，自外國輸入媒介產品對受方有益。但假若一路上毫無阻礙，任令外國產品大量流通，則適足以鞏固強國的利益，弱國可能未蒙其利，已見其害。這一點，有些開明的非馬克斯主義者也覺得必須補偏救弊，只是在方法上千萬不可閉關自守，自陷於文化孤立的困境。各國之間建立區域性合作，媒介專業人員深入探尋本國文化的根源，第三世界廣闢購買媒介產品的來源，並糾合羣眾的力量輔助媒介為教育服務，這些俱是切實可行的措施，不一定要一竿子打翻現有的國際傳播秩序。

七、「產品生命循環說」與媒介的交流

　　非馬克斯主義者在六〇年代發展出所謂「產品生命循環」理論(Product life cycle theory)，解釋大公司向外擴張的旋律，以制衡一般資本帝國主義的庸俗說法。對外擴張乃是寡頭壟斷的公司所必經的鐵律，只有不斷創新才能保持市場的優勢；對外擴張主要的「引擎」，不多不少，在於追求全球性的最大利益，而不是出於什麼政治或經濟的「陰謀」。儘管有許多學者用這個理論分析工業組織的成長，迄今能成功地

解釋媒介多國公司者則爲數尚少。

「產品生命循環」是工業組織理論的衍生，由哈佛大學企業管理學院多國企業研究計畫予以發揚光大。主要理論見諸華農教授的『主權陷入困境』書中 (Vernon, 1971)。他首先給多國公司下一個定義：即一羣由不同國籍組成的公司，爲了共同的所有權，靠一間母公司將它們聯繫在一起，採取共同的策略，運用同一批財務和人力資源。多國公司的特徵包括：（一）結構龐大；（二）寡頭本質（只有少數幾家大公司壟斷市場）；（三）通常受美國的母公司所控制。他認爲一個多國公司必須經歷以下四個階段：

第一階段，美國的大企業在產品上常有創新，因爲美國人民平均收入高，而且美國的生產因素（包括廣大的內銷市場，迅速有效的傳播）得天獨厚。

第二階段，產品不但逐漸被廣泛採用，而且透過外銷迅速成長。工業產品一經進入市場，研究發展的獨得之秘再也保不住，知識立即廣爲傳佈，國內各種競爭勃然大興，大公司專利獨佔的優勢頓挫，逼着它向第二世界工業國家豐饒的市場進軍，進行大量外銷，使利潤得以幾何級數加倍成長。

第三階段，向外擴張弛緩。第二世界工業國家模仿了引進的美國科技，瞬間也成立大大小小的公司，在市場上挑戰，成爲美國公司的勁敵。於是美國公司只得在當地創立分公司，建立廉價的製造廠，因地制宜，以期維護市場的優勢於不墜。

第四階段，多國公司沒落，外國公司抬頭。美國的多國公司漸趨式微，失去了以往的市場優勢。競爭日益白熱化以後，美國公司組織的龐大細密，反而礙手礙腳，不能發揮彈性，適應競爭，以至於發展大受阻力。更加以各國保護主義抬頭，美國公司難再保住優勢，於是只好拋棄

若干產品，或挪往廉價的開發中國家投資，或發動犀利的廣告攻勢以刺激消費慾，甚至改弦更張。第二世界工業國家和一部分開發中國家羽毛已豐，培養了足夠的能力製造價廉物美的產品，回流到美國本土，這就完成了產品生命的循環。

用「產品生命循環」去分析電視機製造業，若合符節，也歷經四個階段：㈠一九四八年至一九五〇年中葉爲「嬰兒期」；㈡一九五〇年中葉以後爲「少年期」；㈢一九六〇年代初爲「成人期」；㈣其後爲「老年期」。除了電視機的製造，其他像電影、無線電和廣告，全部有自身的「產品生命循環」。然而亦有學者用「產品生命循環」硬套美國報紙、雜誌、通訊社的發展❺，則顯得捉襟見肘了。

「產品生命循環」實際上是一個「進化表現的循環」(evolutionary performance cycle)，只要過了一道關口，整個過程便向前推進，進入下一個階段，不再回頭。我曾用「產品生命循環」來追溯電視節目的成長，深覺其縐合的程度頗成問題，至於此說意味媒介多國公司的擴張能產生正面的文化意義，尤有未當 (Lee, 1980: 80-83)。這個理論模式是企業機構的模式，失之於簡陋，根本未將社會、政治和意識形態納入考慮。到目前，主要的應用僅限於工業及製造業產品的解釋，很少用來分析文化產品，即令有之，也屬勉強。

「產品生命循環」的四大階段（創新——擴張——減緩——沒落），頂多只有啓發的價值，却不可遽加全面採信。每個階段的分界並無清楚的動態特徵可憑，所以它只是個敍述性的模式，但缺乏解釋的力量。

---

❺　電視機見 Barnet and Muller (1974)，電影見 Douglass (1963)，其他見 Read (1976)。

八、媒介帝國主義與媒介傳佈論的比較

「產品生命循環」在若干關鍵處顯得頗含糊而吃力，但許多學者仍企圖發掘此說的文化意義。其實，它與人類學家的文化傳佈論連呼一氣，兩者對國際媒介交流的看法，以及為第三世界開出的藥方，完全和媒介（傳播）帝國主義大相逕庭。

文化人類學家一向認為，文化的傳佈對本國社會文化的發展常有催化的作用；人類歷史上的獨立發明創新少之又少，靠傳佈過程中學得的創新畢竟居絕大多數。

現在我們不妨再把「媒介傳佈」與「媒介帝國主義」的要點提鍊出來，對照比較，看它們怎麼解答下面三個問題（表13-1）：

表 13-1 國際資訊交流失衡的兩種解釋之比較

	媒介多國公司擴張的「引擎」：	媒介對外依賴的後果：	媒介政策的診斷：
媒介帝國主義論	美國軍事與工業勾結，是先進資本主義國家內在矛盾的必然發展。	導致更強的（甚至永遠的）依賴，無以自拔。	擺脫世界資本主義制度及其支配性的文化。
媒介傳佈論	美國市場潛力強大，追求最大利潤。	初期依賴，隨後遞減，並增強本國的潛能。	與世界性文化保持公開的來往。

甲、媒介多國公司擴張的「引擎」在那裏？

乙、第三世界對「中心」國家媒介的依賴產生什麼後果？

丙、對第三世界媒介政策作出什麼診斷？

甲、媒介多國公司擴張的「引擎」

主張文化帝國主義者（如許勒）認爲，美國「軍事——工業結合」是發動媒介多國公司向外擴張的「引擎」，而且完全是有計畫的擧動。

主張媒介傳佈者（至少是主張產品生命循環論者）認爲，美國多國公司向外擴張，目的完全在追求全球性最大的經濟利益，如此而已，根本談不上什麼政治陰謀 (Read, 1976)。電視節目的外銷起初是應第三世界的要求，隨便的，不經意的；後來只因美國國內競爭的白熱化，爲了保持市場優勢，才大量開拓國外市場，這麼做不見得是和美國政府配合步調的。

近年來，媒介帝國主義論者逐漸擺脫「陰謀論」。照理說，馬克斯的信徒應當以經濟掛帥，他們不但不否認美國公司旨在追求最大的利潤，而且認爲它所以謀取世界霸權，是資本主義社會走到盡頭，產生內在矛盾的必然表現。保守人士則根本覺得當前國際傳播的現況無甚不妥，美國媒介取得支配性的優勢，完全出自市場能力強，在國際自由經濟制度裏競爭制勝，陰謀也者只是瞎說 (Read, 1976)。換言之，左右兩派對美國公司追求利潤一節沒有爭執，但對它的「引擎」可就見仁見智了。

乙、對外依賴何去何從？

主張媒介帝國主義論者宣稱，第三世界現在對西方資本主義的依賴必將導致更大（甚至永遠）的依賴，乃至於最後無法自拔。換言之，資本主義強權必將進行長期的剝削，第三世界永遠不得翻身，當然亦無成功開發的指望。

媒介傳佈論者斥之爲無稽之談。他們相信，每個社會能夠成長，乃因爲它有能力借取外國文化的精華，滋潤本國文化的有機體，兼容並蓄。

當然，受方向外國吸取的，未必是文化實質本身，可能只是文化的一些基本原則，而且採用的過程是有選擇的，經過適應的。進口的成分一經納入新環境，便獲得新的意義和特質，與原品不同。因此，他們似乎覺得，現在的依賴只是暫時的，未必全是壞的；第三世界在發展本國文化（媒介）的過程中，應當向先進國家適應學習，借取科技與文化。例如，普爾說 (Pool, 1977)：

> 從外國採納大量文化成分，把被採納的東西加以修正，以適應本國文化。在這個過程中首先須依賴外國文化，與之來往，隨後則發行出新活動，（第三世界）國內的交流亦相對的成長。

在他們的心目中，目前的資訊交流雖不均衡，將來總會自我矯正的，不必太擔心。

信奉媒介傳佈論者，對與外國文化公開往來的正面功能信心十足。但這能不能造成什麼潛在的負功能，他們却不頂在意。他們很驕傲地指出，各地區已發展出節目製作的「次中心」（在阿拉伯世界有埃及，在拉丁美洲有墨西哥），視為「媒介傳佈」的大成就。其實，平心靜氣的說，這些「次中心」並不見得改變它們對先進資本主義國家的基本依賴關係，它們的產品也未必合乎國家發展的需要。（各地區發展出的「次中心」，固然被媒介傳佈論者視為資訊自由暢通的成就，但未始不可視為媒介帝國主義的證據，因為這些國家正也是美國產品的大主顧。可見戴不同意識形態的眼鏡，可以理出極不同的結論來。）畢竟，科技比文化容易學習、修改。傳佈論者也許會辯稱，目前第三世界只要暫時向先進資本國家學習，亦步亦趨，模仿它們媒介的內容，未來必可自力更生，馴致善用媒介，把外國文化的好東西容納到本國文化裏。為什麼？因為世界各地電視還在積極發展之中，還沒完成「產品循環」，故不應太早

拋棄這個理論。

　　他們這番堅定不移的樂觀可能只是幻象。如果他們以為，第三世界國家必須學習新科技，才能製作合乎本國文化的產品，那麼這個理論指的是「科技」傳佈，而不是「文化」傳佈。反過來說，如果他們覺得，假以時日，用今天的痛苦換明天的快樂，第三世界便可一氣呵成，達成科技和文化的雙重目標，那麼至少這個過程並不明顯，證據亦嫌不足。

　　這兩派學說之爭方興未艾，一來是意識形態分歧，二來是資料不足。即便如此，問題還得不斷提出，希望雙方把論據理得更有頭緒，更明朗化，更便於做實證研究。

丙、為第三世界的媒介把脈

　　說到這裏，我們應該明白媒介帝國主義論者的立場了。他們呼籲，欲擺脫目前國際上資訊流通的失衡，首先必須退出國際資本主義制度及其支配性的文化，捨此別無他途。但是這個建議仍有不少問題沒法解決——尤其是共產國家對媒介的極權控制與無情鎮壓，更令人毛骨悚然。

　　反之，贊成媒介傳佈論者則堅持，應該與「中心」（他們喜稱之為「世界性」）文化暢懷往來。從三個角度來看，文化保護主義都是自己先打敗仗的。第一，關閉自守，便失去學習、借用、適應外國文化的良機。普爾強調，本國的產品一旦把外國產品討人喜歡的地方學到家，便往往大行其道，比外國產品更受歡迎 (Pool, 1977)。其次，文化和一般商品沒有兩樣，都必須經過市場競爭的考驗，一較長短；靠保護主義才能生存的文化，便不值得保護。保護主義下的所謂自給自足，必須付出慘重的代價，它的產品必定既原始又粗糙。第三，普爾說，美國商業企圖反映「世界文化的口味」，美國民眾想要的東西，「跟別國人民要的東西沒多大分別」。他宣稱，文化保護純然出於人性惡變之心，習以為

常的價值、習慣、生活方式，早年養成的，往往牢不可變。

這批媒介傳佈論者覺得，目前國際資訊交流的狀況沒有什麼不對或不好，也不須用人為的力量去矯正失衡的現象。其實他們未免太天真了。我們主張，只要做得到，只要能對國家發展的目標有貢獻，第三世界就應追求自給自足的政策，即使犧牲品質也值得。所謂產品的「原始」、「粗糙」，常是西方式的定義，從科技純熟的程度着眼，至於第三世界的文化價值與國家發展的功能則非所問矣。

美國媒介產品果真「反映世界文化口味」嗎？有充分的證據顯示，美國媒介內容至多反映美國中產階級的希望和幻夢 (Wilensky, 1964)，往往與第三世界的需要牴觸。一些美國節目（如「我愛露西」、「星辰女探俏嬌娃」）再賣座，也難令人置信是代表未來世界文化滙歸的方向。第三世界的電視時間已經很有限，本來大可派上農技示範或衞生常識等種種用場，何必無端犧牲它們，開懷而去擁抱美國低俗的節目呢？普爾說：「大體上，文化不需要保護。文化是人們精神上已經歸屬的東西。假如文化是令人滿意的，本身不在朽化中，當地媒介又能提供符合文化的產品，公衆便不必向外看了。」(Pool, 1979) 讓我們稍微改頭換面一下，且看：「⋯⋯⋯⋯如果滿清政府令人滿意，本身不在朽化中，當地商人可以提供符合公衆需要的產品，那麼公衆便不須向英國人看──看鴉片。」說得通嗎？

問題的癥結是：第三世界認為某些外國文化不可取，它們應該有權利保護本國文化，使它不受外來影響。這兩派各執一偏，互不相讓，馬克斯主義者過分否定文化（媒介）傳佈的好的一面，非馬克斯主義者則看不見美國文化（媒介）支配外國文化的壞的一面。簡言之，文化（媒介）應該也可以是有選擇的，不必囫圇吞棗；第三世界當然有權利排除不可取的外國文化，把它的傷害減至最低程度，不致危及本國文化的可

欲成分。本國文化所以需要保護，不一定是因爲它令人不滿意或在朽化中，可能只是經濟後盾不足，擋不住美風歐雨的襲擊。文化交流應是雙方有來有往的事，不能非此即彼，跋扈武斷。全盤西化的論調在我國曾經甚囂塵上，殊不知這麼作適足以戕害經濟弱國的文化之根。

　　以上不憚辭費，討論兩派的爭論，歸根結底，到底第三世界應該何去何從？我相信，每個國家必須擬訂明確的媒介政策，以控制本國媒介的命運，一方面不可接受肆無忌憚的「自由暢通」，另一方面也必須抗拒獨裁者對媒介的鎮壓。第三世界應該有選擇的自由，只要是公平，只要是對國家發展有利，就應該從各種模式中綜合出一條自求多福的道路。

九、社會傳播帝國主義

　　上面說過，列寧提出帝國主義的理論，爲的是在刻畫資本主義擴張的軌跡。如今，國際共產主義早已分崩離析，中共更與蘇聯公開決裂，指控蘇聯是最危險的「社會帝國主義」，在世界各角落明目張膽地擴張霸權，進行侵略。無可否認的，這項指責牽涉意識形態和權力鬥爭。但我們感興趣的是：（一）帝國主義的定義似有必要重新加以釐清；（二）不止資本主義國家內部矛盾導致向外的擴張，社會主義國家也可能在口頭上假借美名，骨子裏搞霸權的勾當；（三）「資本帝國主義」與「社會帝國主義」殊途同歸，兩者的動力和表徵各有不同，亟待進一步研究。事實上，許多學者（馬克斯學派有之，非馬克斯學派亦有之）對蘇聯搞領土、政軍擴張的行動感到憂慮不安。蘇聯的坦克長驅直入，亂搞匈牙利、捷克、阿富汗等「兄弟之邦」的心臟，其景象比起一羣羣貪婪、腦滿腸肥的美國商人在全世界搜刮財富，只有更血腥醜惡罷了。

　　中共咒罵蘇聯是典型的傳播帝國主義者。美國幽默家馬克吐溫曾經

說，只有太陽和美聯社永遠照亮地球的每一個角落。中共說，蘇聯媒介的霸權有過之無不及，甚至使馬克吐溫的話過時。莫斯科電臺四十架對外宣傳廣播的強力發射機，令技術先進的英國廣播公司黯然失色。蘇聯間諜藉新聞之名滲透到第三世界。尤有甚者，蘇聯媒介在國際問題上面顛倒是非，指黑爲白，造謠的技倆登峯造極❼。

社帝之說所以殊堪玩味，倒不是因爲它的新聞煽情主義，或我們有意偏袒那一邊，主要是它對「傳播帝國主義」有新的啓示。世人應該覺悟，原來傳播帝國主義不僅止於先進資本主義國家，先進社會主義國家也是五十步笑一百步。蘇聯在國際舞臺活躍的歷史尚短，還沒有能力與西方資本主義的媒介爭霸，但此「非不爲也，實不能也」；現時不能，將來未必不能。

我們對社會帝國主義的瞭解不夠透澈，極權國家嚴格控制消息的公佈，而且作法鬼祟秘密。在媒介方面抨擊資本帝國主義的一些學者，例如許勒，盡是美國的激烈分子，他們的分析很多是依靠美國官方文件，去揭露美國的瘡疤。假定用相同的標準來看，這類文件在蘇聯是絕對弄不到手的。

兩種形式的帝國主義呈顯不同的機能、前因、過程、後果。目前，關於資本帝國主義，激烈派攻擊它是先進資本主義內在矛盾的必然結果；保守派認爲是美國優越的市場勢力，在國際自由經濟結構裏競爭的斬獲。兩派都力避所謂「陰謀」之說。但對蘇聯社會帝國主義，中共卻毫不客氣說它搞陰謀顛覆。

---

❼　北京「新聞戰線」（一九七九年第一期）頁七一～七二。另據一九八○年五月二十三日法新社倫敦電訊，上月變節的塔斯社前國外部主任茲爾克維諾夫對「泰晤士報」說，所有蘇聯駐外記者「或多或少」都是烏別格（秘密情報機構）人員。

社會帝國主義能不能取代資本帝國主義，這一點對某些庸俗的馬克斯主義者是有深刻的反省意義的。

十、結　語

本文先介紹了馬克斯主義所提出的經濟依存論，然後逐一加以批判。用它和文化帝國主義比較，發現兩者相似之處頗多。文化帝國主義借用經濟理論的邏輯與架構，尚未發展出獨立、有系統和令人折服的理論。另一方面，當今世界資訊流通失衡，在非馬克斯主義來看，却有相當不同的解釋。

簡言之，馬克斯主義者看得出病症，但開不出藥方。這一點與孫中山先生對馬克斯的批判（「病態學家」但不是「病理學家」）精神一致。自由主義倡導「資訊自由流通」，它所含有的毛病和陷阱，都給馬克斯主義者一一揭穿。可惜馬克斯主義者往往言過其實，有破無立，提出的政策建議常不切實際，失之於簡陋和教條化。

兩派的主要分歧點，在於一個鼓吹革命，一個贊成演化。不革命則已，否則不能光革媒介的命；而是人與社會、媒介與政治之間關係的總檢討。演化（改革）則不必把政治、社會、經濟和文化全盤澈底翻新，媒介本身也可以進行改革。這兩派都有部分道理，也都患了「浪漫謬誤」（romantic fallacies），各自從相反的角度，把事態過份美化。激烈派對現狀的挑戰逼得大家對世界資訊流通的問題不得不思之再三；然而他們却無法擔保，社會主義路線可以同時達成文化的完整與自由，而這兩者——完整與自由——同等重要，缺一不可。反之，非馬克斯主義者當中有些保守分子，蒙住眼睛，努力爲強國的既得利益辯解，企圖灌輸美麗遠景之幻象。其實，假如當今不果斷採取行動，戢止國際資訊失衡現象

的惡化，任由市場機能凌駕一切，相信時間因素只能製造更多問題，不能解決問題。我們似應採取中庸之道，不偏不倚，慎思明辨兩派說法的對錯，旣爭取文化主權的獨立自主，也不能放棄資訊的合理暢通。

一九七四年五月，聯大決議通過「國際經濟新秩序」，許多第三世界的不結盟國家也在躍躍欲試，加上蘇聯又推波助瀾，要求組織「國際資訊新秩序」，意思是要抵制西方通訊社消息的自由暢通，而由各國政府指定官方通訊社取代，彼此交換新聞❺。

不用說，西方世界通訊社誠然有許多潛在的偏見，例如它們在第三世界國家裏報憂不報喜，專以揭人瘡疤爲己任，以致傷害當地人尊嚴。其實這種心態是西方基本「新聞」定義的延伸——狗咬人不是新聞，人咬狗才是新聞：煽情主義在商業掛帥下發揮得淋漓盡致，被搬到第三世界而不自知。

西方國家也許眞的太霸道，太自私，只因一己之私利，用自由市場爲掩護，在傳播道上了無互惠的誠意。第三世界如何自處，大家都在摸索之中，但萬變不離其宗，總希望減少傳播對外的依賴，並使它反映社會大衆的利益與需要，扶植、鼓勵、參與文化的再創造。

雖然沒有人敢確定什麼是最好的途徑，但有一點却可以斷言：第三世界國家不管出於憤怨、報復、情急或其他理由，斷不可鋌而走險，拱手把傳播媒介交給獨裁者，成爲官方的喉舌或統治者的玩物。試想中共十年一場文革大浩刧，以假當眞，幾乎摧斷民族文化的元氣，能不警惕乎？再說，如果第三世界組織政府通訊社，不分靑紅皂白的排斥西方資訊，故意戴着有色眼鏡來歪曲新聞的眞相，條條報導就像政府的宣傳公告，這豈是我們值得付出的代價？

中庸之道萬古常靑，絕不是一句敷衍的口號。值此第三世界汲汲爭

---

❺ 參見附錄一，李金銓（一九八三）及 Lee (1982b)。

取現代化的早日實現，熱切期望利用傳播科技促進國家整合、經濟成長與文化認同，爲了維護國家的尊嚴及文化的獨立，抗拒美雨歐風商業文化的侵擊，是可以瞭解與同情的。但是過猶不及，矯枉必須不過正，否則傳播與文化失去客觀的眞理標準，任令大權在握的獨裁者搞「一言堂」，毋寧是人類自由的淵藪！

第十四章

傳播帝國主義（二）：政策

「傳播帝國主義」是當今國際政治鬥爭的一大焦點。這個名詞（口號）蘊涵了那些層面？論爭的重心何在？在理論上和意識形態上各有何根據和優劣？我們已經在第十三章詳細分析過了。本章旨在探討一些政策上的癥結，第三世界如何因應自處●。政策研究必然具有規範性的價值判斷，只有一部分可以實證而已。

傳播科技正以幾何級數加倍成長，變化速度着實驚人，若說本世紀所發生最大的社會變化是傳播科技，甚至與十八世紀歐洲的產業革命等質齊觀，並不過分。如果我們缺乏深謀遠慮，不能對傳播科技作通盤的策畫，整個社會恐怕會被科技所駕馭，以致迷失方向。所以，縱然證據不足，面對着傳播科技的挑戰和歐風美雨的衝擊，第三世界仍當提出智慧作自己的價值判斷，而不應守株待兔，期望頭疼的事情自然消失。須知船到橋頭不見得自然直。有些狹隘的實證社會科學家堅持，一定要所有的證據齊全，才肯談論政策的問題。我不敢苟同。這種題目的證據不可能百分之百的周延，等到「證據齊全」那一天，傳播科技所造成的後

● 本章根據 Lee (1980) 第六章撰成。

遺症恐怕難以挽救了。未雨綢繆是政策研究的眞諦。目前，「傳播帝國主義」之爭牽涉的意識形態和理論基礎極廣，我們一向缺乏翔實可靠的資料，難道大家就乾脆退縮，束手不問政策的方向？

　　當然，客觀的政策分析與主觀的政策鼓吹並非一回事，但有時兩者的差別薄如一張紙。首先，讓我提出我評估的準繩，我以爲一個健全的傳播政策必須具備四大要質：

　　　　第一，傳播媒介必須促進政治整合，推動社會經濟現代化，並發揚固有文化，這些俱是第三世界國家發展的目標。

　　　　第二，傳播政策非但要對本國的目標有利，而且要對其他國家的利益公平。

　　　　第三，傳播媒介須不受少數財團的壟斷（如美國），亦不受寡頭官僚組織的操縱（如蘇聯）。

　　　　第四，國無分大小，均得伸張主權，設計傳播的方向，控制媒介的命運。

　　我何德何能，豈敢佯知一切的答案？本章不過是初步的探討而已。容我首先指出，第三世界各國都應力求獨立自主，權衡內在的情況和外在的壓力，謀求最有創造性的制宜方案。它們固然有權對當前國際資訊交流失衡的現象完全無動於衷，也應當有權提出抗議，甚至尋覓一種國際資訊新秩序。無動於衷者姑且不去管它，欲求改革現狀者大槪不外有兩條道路可以選擇：一是全面性的革命，一是溫和漸進的改良。這兩條道路我且逐一討論，最後並提出第三世界的一些弔詭。

一、社會主義式的全面革命

馬克斯主義者平素強調國際間弱肉強食的悲劇，亦即強國（或稱「中心國家」）與弱國（或稱「邊陲國家」）的外在剝削關係。他們鼓吹的革命之道一點也不含糊——必也，第三世界應該果斷地同國際資本主義制度一刀兩斷！例如，許勒（Schiller, 1973）說：

> 這條道路看來十分明顯。把它們（第三世界國家）的經濟從全球性市場關係的網絡中解脫出來，愈多愈好，愈快愈好，同時，配合實際需要發明辦法，以便直接地、個別地通達它們的人民。

許勒大力鼓吹的媒介自主，居然不從媒介本身或文化系統著手，却訴諸經濟手段。我們只要省察一般馬克斯主義論者的論據，通常不外落歸到「經濟簡約論」和「階級鬥爭簡約論」上面，便知道許勒的見解與此緊密契合。

進一步而言，一旦第三世界從國際資本主義制度抽身之後，又當如何？許勒提出所謂「自力更生的政策」，實際上就是社會主義的代號：

> 假定一個社會的資本主義大都（若非全盤）已被斬除，社會主義的某些特徵已被採納，我的看法是：當務之急在實行中央計畫，嚴格控制經濟生活——這種安排大可影響科技的交流（Schiller, 1976: 61）。

許勒相信一走社會主義路線，問題必可迎双而解，第三世界既建立起完整的傳播政策，又免除資本傳播帝國主義的欺凌，更「直接的、個別的通達它們的人民」。可惜的是他始終沒講出具體的作法。在他心目

中，走社會主義路線彷彿是服一帖萬靈丹，像裝了一部自我操縱的機器，會自動地通向媒介自主的陽關大道。

果其然？充其量，我們只能存疑，持不可知論，許勒旣然語焉不詳，又講不出實際作法，對於這種政策可能衍生出的涵意，我們很難捉摸得住。但是，基於下面三個理由，我們根本可以坦率地排斥他的說法：

第一個理由，走社會主義路線本身不能擔保傳播制度的完整自主，也難說第三世界此後可不受社會主義霸權（如蘇聯）的政治（如非經濟）控制。古巴以前依賴美國，現在靠攏蘇聯，那一點獨立自主來着？而秘魯左派革命政府企圖叫媒介替革命幫腔，也是成果不彰。至於蘇聯媒介在東歐霸佔優勢，不是「社會傳播帝國主義」是什麼？（許勒的目光只看到「資本帝國主義」，却看不見「社會帝國主義」。）

第二個理由，財閥壟斷媒介固然令人深惡痛絕，而媒介若被獨裁官僚箝制也一樣可怕。我這麼說，絕不是否定第三世界國家——只要心甘情願——有權利選擇社會主義的道路，只是庸俗的馬克斯主義者把社會主義和傳播自主套上簡單的、武斷的因果關係，却完全經不起檢驗。

第三個理由，再退一步說，即使社會主義國家眞的給第三世界提供一條新途徑，但橘逾淮爲枳，其經驗却未必可以直接移植。擬訂社會主義的傳播政策，不啻是將人與社會、人與國家、個人主義與集體主義之間的關係和定義全盤翻新。每個國家都被內在情況和外在壓力所左右，歷史的條件與當前的局勢錯綜複雜，不是有空時唱唱革命歌曲就會奏功的。喻德基說得好 (Yu, 1977)：

> 一個開發中國家空言開發其人民，却又避開人與社會等基本問題，這是沒道理的。開發中國家不能光滿口要尊重羣衆的智慧和意願，而領導精英却不瞭解羣衆，倨傲自恭，羣衆對他們旣

沒興趣也沒信心，加上傳播系統不可能幫助人民表達其所需（
這是徒勞無功的）。開發中國家如欲引進毛澤東式的某些國家
發展的作風、作法，但對階級鬥爭和革命不喜歡、受不了，那
是沒用的。

我們曾在第十三章指出馬克斯主義者擅於診斷病情，却拙於開藥方。
孫中山先生對馬克斯也曾有類似的批評。馬克斯主義的功能是開了一面
大鏡，讓我們洞察現狀的毛病，但他們却開不出切實的政策藥方。我想，
馬克斯主義者的理論、政策，如果要保持生機與活力，而不淪爲乾巴巴
的政治教條，首先非解決這些實際上的難結不可。請問：假定第三世界
國家撤出國際資本主義體系，「傳播帝國主義」難道就眞的自動消失無
踪了嗎？大概只有一廂情願的人才會這麼相信吧。

二、溫和漸進的改良

馬克斯主義者着眼於外在的剝削，主張激烈革命，砍斷不平等的外
在聯繫。反之，非馬克斯主義者多自內在的實況中找答案，所以要求內
部的溫和改革。更具體的說，非馬克斯主義者以爲，第三世界各國可以
動員、凝聚內在的力量，以抵禦外來的媒介影響和文化上的鯨吞蠶食；
其過程是和風細雨式的，不是狂風暴雨式的。所以，溫和改良便毋須把
社會、經濟、政治的基本定義或結構全盤推翻，而只要依照情況的需要，
對現存的制度大修小補一番。

關於傳播媒介的角色，至少有兩種理論：一，在高度開發的國家，
媒介被視爲反映社會現實的一面「鏡子」❷；二，在第三世界，媒介被

---

❷　參閱本書第十一章對「鏡子理論」的批評。

視爲社會變遷的代理人、觸媒劑。前一說法以甘士（Gans, 1974）爲代表，認爲在美國，經濟社會地位互殊的團體，欣賞着高低不一的文化品味，形成一個「文化品味階層」，傳播媒介的大衆文化正好反映這個「文化品味階層」。因此，「美國社會應該追求的政策，乃是拓張所有人在教育和其他方面的機會，讓每個人有能力去挑選高品味的文化」。換言之，欲提高媒介文化的素質，須先提高社會文化的全面水平。只有在文化的活水源頭下工夫，才能充實傳播的內涵。

在第三世界，媒介的角色不單單是一面被動的「鏡子」，更是一個積極的能動力──「社會變遷的代理人」。理想的傳播媒介須提高傳統人民的欲望和眼界，推動社會經濟的成長，保障文化的認同──也就是說，它們得「傳播、教育、勸導」。顯然，「傳播帝國主義」對這一套理想來說是無情的諷刺！

到底有那些切實可行的政策，足以矯正（若不能剔除）「傳播帝國主義」的根源，使媒介做個稱職的「社會變遷的代理人」？底下我將提出一些粗淺的討論，但在沒提出以前先此聲明，不是每一個政策對任何國家都適用，因爲政策必須考慮各種不同的歷史及當前的情況，最忌囫圇吞棗，籠統武斷。革命縱使對少數國家是有必要的，但對大多數國家却不見得好。

溫和漸進的改良得有耐心，不可期望藥到病除。此地，我想提出三帖溫和的藥方：（甲）地區性合作；（乙）匠心獨運，善用媒介；（丙）把現代媒介與傳統的傳播融會貫通，兼容並蓄。

（甲）地區性合作

目前已有些地區性合作（如共同製作節目、交換新聞），以降低對支配性文化的依賴。歐洲廣播協會成員國互換節目，行之有年。亞洲、

拉丁美洲和阿拉伯國家也有類似的合作，但規模小得多。地區性合作久為聯合國教科文組織所關注。

地區性合作方才起步，距離理想尚遙。世界各地的宿仇加新怨，在在限制住地區性合作。有的政權其實寧願讓人民看英美節目，至少表面上無害，不致明顯地動搖權力的穩定。為此，地區性合作似應集中在文化節目上面，不宜突出政治。東歐與西歐互換電視節目，但兩邊的予取却很不成比例，東歐因此指責西歐搞「文化侵略」；事實上，這是因為東歐節目盡是冗長的政治演說，讓西歐人倒胃口，而西歐提供的多是「中性」新聞（被東歐拿去斷章取義）和娛樂性節目。

（乙）匠心獨運，善用媒介

許勒認為，傳播科技本身帶有資本主義的「毒素」，染着它的意識形態，必須一概抛棄。其實，充分的證據說明，傳播科技之為善為惡，有如水之載舟覆舟，完全操之在人。

以往，第三世界政府往往盛讚傳播媒介的重要，却鮮能有效地利用它促進國家發展。有許多當權者保守而小心眼，只知提防媒介的負面功能，怕它動搖自己的統治基礎，他們才不管媒介能替國家發展做什麼事。普爾 (Pool, 1963) 指出，每個政府都得慎重考慮四個政策性的問題：

——派用多少有限的資源在媒介上面？

——公共與私人控制，孰優孰劣？

——自由與控制、一律與變化之間如何取得平衡？

——媒介產品應訂在甚麼文化水平上？

忽焉二十個年頭過去了，我們回答這四個問題的知識並未大幅度增加。許多政府儘管口頭上掛住媒介的重要，但在整個國家發展的計畫中，

媒介竟佔着無足輕重的地位。媒介得不到必要的支持與資源，懸鵠又太高，只能唱高調，完全不切實際。

職此之故，每個政府應該確定媒介能做什麼，政府希望它做什麼及願意付出什麼代價。第三世界的政府不想認眞搞國家發展則已，否則絕不可長久忽視媒介的可能貢獻，更不可不匠心獨運地善用媒介。

姑以電視政策爲例，我想至少有四個改革的方法值得追求。首先，將現有商營（亞洲、拉丁美洲）或政府控制（非洲）的制度化爲公營（如英國），或融合多元模式（如荷蘭）。在荷蘭，各大社會和職業團體都有權利製作電視節目，發表主張，使文化表達充分民主化，因而降低外來媒介的支配力量。（當然，也有人批評荷蘭這種制度抹煞小規模團體，而且缺乏市場競爭，節目單調乏味。）要是當權者有雅量，肯容納異見，善納言路，不箝制言論自由，而社會發展又相當進步，這個多元模式未始沒有一絲成功的希望。只怕第三世界的控制往往有如天羅地網，政權爲鞏固權力，不擇手段去窮除異己，這個政策的前途就頗爲黯淡了。

第二個方法是妥善計畫媒介的結構，這也許比較行得通。十多年前，許勒多少保留着自由派的心態，尙未成爲馬克斯的忠實信徒。當時他呼籲第三世界要建立獨立的媒介機構，一方面對政府負責，一方面又立場超然，在運作上儘量與政治的壓力相絕緣，以此抗拒狹窄的民族主義傾向，排除新聞自由的箝制。媒介務求不追波逐流，萬萬不可爲經濟利益，做出違悖國家發展的宗旨之節目；最好每天還保留一檔時間，專供文化敎育節目之用 (Schiller, 1967)。

尤有進者，在結構上而言，媒介不妨求內部分工，但總合起來應是有生命的機體。這樣，可以截止寡頭壟斷式的惡性市場競爭。所謂寡頭壟斷，是指少數幾家財團合夥瓜分市場，提供大同小異的產品，由於每一個決定或行動都可能牽動大額的利潤，爲能不謹愼將事。而最保險不

過的作法則是亦步亦趨，只在大框框裏修修小邊幅。結果內容愈趨雷同，人們只能獨沽一味，了無眞正的選擇；不但此也，惡性競爭又產生一股強大的壓力，逼迫媒介機構紛紛向外國購買節目，以滿足市場的需要，文化自主也者便只好落空了 (Owen et al., 1974)。

　　英國廣播公司和日本放送協會提供了生猛活潑的榜樣。（當然，無事可以盡杜人的悠悠之口，論者抨擊它們追求的不偏不倚中間路線，無非在維護社會的既有秩序。）它們的系統下各有兩臺，一方面求內部分工，另一方面又渾然一體。一臺滿足大衆口味，一臺服務文化精英，兩者相輔相成，不必爭破頭去討好中下層社會的觀衆。（美國商業電視視中層階級若禁臠，因爲這個階層是潛力最大的市場；寧可放棄極富和極貧的兩頭而抓中間，乃競逐低級趣味，內容乏善可陳。）第三世界的政府往往是電視臺最大的股東，只要有誠意，有魄力，不難將此一構想付之實施。以臺灣來說，現在有三家各自爲政的官資商營電視臺，市場的壓力使它們犧牲了文化理想，久爲識者所病（李瞻，一九七五）。何妨只保存一家「公共」電視公司，底下設兩臺，一臺以商業掛帥，做大家喜歡的節目，一臺以文教爲主，做値得做的節目；商業臺的利潤可觀，自可撥援文教臺。政府既是大股東，高級人員又由其任命，每隔一陣子兩臺首長似可互調，以消弭利益的衝突於無形，不亦善乎？

　　回到第三個方法：減少廣播時間。有話則長，無話則短，不必硬作馬拉松式的播放，否則一定得弄大量材料塡時間。第三世界率皆人財兩缺，對節目的要求極難應付，最後不約而同地向美英買廉價的連續劇或長片充充數❸。減少播放時間的主權完全操之在我，根本扯不上馬克斯

----

❸　見 Katz and Wedell (1977)。前一位作者是出名的社會學家，曾出任以色列國營電視臺首任主席，便力主「有話則長，無話則短」的原則，可惜受到極大的政治阻力，不久即掛冠求去，人類駕馭傳播科技的試驗乃又遭一次挫折！

主義者所說的外在矛盾或國際階級鬥爭。

再說第四個方法更乾脆: 放棄電視。電視光艷奪人, 出盡風頭, 第三世界不少國家設立電視的動機只是炫示進步。但大半只顧先買機器, 再計較內容, 結果搞成今天慘兮兮的樣子。露骨的說一句, 它們根本不夠條件追時髦。不務實, 只撐場面, 何用? 經濟資源短絀之國千萬不要小看廣播的潛力, 廣播較不被技術撥弄, 需要的公共資源比電視少得多, 頻率又比電視多, 足以照顧境內多種族、 多語言的需要 (如印度和非洲), 深入窮鄉僻壞。研究的證據顯示, 廣播幫助掃除文盲, 宣揚保健常識, 貢獻不小; 再配合小組討論和人際接觸, 影響力更大得不得了。今天第三世界許多地區不需要「大媒介」 (複雜精密的科技, 如電視、電腦、衞星), 而需要「小媒介」 (簡單的工具, 如幻燈, 電晶體收音機), 因爲後者有因時制宜, 因地制宜的好處。而且, 在許多落後地區, 識字率不高, 週報大概比日報更合用。用衞星廣播來促進國家發展, 雖然說得熱鬧, 始終停在只聞樓梯響的階段④。

當今經濟學家鼓勵第三世界以農村爲基礎, 以當地勞力密集的技術爲主, 一反往常以都市爲基礎, 以資金密集的技術爲主的論調。傳播學者若是受他們的影響, 也倡議地方分權 (反對中央集權) 的傳播政策, 如何? 有一點務必小心: 在第三世界, 血緣、語言、風俗習慣等原始的關係 (primodial ties) 和社羣的關係 (civil ties) 常形成對立性的認同 (Geertz, 1973: 259)。倘若任令地方自由操作, 中央缺乏有力的協調或計畫, 則媒介必將製造紊亂之局, 甚至爲種族分離主義火上添油。果眞如此, 傳播媒介豈不罪過, 國家發展豈不枉然? 中央與地方的控制如何取得均衡, 能不懼乎?

---

④ 參閱 Jamison and McAnany (1978), Schramm (1977), Tunstall (1977)。

（丙）融合現代媒介與傳統的傳播

伊朗廢王巴勒維的傳播系統是第三世界最強大的，却覆沒於宗教領袖科曼尼的傳單，可見傳統、原始的傳播方式不容忽視。根據研究的結果，創新事物或思潮的傳佈過程中，初期用傳播媒介可擴大認知的效果，但在後期決定是否採納時却以人際傳播更具說服力。美國少數民族（尤其是黑人）對媒介一向存有戒心，認爲是白人的壓迫工具，爲此，不靠人際傳播怎能打動他們的心？無論現代媒介如何精進，也沒法取代傳統的人際網絡。第三世界由於原始關係根深蒂固，地方意識和集體精神昂揚，而媒介資源却相對的匱乏，更非仰賴人際網絡不爲功。坦白說，傳統的人際網絡也好，現代的傳播科技也好，都應好好的把握，把它們融會成一爐，旣爲國家發展而努力，又可減少對外國的依賴。

三、第三世界的弔詭

我再三強調，傳播媒介有義務奧援國家發展。媒介必求自立自主，不仰承外國的鼻息，才能發揮它的積極功能；而求自立自主，又談何容易，第一步首須釐訂合理的、切實的、有遠見而整合一體的傳播政策。末了，我不妨討論一下第三世界的弔詭 (paradox)。

容我再次強調：各國政府應曉得要媒介做什麼，怎麼做，媒介才派得上好用場。以上揭櫫三項國家發展的目標，未必水乳交融，有時還可能起衝突。政治整合和社經現代化如果步子太急，可能會威脅到文化認同。必須指出的，是在「文化的新傳統主義」的空氣下，時人很容易走另一個極端，即不問青紅皂白地排斥一切外來的思想或科技。這種心態是義和團的借屍還魂，太可怕。我們在爭取文化自主的同時，也得切記：

本國文化欲求生長，必須向外國文化吸吮養分，取精用宏；正如現代化必須與傳統接筍，本國文化與外國文化亦應互通聲氣。第三世界首先面臨的弔詭，便是如何在穩定與動力、均衡與變遷、保護主義與世界主義之間允執厥中。

兩位著名的政治學家(Cabriel Almond and Lucian Pye) 提出所謂「危機序列說」，認為政治發展一定要歷經六大危機與挑戰，按其順序即是：（一）政府力量深入民間，（二）國家整合，（三）人民參與，（四）羣眾認同，（五）政權建立合法性，（六）資源合理分配（參閱 Tilly, 1975）。另外，社會學家冷納 (Lerner, 1958) 也把參與（投票）當作現代化的終點。兩說俱有所失，羣眾動員（滲透與整合）和民主參與迎拒之間，或許水火不容。當今第三世界為求迎頭趕上，政策皆由上而下，按既定目標推動，不像西歐先進各國是由下而上經歷數百年歷史的衍化，所以在第三世界，動員與參與的矛盾只有更強烈了吧。

布熱辛斯基認為經濟發展得靠比較獨裁的政權 (Brzezinski, 1956)。同時，國家發展可能同新聞自由不兩立，有些政府（菲律賓馬可仕、印度甘地夫人、南韓朴正熙）都會藉口國家發展須統一事權，而封殺了新聞媒介的批評自由 (Nam and Oh, 1973)。所以，第三世界國家的第二個弔詭是：專制性控制媒介與國家發展的目標如何獲得協調？

第三個弔詭是知識分子的角色。顧名思義，知識分子是與外在世界有文化聯繫的；而可憂的是第三世界有許多知識分子只是國際資本主義與國際社會主義的買辦，他們深諳外國文化與價值，却大昧於本國文化與習俗。領導印度獨立的先賢，思想模式與生活習慣常是以倫敦為典範的，反而與本國廣大的農民在溝通上有裂縫。許多新興國家的領袖亦復如此。英國學者陶納即曾批評中國知識分子不瞭解中國。不過，從另一個角度來看，正如席爾士 (Shils, 1967) 所認為的，知識分子是文化絕

續存亡的關鍵性人物，他們創造、傳佈文化，提供各種文化的模式，發展共同的文化，影響社會的變遷，此外還躬親問政。沒有知識分子，國粹不得保存與發揮；沒有知識分子，更無現代革命運動可言。談國家（文化）發展，竟將知識分子擱在一旁，是愚不可及的。

好了，知識分子面臨着兩大問題：其一，如何做傳統文化與現代文化的媒人，並從「世界文化」擷取精華，豐富本國文化？其二，如何充任文化的先鋒而不墮落爲獨裁政權的御用幫兒，以文人制文人，壓抑文化的健康發展？

知識分子假定昧於傳統，便應該重新認識傳統，發現傳統，站在這個基礎上去創造新文化。他們還爲鄉土文化去蕪存菁。政府與其逕自做文化刑警，不如從旁寬籌充裕的財源，提供良好的環境，鼓勵文化創造者自由地發揮天分。許多藝術創造和表現未必威脅政權的安全，政府何必大驚小怪，事事鎮壓，處處干預。第三世界的文化工作者必須曉以大義，爭取政府和社會的瞭解、欣賞與支持。傳播媒介理當成爲文化創造的一條出路，更不待言。

第四個弔詭是現代傳播科技的問題。強勢文化的發言人當然強調國際合作的必要性，但言者諄諄，聽者藐藐，弱勢文化（第三世界）心存猜忌，擔心若任令這些傳播新科技（如衞星廣播、電纜電視）透過市場機器橫行無阻，整個市場最後勢將被西方財閥所把持，重蹈美國媒介霸踞天下之覆轍。美國方面不覺得這有什麼不對，因爲精進科技不是天上掉下來的，需要有大量投資才行。第三世界似乎聽不進去這一套說辭，最明顯的例子是一九七二年美國在聯合國提出「直接衞星廣播案」，被一○二票對一票擊敗。

第三世界的弔詭是：能夠拒絕現代傳播科技多久？一方面，它們享受不到現代科技的好處，眞可惜；繼續頑抗下去只有更拉大「有」國與

「無」國之間的距離。但另一方面，叫第三世界容忍更嚴重的西方媒介
霸權，繼續損害本國的文化主權，却又說不過去。如何解開這個弔詭，
不但是科學，也是藝術。

附　錄　一

國際資訊新秩序

彭　芸

八〇年代是一個資訊的年代。資訊的權力將成為政治權力中的首要工具之一。從七〇年代開始，第三世界國家企圖否決西方國家操縱資訊的優勢，遂展開了一連串爭奪資訊平衡的努力；而國際資訊新秩序即將成為八〇年代最重要的議題之一。

西方新聞記者對於第三世界的歪曲報導由來已久、衆所皆知。在西方新聞學的概念中，「狗咬人」不是新聞，「人咬狗」才是新聞，因而塑造西方新聞記者慣以爲聳動的、怪異的、新奇的報導與內容才構成新聞的要素，在報導開發中國家（現今稱之的「第三世界」國家）時，總環繞着這些國家的政治不安、社會動亂、經濟不穩或饑荒、人口等問題，鮮有報導正視這些國家近年來力爭上游的努力與途徑。限於財力、人力、物力及國力，第三世界的國家也只好忍氣吞聲地承受這種被先進國家形象扭曲報導的後果。

一九七三年中東以埃戰爭爆發，第三世界中的石油國家以石油爲武器，實施禁運，使得西方國家頓時發現過去他們一向自滿的優勢遭到困境。石油輸出國家更利用組織的力量，及西方國家對其原油的依賴，充分表達其對西方帝國主義封建思想的不滿。除了中東地區的阿拉伯產油國家以外，非洲、拉丁美洲許多國家也有豐富的油田及其他稀珍的物產，對於西方壟斷經濟的許多作法也不表贊同，遂逐漸嘗試爭取更高的國際

地位。對這些第三世界的國家而言，一種「國際經濟新秩序」的建立是一件刻不容緩的事，但她們也逐漸發現：「國際經濟新秩序」的建立必須以「國際資訊新秩序」建立爲前導。

媒介帝國主義

挾持着雄厚的財力，配以科技的高度發展，西方通訊脈絡聯結全世界各地成爲一個資訊的大網，比方說，全球四大通訊社——美聯社、合眾國際社、路透社與法新社，控制了共黨世界以外四分之三以上的新聞發佈與新聞流通，提供全球數十億人有關國際的消息與資訊。因此由這些西方國家的通訊組織所發出的新聞與資訊，大量流入非西方的第三世界，形成一種「單向傳播」的資訊流通，學者咸以「媒介帝國主義」稱之。

西方通訊網旣漠視第三世界的所作所爲，而其手下的新聞記者更缺乏對第三世界的認識與關懷，因此歪曲不實的報導乃層出不窮。這種不平衡、不眞實的新聞流通一直持續，似乎大家都對它莫可奈何。但愈來愈多新興國家加盟聯合國與其屬下各機構，在一國一票的原則下，這些新興國家逐漸團結起來，蔚爲一股龐大的第三勢力，「以多擊寡」地在聯合國的各項會議中表現其反抗美、蘇雙方操縱國際事務的優越形勢。尤其在聯合國教科文組織中，第三世界國家更積極謀取扭轉西方國家對開發中國家偏差的形象。

一九七四年塞內加爾前教育部長密伯當選聯合國教科文組織的理事長，成爲聯合國成立三十多年來第一位非洲代表當選聯合國及其所屬機構的首長，自然也表明了第三世界逐漸嘗試利用這個機構來謀取更多國家利益的意願與決心。

眼見第三世界的勢力逐漸茁壯，蘇俄這個反對西方勢力的超級強權自然不甘寂寞，多少希望利用這個大好機會來個漁翁得利，因此在各種

場合中積極示好第於三世界國家，一方面表示其同情第三世界的立場，另方面也以實際行動支援第三世界反西方的各項行動。

任何人都知道蘇聯是個最反對新聞自由的國家，列寧的理論中認為「報紙不僅是集體的宣傳者、煽動者，也是集體的組織者」，因此在其社會中，報業是共產黨的重要工具，與其他軍事、敎育、經濟等結合，以完成世界革命與促進社會主義的偉大建設。而人無自由可言，因為人僅是社會的一種成分而已，個人的終極目標也不過是在完成社會的永恒發展，但眼見第三世界在聯合國敎科文組織中形成勢力，攻擊西方記者不平衡、不眞實報導的當頭，蘇聯代表乃在一九七四年聯合國大會上發表一項有關「管理大衆媒介使用，以促進和平與國際瞭解，並抵制戰爭宣傳、種族主義與隔離政策基本原則」的草案。

在這項草案中，蘇聯代表宣稱新聞應為政府所用以達成多種目標，這種立場是完全和西方新聞自由的理論相反。在這項草案中的第七條亦對政府管理所有新聞媒介，提出一項假設的法律基礎，認為一個國家將可利用法律的力量管理所有傳播媒介的國內、外活動。

對於第三世界國家來說，政府管理媒介用以協助國家發展是必須的，也是不得已的，但這點却也是落以西方新聞記者，批評之口實的最大一個爭執點。在西方新聞自由的觀念中是容不下「管理」或「控制」這種字眼的，任何國家欲干涉新聞自由就是干涉了人權，違背了聯合國宣言中第十九章主張「凡人類皆有自由表達意見的自由」，因此蘇聯的草案討好了第三世界，却激怒了以美國為首提倡意見自由市場的一些西方國家。

一九七六年在肯亞首府乃洛比召開的第十九屆聯合國敎科文組織大會，對於美國為首的西方先進國家及蘇聯都有重要的意義，因為一旦蘇聯提出的「國家管制新聞」的草案通過，西方國家大力提倡的新聞自由

就立卽遭受傷害，任何國家可以干涉新聞的發佈、流通，並可以立法管理其屬境內的外籍記者，這不但影響了現有西方通訊社旣存的利益，也根本動搖了新聞自由的理念，因此會場氣氛十分緊張，美、蘇雙方都積極爭取票源，不願掉以輕心。

身爲聯合國教科文組織的負責人，密伯自然也不願這個組織成爲美、蘇對抗的場所，因而在他的大力斡旋下，使得討論這草案的期限延至一九七八年在巴黎召開的二十屆聯合國教科文組織會議的議程上。

美國因受此威脅，乃允諾協助更多第三世界國家的媒介與傳播發展，同時密伯也在此時委請諾貝爾及列寧和平獎得主，前愛爾蘭外長馬克布萊德成立一國際委員會，以研究現世界的傳播問題，這日後被稱之爲馬克布萊德委員會由來自世界各地十六名傳播專家所組，代表不同的背景、政治理想、意識型態與區域。對西方國家而言，這個委員會是傾向反對新聞自由的，但西方國家總盡力嘗試使本身所受的傷害減至最小。同時西方國家認爲這組織充其量也只是製造更多文件、提案，而決定權仍操在一九八〇年在南斯拉夫首府柏格雷德召開的二十一屆會議上。

對第三世界國家言，在一九七六年會議中支持以美爲首的西方國家並不意味其同意西方新聞的理念，第三世界交換的條件是將自由流通的新聞型態轉變爲平衡的新聞流通型態，而他們有寄於馬克布萊德委員會者，乃利用改革的方案斜正不平衡的新聞與資訊流通。在馬克布萊德委員會中出力頗鉅的突尼西亞新聞部長馬士摩廸，深受西方記者歪曲新聞報導之苦，力倡「世界資訊新秩序」的建立，並要求傳播權力的轉移。他在發表的文件中指陳「傳播應被視爲社會的目標與文化的產品，而不光是物質的商品而已」，而「人民接受資訊的權利應被規約，以確保自由與平衡的資訊流通」。因此每一國家應因國家現狀與需要選擇其所需要的資訊，組織自己的通訊社，並經由非結盟國家所組的通訊網獲取有關

國家發展及其他第三世界的新聞與資訊。馬士摩廸在這文件中並沒有特別強調誰應該規約或選擇新聞或資訊的流通，但很明顯地，他暗示政府或超國家組織，如聯合國教科文組織，而非新聞記者，來從事這項任務。

美國參議員麥高文曾說，對於像美國這種高度依賴資訊與傳播國家最好的攻擊方式之一，即是限制其資訊的獲得與流通，因此若馬士摩廸的「世界資訊新秩序」的建議果被接受，美國必受嚴重打擊。因為接受這種建議也代表接受政府管制的新聞自由，美國因此可能根本沒法獲得有關其他國家的新聞，美國出產的電視影集、電影、廣告與新聞等可能根本銷售不出，同時電腦、人造衞星等傳遞資訊的設備可能被其他國家課稅或根本被禁止。

一九七八年十一月在巴黎召開的大會討論了馬士摩廸的草案，經過六個禮拜激烈的討論，一項「大衆媒介的角色」的新宣言草擬出來。令西方國家欣喜的是宣言中支持新聞自由與記者接近各項新聞、消息來源的權利，但西方國家也同時發現，第三世界之所以同意這項宣言是以西方國家必須接受「世界資訊新秩序」為交換籌碼的；也即是說，西方國家必須承認過去資訊流通不平衡的現象，並謀取補救之方。

如何補救？如何才能建立資訊新秩序呢？負責提供聯合國教科文組織未來發展、活動建議的馬克布萊德委員會即在此時擔負起這項重責大任。

馬克布萊德委員會報告

前面提到馬克布萊德委員會由十六個傳播專家所組成，其中三位代表來自非洲，三位來自亞洲，兩位拉丁美洲的代表，兩位北美的代表，五位東、西歐代表，以及一位來自蘇俄的代表，這些委員各有各不同的意識型態與背景，對新聞的理念也大有差異，但他們一致同意世界上約

有三分之二的人口還沒有機會接觸現代的傳播、資訊設備，而當前最急要的工作之一即是幫助這些貧窮國家的老百姓，藉由傳播的便利而使其熟悉他人與周遭環境。一般而言，委員們對過去資訊的不平衡都不再做太多的爭論，而把重點放在未來如何彌補這項不平衡之上。

經過兩年的研究，一九七九年年底，馬克布萊德委員會做成一百份文稿及五部分的總報告。一九八〇年年初發表的總報告中有八十二條結論與建議，立時在新聞、傳播界引起相當的爭論。這報告中最主要的結論是「由於不同的社會、經濟及文化型態，以及不同的傳統、需求及可行性，各國及其傳播系統自然各有差異，沒有任何一個模式是可放諸四海皆準的」。

報告中認爲「傳播可成爲權力的工具，革命的武器，商業的產品，教育的手段；它旣可爲自由所用也可成爲奴役之法；它旣可促進個人人格的成長也可訓練人們服從權威，每一個社會必須依照自己的情況做自己的選擇，但無論如何，傳播媒介有責任支持經濟發展的目標」。馬克布萊德委員會強烈要求減少傳播結構、資訊流通的不平衡及偏差，並認爲求取、擴散及接收資訊是一種最基本的人權，這種人權是所有人權之根本；它可能是個人的，也可以屬於國家，因此委員會支持聯合國教科文組織主張每國均應發展其傳播政策的論調。

這個委員會支持發展每一國家自己的通訊社，並流通地域性的廣播、電視節目，同時研究如何生產價格低廉的新聞紙，減少對資訊流通的課稅，認爲傳播發展應和其他發展結合起來，經由國家政策以增進文化上的認同。委員會強烈攻擊私有民營的大衆傳播媒介，認爲未來媒介的發展應建立在非商業的基礎之上，他們尤其不滿廣告的操縱，同時主張以法律限制媒介的集中與壟斷。

對新聞記者而言，自由與責任是不可畫分的，而有自由却不負責任

徒然帶致報導的偏差。當然，沒有自由也無從談到責任，委員會反對對新聞記者加以法律上的束縛或規範，同時也反對對新聞記者給予資格的限制與管理，但要求人民評估媒介的表現與成績。在要求新聞記者應在整個編輯與管理的過程中扮演更重要角色的同時，委員會却反對給予新聞記者任何特殊的保護，最後，委員會亦同意所有國外通訊記者在申請護照時必須保證他們只管份內的事，而報導他國事務時亦必須保持公平的態度。

各方不同的反應

對美國為首的西方國家而言，馬克布萊德的報告不啻是個「計劃新聞」的前兆。世界報業自由委員會認為這項報告的正面與負面價值各為：

正面的評價：

● 任何形式的新聞檢查都該被斥責。

● 新聞記者接近公衆或私人消息來源的權利均被承認。

● 新聞記者和一般平民一樣受到應該的保護，但他們不會受到特殊的優待。

● 任何對於新聞記者資格的限制都不被承認，因為這牽涉到「誰」在「什麼情況」下有權約束新聞記者的問題。

● 若有任何國家的情報機構雇用新聞記者為其工作都將遭到斥責。

負面的評價：

● 在聯合國敎科文組織中再設一國際組織以進行未來資訊與傳播的研究與計劃。這組織不但將檢視與建立全球傳播的標準，並將成為一個訓練新聞記者瞭解全球傳播尺度的中心。

● 堅持新聞媒介是為促進政府所設社會、文化、經濟與政治的目標而設。

● 對私有新聞媒體及傳播設備的公司存有偏見。

● 認爲社會問題是源於廣告的不良反應。

● 建議開發中國家對多國際公司予以課稅。

● 不明瞭自由私有企業的資本主義社會，必然會有一些媒介集中的現象。

前美國報業編輯協會主席安德森說，自由的報界將永遠無法全面接受國際上有若似馬克布萊德委員會建議的新聞政策，他認爲今天第三世界和西方世界所以有這麼大的鴻溝是因爲雙方缺乏瞭解及傳播所致，而只有更自由的報業，更充分、客觀的新聞流通才可以減少這樣的誤會。而美國報業編輯協會的佛德翰也說，讀者有權決定他要讀什麼，而非政府官員相信人民應該讀什麼，美國國家廣播協會表明馬克布萊德委員會的報告若眞付諸實現，將限制了人民自由表達的權利。英國路透社總裁朗先生也認爲這是一項否認眞理的行爲。

蘇聯集團及第三世界國家却對馬克布萊德委員會的報告相當滿意，認爲這是打倒資訊不平衡、建立國際資訊新秩序的第一步。聯合國教科文組織負責人密伯也志得意滿地說，國際資訊新秩序將使世界各地不同的聲音傳播出去，被更多地方收聽，而非如以往一般只有大國的聲音才被聽聞，同時也可因此而增進各國家的相互瞭解與相互溝通。

柏德雷爾會議

馬克布萊德的報告終究是一些紙上文字，一些研究結果而已，沒有任何實質的效力，眞正決定其是否可以施行還得端視一九八〇年九月二十三日在柏德雷爾召開第二十一屆聯合國教科文組織的大會決定❶。

---

❶ 按：馬氏委員會報告已由聯合國教科文組織第二十一屆大會通過。該報告並以『多種聲音，一個世界』爲題出書問世。拙著(一九八三)對此有詳細討論。

　　因此在會議召開前夕，西方的政府官員及新聞從業員竭盡所能，極力設法阻止這項報告所有的建議被大會採行，但蘇聯集團及第三世界國家也不甘落後，摩拳擦掌，準備好好在這一次大會上滅滅西方自由新聞想法的威風。

　　筆者有幸在柏德雷爾會議召開期間，在華府與幾位參與美國國際傳播事務決策的官員、律師以及顧問們交換意見，一般而言，美國政府與民間對柏德雷爾會上討論的馬克布萊德委員會報告都感到失望，因爲從他們出生以來就知道新聞自由是美憲法保障人權的第一條，而任何約束新聞自由的組織、規章都是無法容忍的，但他們也逐漸瞭解第三世界在發展中面臨的困境，他們以爲藉由美國及西方國家在經濟、技術上的指導與協助，將可逐漸解決這些發展中傳播以及其他的瓶頸，這是一種和平互助式的共同努力，而非全面排斥西方或投靠蘇聯集團的下下之策。

　　但美國也反對第三世界國家認爲資訊富有的國家「應該」幫助資訊貧乏的國家建立自己媒介的系統，同時美國認爲第三世界以爲限制了國內的多國家組織，如西方的通訊社、報章雜誌、電視、電影、電腦以及國際通訊設備，開發中國家就可以和西方國家平起平坐是很錯誤的想法。

　　比較爲西方國家所接受的是一種溫和式國際資訊的新秩序，重點擺在改良及擴充第三世界現有處理新聞與資訊的能耐，而在同時不完全撤除現有西方通訊組織的努力。並且技術性改良新聞報導與擴散的方式，而非限制新聞的內容。從實施的手法言，他們認爲透過研究，明瞭開發中國家對傳播的需求，以技術協助開發中國家的報章、廣播電視、電話及電報系統的改良，同時協助設立區域性的新聞網以交換新聞。

　　在柏德雷爾開會期間，美國現任報業協會的代表蘇士門，曾大力主張任何涉及傳播發展的國際組織或活動都不應該帶有政治色彩，他代表許多西方國家抗議聯合國教科文組織近年反對西方自由報業的所作所

爲，同時也反對這組織插手在全球的新聞運作過程，他認爲聯合國這組織無權授權予各國政府以控制新聞內容，更無權管制新聞記者的資格、表現等。美國另一代表前哥倫比亞新聞學院院長艾貝爾也說，美國政府將無法容忍聯合國教科文組織擅自設立標準，約束全球新聞記者的行止。

國際報業協會主席印度籍的伊朗尼在會中表示，要就是自由或完全不自由，沒什麼所謂「限制的自由」，要就是自由報業或報業不過是政府的工具，沒法又想要自由又想成爲政府工具的可能。很多第三世界國家的報業也不見得支持「計劃式新聞」的付諸實現，這些從事新聞工作的人們認爲整件事都被政客所操縱，是政客們想捉緊他們的權力，因此必須限制國內異樣的言論，並立法約束境內新聞記者的行爲。乃洛比新聞周刊的編輯阮文洛就說，在聯合國教科文組織當中開會的都是政府的代表，開會的結論當然不問可知了！

（按：彭芸獲美國南伊諾大學新聞學博士，現任美國伊利諾州東北大學助教授。本文曾刊登於時報雜誌，現經作者同意列爲附錄，以提供背景參考。）

附　錄　二

傳播媒介的職業、意理及組織之文獻

六十年代中葉『組織學手册』出版 (March, 1965)，附列了數百條書目，傳播研究的文獻榜上有名的僅布瑞德 (Breed, 1955)等寥寥幾篇而已。

傳播研究的文獻一向忽略守門人的職業、意理與組織。以往，學者只着重信息的消費，很少注意到信息的製作。美國方面的文獻尤其如此。直到美國年輕傳播學者歷經了動盪的六十年代，才開始對傳播媒介的基本假設、組織的控制、與其在政經方面的聯繫採取嚴格質疑的態度；加上大西洋對岸的英國學者對美國學者們的「保守」的研究路向多所抨擊。所以，七十年代以後，這方面的研究乃顯得朝氣蓬勃，文獻增加得很快，成績斐然可觀者也不少。在一般的書裏多半找不到一張較爲完整的書目，爰將平日搜集的書目開列出來，作爲附錄二，謹供參考。

Altheide, D. (1976). *Creating Reality: How TV News Distorts Events.* Beverly Hills: Sage.

——and Robert P. Snow (1979), *Media Logic.* Beverly Hills: Sage.

Argyris, C. (1974). *Behind the Front Page.* San Francisco: Jossey-Bass.

Barnouw, Erik (1978), *The Sponsor: Notes on a Modern Potentate.* New York: Oxford University Press.

Breed, Warren (1955), "Social Control in the Newsroom," *Social Forces* 33: 326-35 also in Wilbur Schramm and Donald Roberts (eds.), *The Process and Effects of Mass Communication.* Urbana-Champaign: University of Illinois Press.

——(1958), "Mass Communication and Social Integration," *Social Froces,* 37: 109-116

Burns, Tom (1977), *The BBC: Public Institution and Private World*. London: Macmillan.

Canter, Muriel G. (1971). *The Hollywood TV Producer*. New York: Basic Books.

——(1980), *Prime-Time Television: Content and Control*. Beverly Hills: Sage.

Carey, James (1969), "The Communications Revolution and the Professional Communicator," *The Sociological Review Monograph*, 13: 23-38.

Chan, Joseph, and Chin-Chuan Lee (1981), "Journalistic 'Paradigm' on Civil Protests: A Case Study in Hong Knog," Paper presented at Conference on the Role of Mass Media in National and International Conflict, East-West Communication Institute, Honolulu, Hawaii.

Chinball, S. (1977), *Law-and-Order News*. London: Tavistock.

Christian, Harry (ed.) (1980), *The Sociology of Journalism and the Press*, Sociological Review Monograph 29, University of Keele.

Clevery, Graham (1976), *The Fleet Street Disaster*. Beverly Hills: Sage.

Cohen, Bernard C. (1963), *The Press and Foreign Policy*. Princeton University Press.

Cohen, S. and Young J. (1973), *The Manufacture of News*. London: Constable.

Dahlgren, Peter (1977), "Network TV News and the Corporate State: The Subordinate Consciousness of the Citizen-Viewer," Unpublished Ph. D. dissertation. The Graduate Center, City University of New York.

Dexter, A. L., and D. M. White (eds.)(1964), *People, Society and Mass Communication*. New York: Free Press.

DiMaggio, P. and P. Hirsch (1976), *The Production of Culture*. Beverly Hills: Sage.

Dimmick, John (1974), "The Gatekeeper: An Uncetainty Theory," *Journalism Monograph* No. 37.

Donahue, L. (1967), "Newspaper Gatekeepers and Forces in the News Channel," *Public Opinion Quarterly*, 31: 61-8.

Donohue, George, Philip J. Tichenor and Clarice Olien (1972), "Gatekeeping: Mass Media Systems and Information Control," in F. G. Kline and P. J. Tichenor (eds). *Current Perspectives in Mass Communication Research*. Beverly Hills: Sage.

Dreier, P. (1977), *The Urban Press in Transition: The Political Economy of Newswork*. Ph. D. dissertation, University of Chicago, Department of Sociology.

Dunn, D. D. (1968), *Public Officials and the Press*. Readings, Mass.: Addison-Wesley.

Elliot, Philip (1972), "Mass Comm: A Contradiction in Terms?" in D. McQuail (ed) *Sociology of Mass Communications*. London: Penguin.

——(1972), *The Making of Television Series: A Case Study in the Sociology of Culture*. London: Constable.

——(1970), "Selection and Communication in a Television Production," in Jeremy Tunstall (eds.), *Media Sociology*. Champaign-Urbana: University of Illinois Press.

——(1977), "Media Organizations and Occupations: An Overview" in J. Curran, M. Gurevitch, and J. Woolacott (eds), *Mass Communication and Society*. London: Edward Arnold.

Engwall, Lars (1978), *Newspapers as Organizations*. Westmead Hants: Saxon House.

Epstein, Edward Jay (1973), *News from Nowhere*. New York: Random House.

Ettema, James and D. Charles Whitney (eds.) (1982), *Individuals in Mass Media Organizations: Creativity and Constraints*. Beverly Hills: Sage.

Fishman, Mark (1980), *Manufacturing the News*. Austin: University of Texas Press.

Gans, Herbert (1979), *Deciding What's News*. New York: Pantheon.

Gerbner, George (1969), "Institutional Pressures upon Mass Communicators," *Sociological Review Monograph*. 13: 205-248.

Gitlin, Todd (1980), *The Whole World Is Watching*. Berkeley: University of California Press.

Glasgow University Media Group (1976), *Bad News*. London: Routledge and Kegan Paul.

——(1980), *More Bad News*. Londen: Routledge and Kegan Paul.

Goldenberg, Edie N. (1975), *Making the Papers*. Lexington, Mass: Heath.

Golding, Peter and Philip Elliot (1979), *Making the News*. New York: Longman.

Hirsch, Paul M. (1972), "Processing Fads and Fashions: An Organization-set Analysis of Cultural Industry Systems," *American Journal of Sociology*, 77: 639–659.

——(1977), "Occupational, Organizational, and Institutional Models in Mass Media Research: Toward an Integrated Framework," in Paul M. Hirsch, Peter V. Miller and F. Gerald Kline (eds), *Strategies for Communication Research*. Beverly Hills: Sage.

Holloran, J. (1969), "The Communicator in Mass Communication Research," *Sociological Review Monograph*, 13: 5–21.

——Philip Elliot and G. Murdock(1970), *Demonstrations and Communication*. Harmondsworth: Penguin.

Janowitz, M. (1967), *The Community Press in an Urban Setting*. 2nd edition. Chicago: University of Chicago Press.

——(1975), "Professional Models in Journalism: The Gatekeeper and the Advocate," *Journalism Quarterly*, 52 (Winter) 618–626.

Johnstone, John W. C. (1976), "Organizational Constraints on Newswork," *Journalism Quarterly*, 53(1): 5–13.

——E. J. Salawski, and W. Bowman (1976), *The News People: A Sociological Protrait of American Journalists and Their Work*. Urbana: University of Illinois Press.

——(1972–73), "The Professional Values of American Newsmen," *Public Opinion Quarterly*, 26 (1): 522–540.

Kim, Y. C. (1981), *Japanese Journalists and Their Work*. Charlottesville: University Press of West Virginia.

Lapping, Brian (1979), *The Bounds of Freedom*. London: Constable.

Lester, Marilyn (1975), "News as a Practical Accomplishment: A Conceptual and Empirical Analysis of Newswork," Ph. D, dissertation, University of California (Santa Barbara).

Matejko, Alexsander (1967), "Newspaper Staff as a Social System," reprinted in Jeremy Tunstall (ed.)(1970), *Media Sociology*. Urbana:

University of Illinois Press.

McQuail, Denis (1976), *Review of Sociological Writing on the Press.* London: Her Majesty's Stationery Office for Royal Commission on the Press.

——(1972) (ed). *Sociology of Mass Communications.* London: Penguin.

Molotch, H. and M. Lester (1974), "News As Purposive Behavior: On the Strategic Use of Routine Events, Scandals and Rumors," *American Sociological Review.* 39: 101-112.

Morgan, David (1978), *The Capitol Press Corps: Newsman and the Government of New York State.* West Port, Ct.: Greenwood.

Murdock, G. and Peter Golding (1977), "Capitalism, Communications, and Class Relations," in J. Curran, M. Gurevitch and J. Woollacott (eds), *Mass Communication and Society.* London: Edward Arnold

——(1978), *Cultural Capitalism: The Political Economy of Mass Communications.* London: Routledge and Kegan Paul.

Noll, Roger, M. Peck and J. McGowan (1973), *Economic Aspects of Television Regulation.* Washington, D. C.: Brookings Institution.

Owen, Bruce (1975), *Economics and Freedom of Expression.* Cambridge, Mass.: Ballinger.

——Jack A. Beebe, and William G. Manning, Jr. (1974), *Television Economics.* Lexington, Mass.: Heath.

Paletz, David L., P. Reichert, and B. McIntyre (1971), "How the Media Support Local Governmental Authority," *Public Opinion Quarterly,* 35: 80-95.

Peters , Anne (1971), "Acting and Aspiring Actressess in Hollywood: A Sociological Analysis," Ph. D. dissertation, University of Californis (Los Angles).

Philips, E. Barbara (1977), "Approaches to Objectivity: Journalistic vs. Social Science Perspectives," in P. M. Hirsch, P. V. Miller and F. G. Kline (eds). *Strategies for Communication Research.* Beverk Hills: Sage.

Pollock, J. C. (1981), *The Politics of Crisis Reporting: Learning to be a Foreign Correspondent.* New York: Praeger.

Roschco, B. (1975), *Newsmaking.* Chicago: University of Chicago Press.

Rosten, Leo (1937), *The Washington Correspondents.* New York: Harcourt Brace.

Schlesinger, Philip (1978), *Putting "Reality" Together.* London: Constable.

Seglow, Peter (1978), *Trade Unionism in Television: A Case Study in the Development of White Collar Militancy.* Famborough, England: Saxon House.

Sigal, L. (1973), *Reporters and Officials.* Lexington, Mass.: Heath.

Sigelman, Lee (1973), "Reporting the News: An Organizational Analysis," *American Journal of Sociology* 79: 132-51.

Tichenor, Philip E., George Donohue, and Clarice N. Olien (1980), *Community Conflict and the Press.* Beverly Hills: Sage.

Tracy, Michael (1978), *The Production of Political Television.* London: Routledge and Kegan Paul.

Tuchman, Gaye (1972), "Objectivity as Strategic Ritual: An Examination of Newsmen's Notions of Objectivity," *American Journal of Sociology.* 77: 660-679.

——(1973), "Making News by Doing Work: Routinizing the Unexpected," *American Journal of Sociology* 79, 1: 110-131.

——(1977), "The Exception Proves the Rule: The Study of Routine News Practice," in P. M. Hirsch, P. V. Miller and F. G. Kline (eds). *Strategies for Communication Research.* Beverly Hills: Sage.

—— (1978), "Professionalism as an Agent of Legitimation," *Journal of Communication* 28, 2: 106-13.

——(1978), *Making News: A Study in the Construction of Reality.* New York: Free Press.

Turow, Joseph (1977), "Client Relationship and Children's Book Publishing: A Comparative Study of Mass Media Policy in The Market Places," in P. M. Hirsch, P. V. Miller and F. G. Kline (eds), *Strategies for Communication Research.* Beverly Hills: Sage.

Tunstall, Jeremy (1970) (ed), *Media Sociology,* Urbana-Champaign: University of Illinois Press.

——(1970), *The Westminister Lobby Correspondents.* London: Routledge & Kegan Paul.

——(1971), *Journalists at Work*. London: Constable.

Warner, M. (1971), "Organizational Context and Control of Policy in the Television Newsroom: A Participant Observation Study," *British Journal of Sociology*, 3: 283-94.

參 考 書 目

一、中文部份

徐佳士（一九六六）：大衆傳播理論。臺北市記者公會。

徐佳士（一九六七）：「麥克魯漢的傳播理論評介」，新聞學研究，臺北：政
　　大新聞研究所，第一集，頁二九三～三〇四。

徐佳士（一九七二）編譯：大衆傳播的來未。臺北市記者公會。

李　瞻（一九七五）：我國新聞政策。臺北市記者公會。

李　瞻（一九七三）：比較電視制度。臺北：政大新聞研究所。

費孝迪（一九四七）：鄉土中國。上海：觀察社。

宣偉伯（一九七七）：傳學概論——傳媒・信息與人（余也魯譯述）。香港：
　　海天書樓。

黃莉莉（一九七九）：「香港佳藝電視台關閉之分析——寡頭壟斷競爭之一例。」
　　香港：中文大學新聞傳播系畢業論文，未發表。

金耀基（一九七八）：從傳統到現代。臺北：時報出版公司。

張　灝（一九八一）：「再認傳統與現代化」，臺北：中國時報副刊，五月四
　　日～五日。

余英時（一九八二）：史學與傳統。臺北：時報出版公司。

殷海光（一九六九）：中國文化的展望。臺北：文星書店。

李金銓（一九八三）：國際傳播的挑戰與展望。臺北：時報出版公司。

二、英文部份

Adelman, I. and C. T. Morris(1973), *Economic Growth and Social Equality in the Developing Countries*. Stanford: Stanford University Press.

Adorno, T. W, (1945), "A social critique of radio music," *Kenyon Review*, 7: 208-217.

Aron, Raymond (1965), *Main Currents in Sociological Thoughts*. Harmondsworth: Penguin.

Bandura, Albert and Richard Walters (1963), *Social Learning and Personality Development*. New York: Holt, Rinehart, and Winston.

Barnet, Richard and Ronald Muller (1974), *Global Reach: The Power of the Multinational Corporations*. New York: Simon and Schuster.

Barnouw, Eric (1975), *Tube of Plenty*. New York: Oxford University Press.

Bauer, Raymond (1964), "The obstinate audience: the influence process from the point of view of social communication," *American Psychologist*, 19: 319-328.

Bem, Daryl J. (1970), *Beliefs, Attitudes, and Human Affairs*. Belmont, Ca.: Brooks/Cole.

Benton, Marc and Jean Frazier (1976), "The agenda-setting function of the mass media at three levels of 'information holding'," *Communication Research*, 3: 261-274.

Berelson, Bernard (1949), "What missing the newspaper means," in Paul Lazarsfeld and Frank Stanton (eds.), *Communication Research*. New York: Harper.

——(1959), "The state of communication research," *Public Opinion Quarterly*, 23: 1-17

——Paul Lazarsfeld, and W. N. McPhee (1954), *Voting*. Chicago: University of Chicago Press.

Berger, Peter (1976), *Pyramids of Sacrifice: Political Ethics and Social Change*. New York: Anchor.

Berkowitz, Leonard (1962), *Aggression: A Social Psychological Analysis*. New York: McGraw-Hill.

Blumer, Herbert (1946), "Collective behavior," in Alfred McClung Lee (ed.), *Principles of Sociology*. New York: Harper and Row.

Blumler, Jay G. (1979), "The role of theory in uses and gratifications studies," *Communication Research*, 6: 9-36.

——and Denis McOuail (1970), "The audience for election television," in Jeremy Tunstall (ed.), *Media Sociology*. Urbana: University of Illinois Press.

——and Denis McQuail (1968), *Television and Politics*. London: Faber and Faber.

——and Elihu Katz (eds.) (1974), *The Uses of Mass Communications*. Beverly Hills: Sage.

Bogart, Leo (1968-69), "Changing news interest and the news media," *Public Opinion Quarterly*, 32: 560-574.

—— (1972-73), "Warning: the Surgeon General has determined that TV violence is moderately dangerous to your child's mental health," *Public Opinion Quarterly*, 26: 491-251.

—— (1975), "How the challenge of television news affects the prosperity of daily newspapers," *Journalism Quarterly*, 52: 403-410.

Boorstin, Daniel (1961), "From news-gathering to news-making: a flood of pseudo-events," reprinted in Wilbur Schramm and Donald Roberts (eds.) (1972), *The Process and Effects of Mass Communication*. Urbana: University of Illinois Press.

—— (1978), *The Republic of Technology*. New York: Harper and Row.

Bottomore, T. B. (1974), "Capitalism, socialism and development," in *Sociology as Social Criticism*. New York: George Allen and Unwin, pp. 55-71.

Breed, Warren (1955), "Social control in the newsroom," *Social Forces*, 33: 323-325.

Brown, Roger (1965), *Social Psychology*. New York: Free Press.

Brzezinski, Zbigniew (1956), "The politics of underdevelopment," *World Politics*, 9: 55-75.

—— (1970), *Between Two Ages: America's Role in Technetronic Era*. New York: Viking.

Campbell, Angus, Philip E. Converse, Warren Miller, and Donald Stokes (1960), *The American Voter*. New York: Wiley.

Cantor, Muriel G. (1971), *The Hollywood TV Producer*. New York: Basic.

Cantril, Hadley, Hazel Gaudet, and Herta Herzog (1940), *Invasion from Mars*. Princeton: Princeton University Press.

Carey, James W. (1967), "Harold Adams Innis and Marshall McLuhan," The *Antioch Review*, 27: 5-39.

—— (1969), "The communication revolution and the professional communicator," *The Sociological Review Monograph*, 13: 23-38.

—— (1977), "The politics of popular culture: a case study," presented at the Association for Education in Journalism conference, Madison,

Wisconsin (August 22).

——(1978), "The ambiguity of policy research," *Journal of Communication*, 28, 2: 114–119.

Cartwright, Dorwin (1949), "Some principles of mass persuasion," *Human Relations*, 2: 253–267.

Chaffee, Steven H. (1975), "The diffusion of political information," in Steven H. Chaffee (ed.), *Political Communication*. Beverly Hills: Sage.

Clarke, Peter (1973), "Teenager's coorientation and information-seeking about pop music," *American Behavioral Scientist*, 16, 4: 551–566.

——(1973), *New Models for Mass Communication Research*. Beverly Hills: Sage.

Cohen Bernard C. (1963), *The Press and Foreign Policy*. Princeton: Princeton University Press.

Cohen, Stanely and Jock Young (eds.)(1973), *The Manufacture of News*. London: Constable.

Coleman, James S., Elihu Katz, and Herbert Menzel (1966), *Medical Innvoation: A Diffusion Study*. New York: Bobbs–Merrill.

Comstock, George, Steven H. Chaffee, Natan Katzman, Maxwell McCombs, and Donald Roberts (1978), *Television and Human Behavior*. New York: Columbia University Press.

Converse, Philip E. (1962), "Information flow and the stability of partisan attitudes," *Public Opinion Quarterly*, 26: 578–599.

——(1970), "Attitudes and non-attitudes: continuation of a dialogue." in Edward R. Tufte (ed.), *The Quantitative Analysis of Social Problems*. Readings, Mass.: Addison–Wedley.

Cook, Thomas D. (1975), *"Sesame Street" Revisited*. New York: Russell Sage Foundation.

Cooper, E. and M. Jahoda(1947), "The invasion of propaganda," *Journal of Psychology*, 23: 15–25.

Coser, Lewis (1958), *The Function of Social Conflict*. New York: Free Press.

Crane, Diana (1972), *Invisible College: Diffusion of Knowledge in Scientific Communities*. Chicago: University of Chicago Press.

Crouse, Timothy (1972), *The Boys on the Bus*. New York: Ballantine.

Curran, James, Michael Gurevitch, and Janet Woollacott (eds.) (1977), *Mass Communication and Society*. London: Edward Arnold.

Davis, Kent (1977), "Assessing the role of mass communication in social processes," *Communication Research*, 4: 23-34.

Davison, W. Phillips and Frederick T. C. Yu (eds.) (1974), *Mass Communication Research*. New York: Praeger.

——James Boylan, and Frederick T. C. Yu (1976), *Mass Media*. New York: Praeger.

DeFleur, Melvin L. and Sandra Ball-Rokeach (1975), *Theories of Mass Communication*. New York: Longman. (Third edition)

——(1982), *Theories of Mass Communication*. New York: Longman. (Fourth edition)

Deutsmann, Paul (1967), "The sign-situation classification of human communication," *Journal of Communication*, 7, 2: 63-73.

Dizard, Wilson P. (1966), *Television: A World View*. Syracuse: Syracuse University Press.

Donohue, George A., Phillip E. Tichenor, and Clarice N. Olien (1972), "Gatekeeping: mass media systems and information control," in F. Gerald Kline and Phillip E. Tichenor (eds.), *Current Perspectives in Mass Communication Research*. Beverly Hills: Sage.

——(1975), "Mass media and the knowledge gap: a hypothesis reconsidered," *Communication Research*, 2: 3-23.

Douglass, Gordon K. (1963), Product Variation and International Trade in Motion Pictures, unpublished Ph. D. thesis, MIT.

Edelstein, Alex (1966), *Perspectives in Mass Communication*. Copenhagen: Einar Harcks Forlag.

——(1973), "Decision-making and mass communication: a conceptual and methological approach to public opinion," in Peter Clarke (ed.), *New Models for Mass Communication Research*. Beverly Hills: Sage.

Eisenstadt, S. N. (1976), "The changing vision of modernization and development," in Wilbur Schramm and Daniel Lerner (eds.), *Communication and Change: The Last Ten Years and the Next*. Honolulu:

University Press of Hawaii.

——(1977), "Dynamics of civilizations and the development: the case of European society," *Economic Development and Cultural Change*, vol. 25 supplement, pp. 123-144.

Elliot, Philip (1974), "Uses and gratifications research: a critique and a sociological alternative," in Jay G. Blumler and Elihu Katz (eds.) *The Uses of Mass Communications*. Beverly Hills: Sage.

——(1977), "Media organizations and occupations: an overview," in James Curran et al. (eds.), *Mass Communication and Society*. London: Edward Arnold.

——and Peter Golding (1974), "Mass communication and social change: the imagery of development and the development of imagery," in Emanuel de Kadt and Gavin Williams (eds.), *Sociology and Development*. London: Tavistock.

Epstein, Edward Jay (1973), *News From Nowhere*. New York: Vintage.

Ettema, James S. and F. Gerald Kline (1977), "Deficits, differences and ceilings: contingent conditions for understanding the knowledge gap," *Communication Research*, 4: 179-202.

Feshbach, Seymour (1961), "The stimulating vs. cathartic effects of vicarious aggressive experience," *Journal of Abnormal and Social Psychology*, 63: 381-385.

——and Robert Singer (1971), *Television and Aggression*. San Francisco: Jossey-Bass.

Festinger, Leon (1957), *A Theory of Cognitive Dissonance*. Stanford: Stanford University Press.

Fishbein, Martin (1967a), "A consideration of beliefs and their role in attitude measurement," in Martin Fisbein (ed.), *Readings in Attitude Theory and Measurement*. New York: Wiley.

——(1967b), "Attitude and the prediction of behavior," in Martin Fishbein (ed.), *Readings in Attitude Theory and Measurement*. New York: Wiley.

Frank, Andre Gunder (1969), *Latin America: Underdevelopment or Revolution*. New York: Monthly Review.

——(1972), *Lumpenbourgeoisie: Lumpendevelopment: Dependence, Class, and Politics in Latin America.* New York: Monthly Review.

Friedson, Eric (1953), "Communication research and the concept of mass," *American Sociological Review,* 18: 313-317.

Funkhouser, G. R. (1973), "Trends in media coverage of the issues of the '60s" *Journalism Quarterly,* 50: 533-538.

Galloway John J. (1977), "The analysis and significance of communication effects gaps," *Communication Research* , 4: 363-386.

Gans, Herbert J. (1974), *Popular Culture and High Culture.* New York: Basic.

——(1979), *Deciding What's News.* New York: Pantheon.

Geertz, Clifford (1973), *The Interpretation of Culture.* New York: Basic.

Gerbner, George and Larry Gross (1976), "Living with television: the violence profile," *Journal of Communication,* 26, 2: 173-199.

——et al. (1977), "TV violence profile no. 8: the highlights," *Journal of Communication,* 27, 2.

——et al. (1979), "The demonstration of power: violence profile no. 10," *Journal of Communication,* 29, 3: 177-196.

Gieber, Walter (1964), "News is what newspapermen make it," in Lewis A. Dexter and David Manning White (eds.), *People, Society, and Mass Communications.* New York: Free Press.

Gitlin, Todd (1978), "Media sociology: the dominant paradigm, *Theory and Society* , 6, 2: 205-253.

Golding, Peter (1974), "Media role in national development: a critique of a theoretical orthodoxy," *Journal of Communication,* 24: 39-53.

——and Graham Murdock (1978), "Theories of communication and theories of society," *Communication Research,* 5, 3: 339-356.

Granovetter, Marks (1973), "The strength of weak ties," *American Journal of Sociology,* 78: 1360-1380.

Greenberg, Bradley S. (1964), "Person-to-person communication in the diffusion of news events," *Journalism Quarterly,* 41: 490-494.

Hartman, Paul and Charles Husband (1974), *Racism and the Mass Media.* London: Davis-Poynter.

Hawkins, R. P. and Suzanne Pingree (1980), "Some processes in the cultivation effect," *Communication Research,* 7: 193-226.

Head, Sydney W. and Thomas F. Gordon (1976), "The structure of world broadcast programming: some tentative hypotheses," *Gazette*, 22, 2: 106-114.

Herzog, Herta (1944), "What do we really know about daytime serial listeners," in Paul Lazarsfeld and Frank Stanton (eds.), *Radio Research 1942-1943*. New York: Duell, Sloan, and Pearce.

Higgins, Benjamin (1977), "Economic development and cultural change: seamless web or patchwork quilt?" *Economic Development and Cultural Change*, vol. 25 supplement, pp. 99-122.

Hirsch, Paul M. (1971), "Sociological approaches to the pop music phenomenon," *American Behavioral Scientist*, 14: 371-388.

——(1977), "Occupational, organizational, and institutional models in mass media research: toward an integrated framework," in Paul M. Hirsch, Peter V. Miller, and F. Gerald Kline (eds.), *Strategies for Communication Research*. Beverly Hills: Sage.

——(1980), "The 'scary world' of the nonviewer and other anomalies," *Communication Research*, 7: 403-456.

——(1981), "On not learning from one's own mistakes," *Communication Research*, 8: 3-37.

Hovland, Carl I. (ed.) (1957), *The Order of Presentation in Persuasion*. New Haven, Ct.: Yale University Press.

——(1959), "Reconciling conflicting results derived from experimental and survey studies of attitude change," *American Psychologist*, 14: 8-17.

——, Irving L. Janis, and Harold H. Kelley (1953), *Communication and Persuasion*. New Haven, Ct.: Yale University Press.

——, and Walter Weiss (1951), "The influences of source credibility on communication effectiveness," *Public Opinion Quarterly*, 15:635-650.

——, Arthur A. Lumsdaine, and F. D. Sheffield (1949), *Experiment on Mass Communication*. New Haven, Ct.: Yale University Press.

Huges, Michael (1980), "The fruits of cultivation analysis: an reexamination of some effects of TV watching," *Public Opinion Quarterly*, 44: 387-302.

Jamison, Dean T. and Emile G. McAnany (1977), *Radio for Education and Development*. Beverly Hills: Sage.

Janis, Irving et al. (1959), *Personality and Persuability*. New Haven, Ct.: Yale University Press.

Janowitz, Morris (1952), *The Community Press in an Urban Setting*. New York: Free Press.

——(1960), *The Professional Soldier*. Glencoe: Free Press.

——(1975), "Professional models in journalism: the gatekeeper and the advocate," *Journalism Quarterly*, 52: 618-626.

Johnstone, John W. C., Edward J. Slawski, and William W. Bowman (1976), *The New People*. Urbana: University of Illinois Press.

Katz, Elihu (1957), "The two-step flow of communication: an up-to-date report on an hypothesis," *Public Opinion Quarterly*, 21: 61-78.

——(1960), "Communication research and the image of society: convergence of two research traditions," *American Journal of Sociology*, 65: 436-440.

——(1961), "The social itinerary of technical change: two studies of the diffusion of innovations," reprinted in Wilbur Schramm and Donald Roberts (eds.), *The Process and Effects of Mass Communication*. Urbana: University of Illinois Press.

——(1971), "Platforms and windows: broadcasting's role in election campaign," *Journalism Quarterly*, pp. 304-314.

——(1973), "Television as a horseless carriage," in George Gerbner et al. (eds.), *Communication Techology and Social Policy*. New York: Wiley.

——(1978). "On mutual interest," *Journal of Communication*, 28, 2:133-141.

——(1977), *Social Research on Broadcasting*. London: BBC.

——and Paul F. Lazarsfeld (1955), *Personal Influence*. New York: Free Press.

——and J. J. Feldman (1962), "The debates in the light of research: a survey of surveys," in Sidney Kraus (ed.), *The Great Debates*. Bloomington: Indiana University Press.

——and George Wedell (1977), *Broadcasting in the Third World*. Cambridge, Mass.: Harvard University Press.

Katzman, Natan (1974), "The impact of communication technology: promises and prospects," *Journal of Communication,* 24, 4: 47–58.

Kelman, Herbert C. and Carl I. Hovland (1953), " 'Reinstatment' of the communicator in delayed measurement of opinion change," *Journal of Abnormal and Social Psychology,* 49: 327–335.

Klapper, Joseph (1960), *The Effects of Mass Communication.* New York: Free Press.

Kline, F. Gerald, and Philip Tichenor (eds.)(1972), *Current Perspectives in Mass Communication Research.* Beverly Hills: Sage.

Kraus, Sidney (ed.) (1977), *The Great Debates: 1976; Ford vs. Carter.* Bloomington: Indiana University Press.

Krugman, Herbert (1965), "The impact of television advertising," *Public Opinion Quarterly,* 29: 349–356.

Lall, Sanjaya (1975), "Is 'dependence' a useful concept in analyzing underdevelopment? *World Development,* vol. 3, nos 11 and 12, pp. 799–810.

Lang, Kurt and Gladys E. Lang (1953), "The unique perspective of television and its effects: a pilot study," *American Sociological Review,* 18: 3–12.

Lange, David, Robert Baker, and Sandra Ball (1969), *Mass Media and Violence.* A report to the National Commission on the Causes and Prevention of Violence, vol. xi, Washington, D. C.: Government printing Office.

LaPiere, R. T. (1934), "Attitudes vs. Actions," *Social Forces,* 13: 230–237.

Lasswell, Harold (1927), *Propaganda Technique in the World War.* New York: Knopf.

——(1948), "The structure and function of communication in society," reprinted in Wilbur Schramm and Donald Roberts (eds.) *The Process and Effects of Mass Communication.* Urbana: University of Illinois Press.

Lazarsfeld, Paul, Bernard Berelson, and H. Gaudet (1948), *The People's Choice.* New York: Columbia University Press.

——and Robert K. Merton (1948), "Mass communication, popular taste, and organized social action," reprinted in Wilbur Schramm and Donald Roberts (eds.), *The Process and Effects of Mass Communication*. Urbana: University of Illinois Press.

Lee, Chin-Chuan (1980), *Media Imperialism Reconsidered: The Homogenizing of Television Culture*. Beverly Hills: Sage.

—— (1982a), Media images of America: Notes on international newsmaking," in Erwin Atwood et al. (eds.), *International Perspectives on News*. Carbondale: Southern Illinois University Press.

—— (1982b), "The international information order," *Communication Research*, 9: 617-636.

Lenin, Nikolai (1952), "Imperialism: a special stage of capitalism," *Selected Works*. Moscow: Foreign Languages Publishing House.

Lenrer, Daniel (1958), *The Passing of Traditional Society*. New York: Free Press.

—— (1963), "Toward a communication theory of modernization," in Lucian W. Pye (ed.), *Communications and Political Development*. Princeton: Princeton University Press.

—— (1969), "International cooperation and communication in national development," in Daniel Lerner and Wilbur Schramm (eds.), *Communication and Change in the Developing Countries*. Honolulu: University Press of Hawaii.

—— and Wilbur Schramm (eds.) (1969), *Communication and Change in the Developing Countries*. Honolulu: University Press of Hawaii.

—— and Lyle Nelson (eds.) (1977), *Communication Research: A Half-Century Appraisal*. Honolulu: University Press of Hawaii.

Lichtheim, George (1974), *Imperialism*. Harmondsworth: Penguin.

Lippmann, Walter (1922), *Public Opinion*. New York: Macmillan.

Liu, William T. and Robert W. Duff (1972), "The strength of weak ties," *Public Opinion Quarterly*, 36: 361-366.

Lumsdaine, Arthur A. and Irving L. Janis(1953), "Resistance to counter-propaganda produced by one-sided and two-sided propaganda presentations," *Public Opinion Quarterly*, 17: 311-318.

MacBride, Sean (1980), *Many Voices, One World*. Paris: Unesco.

March, James (ed.) (1965), *Handbook of Organization*. Chicago: Rand

McNally.⌐

McClure, Robert D. and Thomas E. Patterson (1974), "Television news and political advertising," *Communication Research,* 1: 3-31.

McCombs, Maxwell E. and Donald L. Shaw (1972), "The agenda-setting function of mass media," *Public Opinion Quarterly,* 36: 177-187.

——(eds.) (1978), *The Emergence of American Political Issues: The Agenda-Setting Function of the Press.* St Paul, MN: West.

McGuire, William J. (1969), "The nature of attitudes and attitude change," in Gardner Lindzey and Elliot Aronson (eds.), *The Handbook of Social Psychology.* Readings, Mass.: Addison-Wesley.

McLeod, Jack M., Lee B. Becker, and James E. Byrnes (1974), "Another look at the agenda-setting function of the press," *Communication Research,* 1: 131-165.

——and Steven H. Chaffee (1973), "Interpersonal approaches to communication research," *American Behavioral Scientist,* 16, 4: 469-500.

MuLuhan, Marshall (1964), *Understanding Media: The Extension of Man.* New York: McGraw-Hill.

McQuail, Denis, Jay G. Blumler, and J. R. Brown (1972), "The television audience: a revised perspective," in Denis McQuail (ed.), *Sociology of Mass Communication.* Harmondsworth: Penguin.

Merton, Robert K. (1949), "Pattern of influence: interpersonal influence and communication behavior in a community," in Paul F. Lazarsfeld and Robert K. Merton (eds.), *Communication Research 1948-49.* New York: Harper.

Mills, C. Wright (1959), *The Sociological Imagination.* New York:Oxford University Press.

——(1962), *The Marxists.* New York: Dell.

Moore, Barrington, Jr. (1966), *Social Origins of Dictatorship and Democracy.* Boston: Beacon.

Murdock, Graham and Peter Golding (1977), "Capitalism, communication and class relations," in James Curran et al. (eds.), *Mass Communication and Society.* London: Edward Arnold.

Nam, Sunwoo and Inhwan Oh (1973), "Press freedom: function of subsystem autonomy, antithesis of development," *Journalism Quar-*

terly, 50: 744-750.

Newcomb, Horace (1978), "Assessing the violence profile studies of Gerbner and Gross: a humanistic critique and suggestion," *Communication Research*, 5: 264-282.

Nie, Norman et al. (1976), *The Changing American Voter*. Cambridge, Mass.: Harvard University Press.

Nordenstreng, Kaarle and Tapio Varis (1973), "The nonhomogeneity of national states and the international flow of communication," in George Gerbner et al. (eds.), *Communication Technology and Social Policy*. New York: Wiley.

——and Herbert I. Schiller (eds.) (1979), *National Sovereignty and International Communication*. Norwood, N. J.: Ablex.

Owen, Bruce, Jack H. Beebee, and Willard G. Manning, Jr. (1974), *Television Economics*. Lexington, Mass.: Heath.

Owens, E. and R. Shaw (1974), *Development Reconsidered: Bridging the Gap Between Government and the People*. Lexington, MA: Heath.

Packenham, R. (1973), *Liberal America and the Third World*. Princeton, NJ: Princeton University Press.

Palmgreen, Philip and Peter Clarke (1977), "Agenda-setting with local and national issues," *Communication Research*, 4: 435-452.

Park, Robert E. (1967), *On Social Control and Collective Behavior*. edited by Ralph H. Turner. Chicago: University of Chicago Press.

Parker, Edwin B. (1973), "Technological change and the mass media," in Ithiel de Sola Pool and Wilbur Schramm (eds.), *Handbook of Communication*. Chicago: Rand McNally.

——(1963), "The effects of television on public library circulation," *Public Opinion Quarterly*, 27: 579-589.

——and Donald A. Dunn (1972), "Information technology: its social potential," *Science*, 176: 1392-1399 (June 30).

Philpot, F. A. (1973), "A note on television news and newspaper news," in Ithiel de Sola Pool and Wilbur Schramm (eds.), *Handbook of Communication*. Chicago: Rand McNally.

Pool, Ithiel de Sola (1963), "The mass media and politics in the modernization process," in Lucian W. Pye (ed.), *Communication and*

Political Development. Princeton: Princeton University Press.`

——(1965), "Mass communication and political science," in L. W. Kindred (ed.), *Communication Research and School Community Relations.*

——(1974), "The rise of communication policy research," *Journal of Communication,* 24: 31-42.

——(1977), "The changing flow of television," *Journal of Communication,* 27, 2: 139-149.

——(1979), "Direct broadcast satellites and the integrity of national cultures," in Kaarle Nordenstreng and Herbert I. Schiller (eds.), *National Sovereignty and International Communication.* Norwood, N. J.: Ablex.

——and Irwin Schulman (1959), "Newsman's fantases, audiences, and newsmaking," *Public Opinion Quarterly,* 23: 145-158.

——and Wilbur Schramm (eds.) (1973), *Handbook of Communication.* Chicago: Rand McNally.

Portes, Alejandro (1976), "On the sociology of national development: theories and issues," *American Journal of Sociology,* 82, 1: 55-85.

Pye, Lucian W. (ed.) (1963), *Communication and Political Development.* Princeton: Princeton University Press.

Ray, Michael et al. (1973), "Marketing communication and the hierarchy-of-effects," in Peter Clarke (ed.), *New Models for Mass Communication Research.* Beverly Hills: Sage.

Read, William (1976), *America's Mass Media Merchants.* Baltimore: Johns Hopkins University Press.

Riley, M. W. and J. W. Riley (1951), "A sociological approach to communication research," *Public Opinion Quarterly,* 15: 445-460.

Rogers, Everett M. (1962), *The Diffusion of Innovation.* New York: Free Press.

——(1973), "Mass media and interpersonal communication," in Ithiel de Sola Pool and Wilbur Schramm (eds.) *Handbook of Communication.* Chicago: Rand McNally.

——(1974), *Communication Strategies for Family Planning.* New York: Free Press.

——(1976), "Communication and development: the passing of the dominant paradigm," *Communication Research*, 3: 213-240.

——with L. Svenning (1969), *Modernization Among Peasants: The Impact of Communication*. New York: Holt, Rinehart and Winston.

——and Dilip K. Bhowmik (1970-71), "Homophily-hetrophily: relative concepts for communication research," *Public Opinion Quarterly*, 34: 523-538.

——with Floyd Shoemaker (1971), *Communication of Innovations*. New York: Free Press.

——and D. Lawrence Kincaid (1981), *Communication Network*. New York: Free Press.

Rokeach, Milton (1968), *Beliefs, Attitudes, and Values*. San Francisco: Jossey-Bass.

Roling, N. C., J. Ascroft, and F. Wa Chege (1976), "The diffusion of innovations and the issue of equity in rural development," *Communication Research*, 3: 155-169.

Ryan, Bryce and Neal Gross (1943), "The diffusion of hybrid seed corn in two Iowa communities," *Rural Sociology*, 8: 15-24.

Salinas, Raquel and Leena Palden (1979), "Culture in the process of dependent development," in Kaarle Nordenstreng and Herbert I. Schiller (eds.), *National Sovereignty and International Communication*. Norwood, N. J.: Ablex.

Schiller, Dan (1979), "A historical approach to objectivity and professionalism in American news reporting," *Journal of Communication*, 29, 4: 46-57.

——(1980), "Journalism and society," *Communication Research*, 7: 377-386.

Schiller, Herbert I. (1967), "National development requires some social distance," *Antioch Review*, 27: 63-75.

——(1969), *Mass Communication and American Empire*. New York: Kelly.

——(1973), "Authentic national development versus the free flow of information and the new communication technology," in George Gerbner et al. (eds.), *Communication Technology and Social Policy*. New York: Wiley.

——(1976), *Communication and Cultural Domination*. White Plains, N. Y.: Sharpe.

Schlesinger, Philip (1978), *Putting 'the Reality' Together*. London: Constable.

Schramm, Wilbur(1963), "Communication research in the United States," in Wilbur Schramm (ed.), *The Science of Human Communication*. New York: Basic.

——(1964), *Mass Media and National Development*. Stanford: Stanford University Press.

——(1965a), "Communication in crisis," in Bradley S. Greenberg and Edwin B. Parker (eds.), *The Kennedy Assasination and the American Public: Social Communication in Crisis*. Stanford: Stanford University Press.

——(1965b), "How communication works," in Wilbur Schramm(ed.), *The Process and Effect of Mass Communication*. Urbana, IL: University of Illinois Press. (First edition)

——(1973), *Men, Messages, Media*. New York: Harper and Row.

——(1977), *Big Media, Little Media*. Beverly Hills: Sage.

——(1978), *The Coming Age of Information*. Hong Kong: Chinese University Press.

——and Richard F. Carter (1959), "Effectiveness of a political telethon," *Public Opinion Quarterly*, 23: 121-126.

——and Daniel Lerner (eds.) (1976), *Communication and Change: the Last Ten Years—and the Next*. Honolulu: University Press of Hawaii.

——and William Porter (1982), *Men, Women, Messages, and Media*. New York: Harper.

Schudson, Michael (1978), *Discovering the News*. New York: Basic.

Sears, David O. and Richard E. Whitney (1973), "Political persuasion," in Ithiel de Sola Pool and Wilbur Schramm (eds.), *Handbook of Communication*. Chicago: Rand McNally.

Shils, Edward A. (1967), "The intellectuals," *International Encyclopedia of the Social Sciences*. New York: Macmillan and Free Press.

——and Morris Janowitz (1948), "Cohesion and disintegration in Wehrmacht in World War II," *Public Opinion Quarterly,* 12: 280-315.

Shingi, P. M. and B. Mody (1976), "The communication effects gap: a field experiment on television and agricultural ignorance in India," *Communication Research,* 3: 155-170.

Siebert, Fred S., Theodore Peterson, and Wilbur Schramm (1956), *Four Theories of the Press.* Urbana: University of Illinois Press.

Sigal, Leon V. (1973), *Reporters and Officials.* Lexington, Mass.: Heath.

Sigelman, Lee (1973), "Reporting the news: an organizational analysis," *American Journal of Sociology,* 79: 132-151.

Siune, Karen and Ole Borre (1975), "Setting the agenda for a Danish election," *Journal of Communication,* 25, 1: 65-73.

Smith, Anthony (1980), "Is objectivity obsolete?" *Columbia Journalism Review* (May/June): 61-65.

——(1978), "The long road to objectivity and back again: the kinds of truth we get in journalism," in George Boyce, James Curran, and Pauline Wingate (eds.) *Newspaper History,* London: Constable.

Star, Shirley A. and Helen M. Hughes (1950), "Report of an educational campaign: the Cincinnati plan for the United Nations," *American Journal of Sociology,* 55: 389-400.

Stephenson, William (1967), *The Play Theory of Mass Communication.* Chicago: University of Chicago Press.

Suedfeld, Peter (ed.) (1972), *Attitude Change: the Competing Views.* Chicago: Aldine.

Tichenor, Phillip E., George A. Donohue, and Clarice N. Olien (1980), *Community Conflict and the Press.* Beverly Hills: Sage.

——(1970), "Mass media flow and differential growth in knowledge," *Public Opinion Quarterly,* 34: 159-170.

Tilly, Charles (1975), "Western state-making and theories of political transformation," in Charles Tilly (ed.), *The Formation of National States in Western Europe.* Princeton: Princeton University Press.

Tipps, D. C. (1973), "Modernization theory and the comparative study of societies: a critical perspective," *Comparative Studies in Society and History,* 15: 199-226.

nies, F. (1957), *Community and Society (Gemienschaft and Gells-*

chaft). translated and edited by Charles P. Loomis, East Lansing: Michigan State University Press.

Tuchman, Gaye (1978a), *Making News*. New York: Free Press.

——(1978b), "Professionalism as an agent of legitimation," *Journal of Communication*, 28, 2: 106-113.

Tunstall, Jeremy (ed.) (1970), *Media Sociology*. Urbana: University of Illinois Press.

——(1971), *Journalists at Work*. London: Constable.

——(1977), *The Media are American*. New York: Columbia University Press.

Vernon, Raymond (1971), *Sovereignty at Bay*. New York: Basic.

Vidmar, N. and Milton Rokeach (1974), "Archie Bunker's bigotry: a study in selective perception and exposure," *Journal of Communication*, 24, 1: 36-47.

Wallerstein, Immanuel (1974), *The Modern World System*. New York: Academic Press.

——(1976), "Semi-peripheral countries and the contemporary world crisis," *Theory and Society*, 3, 4: 461-484.

Weiss, Walter (1969), "Effects of the mass media of communication," in Gardner Lindzey and Elliot Aronson (eds.), *Handbook of Social Psychology*. Readings, Mass.: Addison-Wesley.

Wesley, Bruce H. (1976), "What makes it change?" *Journal of Communication*, 26: 43-47.

White, David Manning (1950), "The gatekeeper," *Journalism Quarterly*, 27: 383-390.

Whitney, D. Charles and Ellen Wartella (eds.) (1982), *Mass Communication Review Yearbook*. Vol. 3, Beverly Hills: Sage.

Wilensky, Harold L. (1964), "Mass society and mass culture: interdependence or independence?" *American Sociological Review*, 29: 173-193.

Wilhoit, C. Cleveland (ed.) (1980), *Mass Communication Review Yearbook* Vol. 1, Beverly Hills: Sage.

——(ed.)(1981), *Mass Communication Review Yearbook*. Vol. 2, Beverly Hills: Sage.

Williams, Raymond (1975), *Television: Technology and Cultural Form.* New York: Schoken.

Wober, J. M. (1978), "Televised violence and paranoid perception: two views from Great Britain," *Public Opinion Quarterly,* 42: 315-321.

Wright, Charles R. (1975), *Mass Communication: A Sociological Perspective.* New York: Random House. (Second edition).

Yu, Frederick T. C. (1977), "Communication policy and planning for development: some notes on research," in Daniel Lerner and Lyle Nelson (eds.), *Communication Research—A Half-Century Appraisal.* Honolulu: University Press of Hawaii.

Zaltman, Gerald et al. (1973). *Innovations and Organizations.* New York: Wiley.

三民大專用書 (十)

書　　　　　　名	著　作　人	任　　　職
日　　本　　史	林　明　德	師　範　大　學
美　洲　地　理	林　鈞　祥	師　範　大　學
非　洲　地　理	劉　鴻　喜	師　範　大　學
自　然　地　理　學	劉　鴻　喜	師　範　大　學
聚　落　地　理　學	胡　振　洲	中　國　海　專
海　事　地　理　學	胡　振　洲	中　國　海　專
經　濟　地　理	陳　伯　中	臺　灣　大　學
都　市　地　理　學	陳　伯　中	臺　灣　大　學
修　　辭　　學	黃　慶　萱	師　範　大　學
中　國　文　學　概　論	尹　雪　曼	中　國　文　化　大　學
新　編　中　國　哲　學　史	勞　思　光	香　港　中　文　大　學
中　國　哲　學　史	周　世　輔	政　治　大　學
中　國　哲　學　發　展　史	吳　　怡	美國舊金山亞洲研究所
西　洋　哲　學　史	傅　偉　勳	美國費城州立天普大學
西　洋　哲　學　史　話	鄔　昆　如	臺　灣　大　學
邏　　　　輯	林　正　弘	臺　灣　大　學
邏　　　　輯	林　玉　體	師　範　大　學
符　號　邏　輯　導　論	何　秀　煌	香　港　中　文　大　學
人　生　哲　學	黎　建　球	輔　仁　大　學
思　想　方　法　導　論	何　秀　煌	香　港　中　文　大　學
如　何　寫　學　術　論　文	宋　楚　瑜	臺　灣　大　學
論　文　寫　作　研　究	段家鋒 孫正豐 等人 張世賢	各　大　學
語　言　學　概　論	謝　國　平	師　範　大　學
奇　妙　的　聲　音	鄭　秀　玲	師　範　大　學
美　　　　學	田　曼　詩	中　國　文　化　大　學
植　物　生　理　學	陳　昇　明　譯	中　興　大　學
建　築　結　構　與　造　型	鄭　茂　川	中　興　大　學

書　　　名	著作人	任　　職
初級會計學（下）	洪國賜	淡水工商
中級會計學	洪國賜	淡水工商
中等會計	薛光圻　張鴻春	美國西東大學　臺灣大學
中等會計（下）	張鴻春	臺灣大學
商業銀行實務	解宏賓	中興大學
財務報表分析	李祖培	中興大學
財務報表分析	洪國賜　盧聯生	淡水工商　中興大學
審計學	殷文俊　金世朋	政治大學
投資學	龔平邦	逢甲大學
財務管理	張春雄	政治大學
財務管理	黃柱權	政治大學
公司理財	黃柱權	政治大學
公司理財	劉佐人	前中興大學教授
統計學	柴松林	政治大學
統計學	劉南溟	前臺灣大學教授
統計學	楊維哲	臺灣大學
統計學	張浩鈞	臺灣大學
推理統計學	張碧波	銘傳商專
商用統計學	顏月珠	臺灣大學
商用統計學	劉一忠	美國舊金山州立大學
應用數理統計學	顏月珠	臺灣大學
中國通史	林瑞翰	臺灣大學
中國現代史	李守孔	臺灣大學
中國近代史	李守孔	臺灣大學
中國近代史	李雲漢	政治大學
黃河文明之光	姚大中	東吳大學
古代北西中國	姚大中	東吳大學
南方的奮起	姚大中	東吳大學
中國世界的全盛	姚大中	東吳大學
近代中國的成立	姚大中	東吳大學
近代中日關係史	林明德	師範大學
西洋現代史	李邁先	臺灣大學
英國史綱	許介鱗	臺灣大學
印度史	吳俊才	政治大學

三民大專用書 (七)

書　　　　　名	著作人	任　　　職
經 濟 學 導 論	徐 育 珠	美國南康乃狄克州立大學
通 俗 經 濟 講 話	邢 慕 寰	前香港中文大學教授
經 濟 政 策	湯 俊 湘	中 興 大 學
比 較 經 濟 制 度	孫 殿 柏	政 治 大 學
總 體 經 濟 學	鐘 甦 生	西雅圖銀行臺北分行協理
總 體 經 濟 理 論	孫 震	臺 灣 大 學
總 體 經 濟 分 析	趙 鳳 培	政 治 大 學
個 體 經 濟 學	劉 盛 男	臺 北 商 專
合 作 經 濟 概 論	尹 樹 生	中 興 大 學
農 業 經 濟 學	尹 樹 生	中 興 大 學
西 洋 經 濟 思 想 史	林 鐘 雄	臺 灣 大 學
歐 洲 經 濟 發 展 史	林 鐘 雄	臺 灣 大 學
凱 因 斯 經 濟 學	趙 鳳 培	政 治 大 學
工 程 經 濟	陳 寬 仁	中正理工學院
國 際 經 濟 學	白 俊 男	東 吳 大 學
國 際 經 濟 學	黃 智 輝	東 吳 大 學
貨 幣 銀 行 學	白 俊 男	東 吳 大 學
貨 幣 銀 行 學	何 偉 成	中正理工學院
貨 幣 銀 行 學	楊 樹 森	中 國 文 化 大 學
貨 幣 銀 行 學	李 穎 吾	臺 灣 大 學
貨 幣 銀 行 學	趙 鳳 培	政 治 大 學
現 代 貨 幣 銀 行 學	柳 復 起	澳洲新南威爾斯大學
商 業 銀 行 實 務	解 宏 賓	中 興 大 學
現 代 國 際 金 融	柳 復 起	澳洲新南威爾斯大學
國際金融理論與制度	歐陽勛 黃仁德	政 治 大 學
財 政 學	李 厚 高	前臺灣省財政廳廳長
財 政 學	林 華 德	臺 灣 大 學
財 政 學 原 理	魏 萼	臺 灣 大 學
貿 易 慣 例	張 錦 源	交 通 大 學
國 際 貿 易	李 穎 吾	臺 灣 大 學
國 際 貿 易 實 務 詳 論	張 錦 源	交 通 大 學
國 際 貿 易 法 概 要	于 政 長	東 吳 大 學
國 際 貿 易 理 論 與 政 策	歐陽勛 黃仁德	政 治 大 學
國 際 貿 易 政 策 概 論	余 德 培	東 吳 大 學
貿 易 契 約 理 論 與 實 務	張 錦 源	交 通 大 學

三民大專用書 (六)

書　　　　　名	著　作　人	任　　　職
社 會 心 理 學 理 論	張 華 葆	東 海 大 學
新 聞 英 文 寫 作	朱 耀 龍	中 國 文 化 大 學
傳 播 原 理	方 蘭 生	中 國 文 化 大 學
傳 播 研 究 方 法 總 論	楊 孝 濚	東 吳 大 學
大 眾 傳 播 理 論	李 金 銓	美 國 明 尼 蘇 達 大 學
大 眾 傳 播 新 論	李 茂 政	政 治 大 學
大 眾 傳 播 與 社 會 變 遷	陳 世 敏	政 治 大 學
行 為 科 學 與 管 理	徐 木 蘭	交 通 大 學
國 際 傳 播	李 瞻	政 治 大 學
國 際 傳 播 與 科 技	彭 芸	政 治 大 學
組 織 傳 播	鄭 瑞 城	政 治 大 學
政 治 傳 播 學	祝 基 瀅	美 國 加 利 福 尼 亞 州 立 大 學
文 化 與 傳 播	汪 琪	政 治 大 學
廣 播 與 電 視	何 貽 謀	政 治 大 學
廣 播 原 理 與 製 作	于 洪 海	輔 仁 大 學
電 影 原 理 與 製 作	梅 長 齡	前 中 國 文 化 大 學 敎 授
新 聞 學 與 大 眾 傳 播 學	鄭 貞 銘	中 國 文 化 大 學
新 聞 採 訪 與 編 輯	鄭 貞 銘	中 國 文 化 大 學
新 聞 編 輯 學	徐 昶	臺 灣 新 生 報
採 訪 寫 作	歐 陽 醇	師 範 大 學
評 論 寫 作	程 之 行	紐 約 日 報 總 編 輯
小 型 報 刊 實 務	彭 家 發	政 治 大 學
廣 告 學	顏 伯 勤	輔 仁 大 學
中 國 新 聞 傳 播 史	賴 光 臨	政 治 大 學
中 國 新 聞 史	曾 虛 白 主 編	總 統 府 國 策 顧 問
世 界 新 聞 史	李 瞻	政 治 大 學
新 聞 學	李 瞻	政 治 大 學
媒 介 實 務	趙 俊 邁	中 國 文 化 大 學
電 視 與 觀 眾	曠 湘 霞	新 聞 局 廣 電 處 處 長
電 視 新 聞	張 勤	中 視 新 聞 部
電 視 制 度	李 瞻	政 治 大 學
新 聞 道 德	李 瞻	政 治 大 學
數 理 經 濟 分 析	林 大 侯	臺 灣 大 學
計 量 經 濟 學 導 論	林 華 德	臺 灣 大 學
經 濟 學	陸 民 仁	政 治 大 學
經 濟 學 原 理	歐 陽 勛	政 治 大 學

三民大專用書 (五)

書　　　　名	著　作　人	任　　　職
教　育　心　理　學	溫　世　頌	美國傑克遜州立大學
教　育　哲　學	賈　馥　茗	師　範　大　學
教　育　哲　學	葉　學　志	國立臺灣教育學院
教　育　經　濟　學	蓋　浙　生	師　範　大　學
教　育　經　濟　學	林　文　達	政　治　大　學
教　育　財　政　學	林　文　達	政　治　大　學
工　業　教　育　學	袁　立　錕	國立臺灣教育學院
家　庭　教　育	張　振　宇	淡　江　大　學
當　代　教　育　思　潮	徐　南　號	師　範　大　學
比　較　國　民　教　育	雷　國　鼎	師　範　大　學
中　國　教　育　史	胡　美　琦	中　國　文　化　大　學
中　國　國　民　教　育　發　展　史	司　　琦	政　治　大　學
中　國　現　代　教　育　史	鄭　世　興	師　範　大　學
社　會　教　育　新　論	李　建　興	師　範　大　學
教　育　與　人　生	李　建　興	師　範　大　學
中　等　教　育	司　　琦	政　治　大　學
中　國　體　育　發　展　史	吳　文　忠	師　範　大　學
中　國　大　學　教　育　發　展　史	伍　振　鷟	師　範　大　學
中　國　職　業　教　育　發　展　史	周　談　輝	師　範　大　學
中　國　社　會　教　育　發　展　史	李　建　興	師　範　大　學
技　術　職　業　教　育　行　政　與　視　導	張　天　津	師　範　大　學
技　職　教　育　測　量　與　評　鑑	李　大　偉	師　範　大　學
技　術　職　業　教　育　教　學　法	陳　昭　雄	師　範　大　學
技　術　職　業　教　育　辭　典	楊　朝　祥	師　範　大　學
高　科　技　與　技　職　教　育	楊　啟　棟	師　範　大　學
工　業　職　業　技　術　教　育	陳　昭　雄	師　範　大　學
職　業　教　育　師　資　培　育	周　談　輝	師　範　大　學
技　術　職　業　教　育　理　論　與　實　務	楊　朝　祥	師　範　大　學
心　　　理　　　學	張春興 楊國樞	師　範　大　學 臺　灣　大　學
心　　理　　學	劉　安　彥	美國傑克遜州立大學
人　事　心　理　學	黃　天　中	美國奧克拉荷市大學
人　事　心　理　學	傅　肅　良	中　興　大　學
社　會　心　理　學	趙　淑　賢	
社　會　心　理　學	張　華　葆	東　海　大　學
社　會　心　理　學	劉　安　彥	美國傑克遜州立大學

三民大專用書(四)

書　　　　　名	著　作　人	任　　　職
考　銓　制　度	傅　肅　良	中　興　大　學
員　工　考　選　學	傅　肅　良	中　興　大　學
作　業　研　究	林　照　雄	輔　仁　大　學
作　業　研　究	楊　超　然	臺　灣　大　學
作　業　研　究	劉　一　忠	美國舊金山州立大學
系　統　分　析	陳　　　進	美國聖瑪麗大學
社　會　科　學　概　論	薩　孟　武	前臺灣大學教授
社　　會　　學	龍　冠　海	前臺灣大學教授
社　　會　　學	蔡　文　輝	美國印第安那大學
社　　會　　學	張華葆主編	東　海　大　學
社　會　學　理　論	蔡　文　輝	美國印第安那大學
社　會　學　理　論	陳　秉　璋	政　治　大　學
西　洋　社　會　思　想　史	龍　冠　海 張　承　漢	前臺灣大學教授 臺　灣　大　學
中　國　社　會　思　想　史	張　承　漢	臺　灣　大　學
都市社會學理論與應用	龍　冠　海	前臺灣大學教授
社　會　變　遷	蔡　文　輝	美國印第安那大學
社　會　福　利　行　政	白　秀　雄	政　治　大　學
勞　工　問　題	陳　國　鈞	中　興　大　學
社會政策與社會行政	陳　國　鈞	中　興　大　學
社　會　工　作	白　秀　雄	政　治　大　學
團　體　工　作	林　萬　億	臺　灣　大　學
文　化　人　類　學	陳　國　鈞	中　興　大　學
政　治　社　會　學	陳　秉　璋	政　治　大　學
醫　療　社　會　學	藍采風 廖榮利	印第安那中央大學 臺　灣　大　學
人　口　遷　移	廖　正　宏	臺　灣　大　學
社　區　原　理	蔡　宏　進	臺　灣　大　學
人　口　教　育	孫　得　雄	東　海　大　學
社　會　階　層	張　華　葆	東　海　大　學
社會階層化與社會流動	許　嘉　猷	臺　灣　大　學
普　通　教　學　法	方　炳　林	前師範大學教授
各　國　教　育　制　度	雷　國　鼎	師　範　大　學
教　育　行　政　學	林　文　達	政　治　大　學
教　育　行　政　原　理	黃昆輝主譯	師　範　大　學
教　育　社　會　學	陳　奎　憙	師　範　大　學
教　育　心　理　學	胡　秉　正	政　治　大　學

書　　　　　名	著　作　人	任　　　　　職
公 共 政 策 概 論	朱 志 宏	臺 灣 大 學
中 國 社 會 政 治 史	薩 孟 武	前臺灣大學敎授
歐 洲 各 國 政 府	張 金 鑑	政 治 大 學
美 國 政 府	張 金 鑑	政 治 大 學
中 美 早 期 外 交 史	李 定 一	政 治 大 學
現 代 西 洋 外 交 史	楊 逢 泰	政 治 大 學
各 國 人 事 制 度	傅 肅 良	中 興 大 學
行 政 學	左 潞 生	前中興大學敎授
行 政 學	張 潤 書	政 治 大 學
行 政 學 新 論	張 金 鑑	政 治 大 學
行 政 法	林 紀 東	臺 灣 大 學
行 政 法 之 基 礎 理 論	城 仲 模	中 興 大 學
交 通 行 政	劉 承 漢	成 功 大 學
土 地 政 策	王 文 甲	前中興大學敎授
行 政 管 理 學	傅 肅 良	中 興 大 學
現 代 管 理 學	龔 平 邦	逢 甲 大 學
現 代 企 業 管 理	龔 平 邦	逢 甲 大 學
現 代 生 產 管 理 學	劉 一 忠	美國舊金山州立大學
生 產 管 理	劉 漢 容	成 功 大 學
品 質 管 理	戴 久 永	交 通 大 學
企 業 政 策	陳 光 華	交 通 大 學
國 際 企 業 論	李 蘭 甫	香 港 中 文 大 學
企 業 管 理	蔣 靜 一	逢 甲 大 學
企 業 管 理	陳 定 國	臺 灣 大 學
企 業 概 論	陳 定 國	臺 灣 大 學
企 業 組 織 與 管 理	盧 宗 漢	中 興 大 學
企 業 組 織 與 管 理	郭 崑 謨	中 興 大 學
組 織 行 為 管 理	龔 平 邦	逢 甲 大 學
行 為 科 學 概 論	龔 平 邦	逢 甲 大 學
組 織 原 理	彭 文 賢	中 興 大 學
管 理 新 論	謝 長 宏	交 通 大 學
管 理 概 論	郭 崑 謨	中 興 大 學
管 理 心 理 學	湯 淑 貞	成 功 大 學
管 理 數 學	謝 志 雄	東 吳 大 學
管 理 個 案 分 析	郭 崑 謨	中 興 大 學
人 事 管 理	傅 肅 良	中 興 大 學

三 民 大 專 用 書 (二)

書　　　　　　名	著　作　人	任　　　職
海　　　商　　　法	鄭　玉　波	臺　灣　大　學
海　商　法　論	梁　宇　賢	中　興　大　學
保　險　法　論	鄭　玉　波	臺　灣　大　學
商　事　法　論	張　國　鍵	臺　灣　大　學
商　事　法　要　論	梁　宇　賢	中　興　大　學
銀　　　行　　　法	金　桐　林	華銀資訊室主任
合　作　社　法　論	李　錫　勛	政　治　大　學
刑　法　總　論	蔡　墩　銘	臺　灣　大　學
刑　法　各　論	蔡　墩　銘	臺　灣　大　學
刑　法　特　論	林　山　田	政　治　大　學
刑　事　訴　訟　法　論	胡　開　誠	臺　灣　大　學
刑　事　訴　訟　法　論	黃　東　熊	中　興　大　學
刑　事　政　策	張　甘　妹	臺　灣　大　學
民　事　訴　訟　法　釋　義	石志泉　楊建華	輔　仁　大　學
強　制　執　行　法　實　用	汪　祥　成	前臺灣大學教授
監　　　獄　　　學	林　紀　東	臺　灣　大　學
現　代　國　際　法	丘　宏　達	美國馬利蘭大學
現代國際法基本文件	丘　宏　達	美國馬利蘭大學
平　時　國　際　法	蘇　義　雄	中　興　大　學
國　際　私　法	劉　甲　一	臺　灣　大　學
國　際　私　法　論　叢	劉　鐵　錚	政　治　大　學
國　際　私　法　新　論	梅　仲　協	前臺灣大學教授
引　渡　之　理　論　與　實　踐	陳　榮　傑	外交部條約司
破　產　法　論	陳　計　男	行政法院庭長
破　　　產　　　法	陳　榮　宗	臺　灣　大　學
中　國　政　治　思　想　史	薩　孟　武	前臺灣大學教授
西　洋　政　治　思　想　史	薩　孟　武	前臺灣大學教授
西　洋　政　治　思　想　史	張　金　鑑	政　治　大　學
中　國　政　治　制　度　史	張　金　鑑	政　治　大　學
政　　　治　　　學	曹　伯　森	陸　軍　官　校
政　　　治　　　學	鄒　文　海	前政治大學教授
政　　　治　　　學	薩　孟　武	前臺灣大學教授
政　　　治　　　學	呂　亞　力	臺　灣　大　學
政　治　學　方　法　論	呂　亞　力	臺　灣　大　學
政　治　學　概　論	張　金　鑑	政　治　大　學
政　治　理　論　與　研　究　方　法	易　君　博	政　治　大　學

書　　　　　名	著　作　人	任　　　　　職
比　較　主　義	張　亞　澐	政　治　大　學
國　父　思　想　新　論	周　世　輔	政　治　大　學
國　父　思　想　要　義	周　世　輔	政　治　大　學
國　父　思　想	周　世　輔	政　治　大　學
國　父　思　想	涂　子　麟	中　山　大　學
中　國　憲　法　論	傅　肅　良	中　興　大　學
中　國　憲　法　新　論	薩　孟　武	前臺灣大學教授
中　華　民　國　憲　法　論	管　　歐	東　吳　大　學
中華民國憲法逐條釋義(一)(二)(三)(四)	林　紀　東	臺　灣　大　學
比　較　憲　法	鄒　文　海	前政治大學教授
比　較　憲　法	曾　繁　康	臺　灣　大　學
美　國　憲　法　與　憲　政	荊　知　仁	政　治　大　學
比　較　監　察　制　度	陶　百　川	前總統府國策顧問
國　家　賠　償　法	劉　春　堂	輔　仁　大　學
中　國　法　制　史	戴　炎　輝	臺　灣　大　學
法　學　緒　論	鄭　玉　波	臺　灣　大　學
法　學　緒　論	孫　致　中	各　大　專　院　校
民　法　概　要	董　世　芳	實　踐　家　專
民　法　概　要	鄭　玉　波	臺　灣　大　學
民　法　總　則	鄭　玉　波	臺　灣　大　學
民　法　物　權	鄭　玉　波	臺　灣　大　學
民　法　債　編　總　論	鄭　玉　波	臺　灣　大　學
民　法　總　則	何　孝　元	前中興大學教授
民　法　債　編　總　論	何　孝　元	前中興大學教授
判　解　民　法　物　權	劉　春　堂	輔　仁　大　學
判　解　民　法　總　則	劉　春　堂	輔　仁　大　學
判　解　民　法　債　篇　通　則	劉　春　堂	輔　仁　大　學
民　法　親　屬　新　論	陳　棋　炎	臺　灣　大　學
民　法　繼　承	陳　棋　炎	臺　灣　大　學
公　　司　　法	鄭　玉　波	臺　灣　大　學
公　司　法　論	柯　芳　枝	臺　灣　大　學
公　司　法　論	梁　宇　賢	中　興　大　學
土　地　法　釋　論	焦　祖　涵	東　吳　大　學
土　地　登　記　之　理　論　與　實　務	焦　祖　涵	東　吳　大　學
票　　據　　法	鄭　玉　波	臺　灣　大　學